I0823131

¿QUIÉN TEME AL GÉNERO?

JUDITH BUTLER

¿QUIÉN TEME AL GÉNERO?

Traducción de Alicia Martorell

PAIDÓS Biblioteca Judith Butler

Obra editada en colaboración con Editorial Planeta – España

Título original: *Who's Afraid of Gender?,* de Judith Butler

Fotocomposición: Realización Planeta

Bajo el sello editorial PAIDÓS M.R.
Avenida Presidente Masaryk núm. 111,
Piso 2, Polanco V Sección, Miguel Hidalgo
C.P. 11560, Ciudad de México
www.planetadelibros.com.mx
www.paidos.com.mx

Primera edición impresa en España: mayo de 2024
ISBN: 978-84-493-4238-7

Primera edición impresa en México: enero de 2026
ISBN: 978-607-639-160-0

Impreso en los talleres de Impregrafica Digital, S.A. de C.V.
Avenida 11 463, Interior Bodega 2 Colonia San Nicolas Tolentino
C.P. 09850 Iztapalapa, CDMX
Impreso en México – *Printed in Mexico*

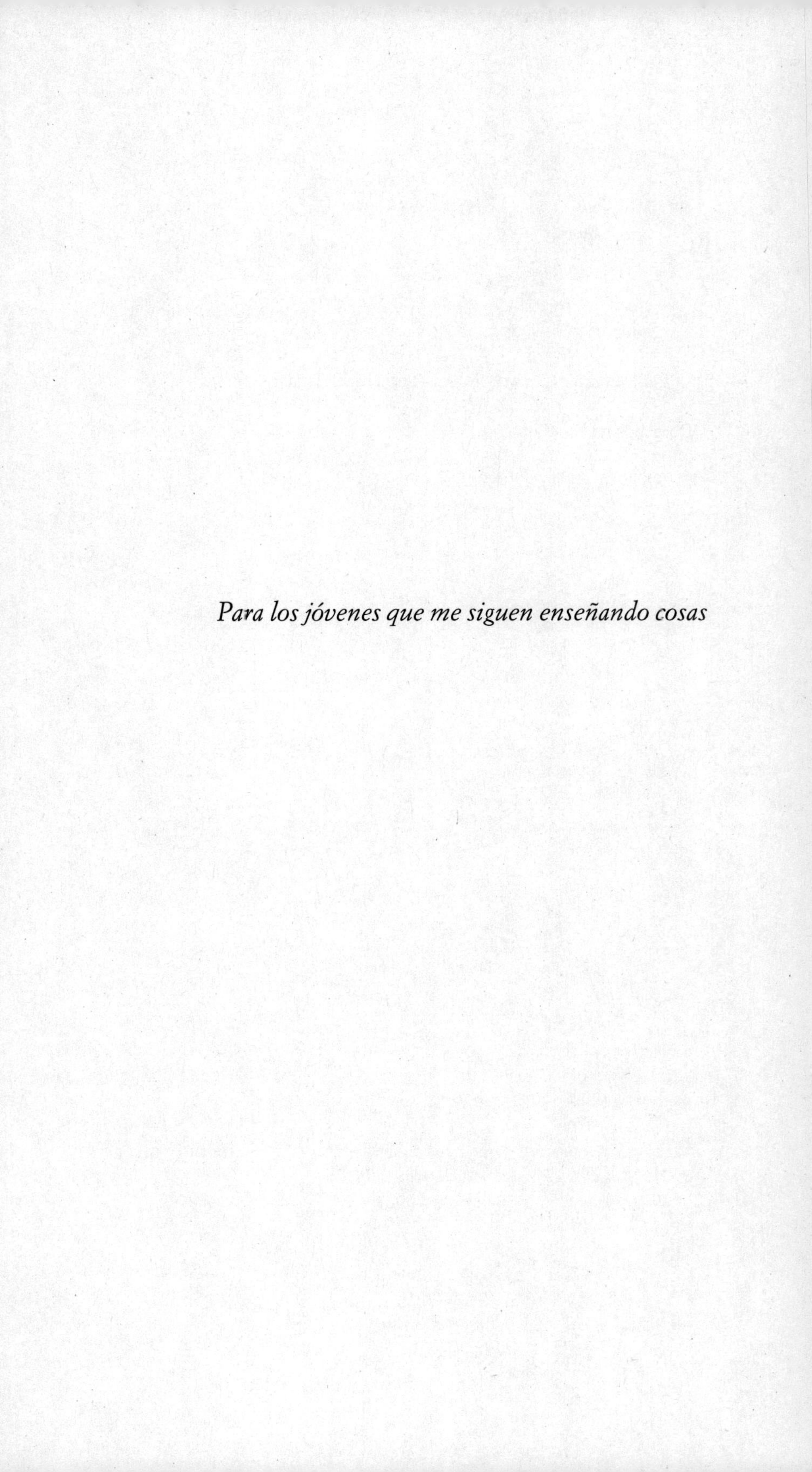

Para los jóvenes que me siguen enseñando cosas

SUMARIO

NOTA DE LA TRADUCCIÓN

por Alicia Martorell

En el último capítulo de este libro, Butler aborda algunos de los problemas derivados de la relación entre género, lenguaje y traducción. Como en un juego de espejos autorreferente que culmina en esta nota, se mencionan en él algunos de los problemas que ha planteado la traducción de esta obra, al español en mi caso, pero probablemente a cualquier idioma. Sería muy largo reseñarlos aquí, así que me limitaré a alguna puntualización y remito a ese capítulo para profundizar en el problema de compaginar género y multilingüismo.

Este libro está traducido en lenguaje no binario indirecto, lo que quiere decir que se han evitado las marcas de género y, muy especialmente, los masculinos genéricos. Ha sido muy complicado pasar de un idioma en el que las marcas de género están totalmente ausentes a otro en el que son omnipresentes y dificilísimas de soslayar. Seguro que sigue habiendo muchos errores y olvidos, pero a veces es laborioso hacer visibles los puntos ciegos. Me he obligado a respetar el estricto marco de las normas académicas y me sentiría feliz de que a las personas que lo lean no les llame la atención, porque eso querrá decir que he sido capaz de mantener una cierta fluidez. Y, de paso, demostraría que la escritura inclusiva no es algo tan aberrante y ajeno al castellano.

Esta decisión, creo que necesaria para ser totalmente fiel al texto que estaba traduciendo, tanto en el fondo como en la forma, me ha llevado muy lejos en la reflexión sobre qué es una marca de género, los límites entre hablar de ideas y hablar de personas, lo genérico y lo específico, el femenino genérico, cómo gestionar el discurso de terceras personas, qué incluimos o qué excluimos cuando hablamos, en un ejercicio que desborda constantemente los límites de lo lingüístico. He salido de la experiencia mucho más rica de lo que entré.

Ante todo, debo dar las gracias a María Martín Barranco, por ponerme en el buen camino con su *Ni por favor ni por favora* (Catarata, 2019), una de las mejores reflexiones que se han escrito sobre este tema en castellano. Me dio un marco de trabajo estable sobre el que empezar a construir.

He añadido alguna nota para explicitar opciones terminológicas, pero este no era un libro complejo desde ese punto de vista. Respecto a las citas, he consultado las versiones castellanas cuando estaban disponibles, pero las traducciones son mías, para poder mantener el necesario encaje con el resto del texto. Son una excepción los discursos y declaraciones de los sucesivos papas, que he tomado directamente de su versión castellana en la web del Vaticano.

Como siempre, esta traducción, compleja y comprometida, es tributaria de mucha gente que me acompañó cuando las cosas se pusieron difíciles. Quiero dar las gracias a Laura, Reyes, Elena y Berna, mi equipo de rescate, por las largas horas desentrañando frases complicadas. Estoy en deuda con Clara Mateos Jerez, Ángela Blum, Miguel Martorell y Pablo Moíño por las reflexiones interminables y sabrosas sobre lenguaje inclusivo, antropología del género, política y feminismos.

Por último, esto no habría salido adelante sin el apoyo infinito del equipo de Paidós, que me ha hecho el trabajo mucho más fácil: Lola Almar, Sergi Soliva y Elisabet Navarro.

INTRODUCCIÓN

Ideología de género y miedo a la destrucción

¿Cómo es posible que a alguien le dé miedo el género? Hasta hace poco era un término relativamente corriente, al menos en Estados Unidos. Si nos piden que indiquemos nuestro género en un formulario, la mayoría lo hacemos sin pensarlo demasiado. Por supuesto, hay personas a las que no les gusta marcar la casilla y piensan que debería haber muchas más casillas o quizá ninguna; cada cual experimenta de forma diferente el hecho de marcar la casilla del género. Hay quien sospecha que «género» es una forma de hablar de la desigualdad de las mujeres o supone que esta palabra es un sinónimo de «mujeres». Hay quien piensa que es una forma encubierta de referirse a la «homosexualidad». Para otras personas, el «género» es una forma diferente de hablar del «sexo», aunque hay tendencias feministas que marcan la diferencia entre ambos, asociando el «sexo» con la biología o con la asignación legal al nacer y el «género» con formas socioculturales de llegar a ser. Al mismo tiempo, feministas y especialistas en estudios de género discrepan sobre las definiciones y distinciones que se pueden considerar correctas. Los innumerables y continuos debates sobre esta palabra demuestran que no existe un único enfoque para definir y entender el género.

En cambio, el «movimiento contra la ideología de género» trata el género como un monolito, aterrador por su poder y por su alcance. Como mínimo, los debates terminológicos sobre el género no suelen interesar a las personas que se oponen a este término. Al margen del sentido que se le pueda dar en los ámbitos sociales y académicos, el género está creando extraordinaria alarma en algunas partes del mundo. En Rusia se ha considerado una amenaza contra la seguridad nacional, mientras que en el Vaticano se ha dicho que es una amenaza para la civilización y para el «varón» en particular. En las comunidades evangélicas y católicas más conservadoras de todo el mundo, el «género» se considera un código dentro de un programa político que no solo se propone destruir la familia tradicional, sino también prohibir cualquier referencia a «madres» y a «padres» en aras de un futuro sin género. Por otra parte, en las recientes campañas en Estados Unidos para mantener el «género» fuera de las aulas, es como si fuera una representación de pedofilia o una forma de adoctrinar a la infancia para que aprenda a masturbarse o caiga en la homosexualidad. El mismo argumento se esgrimió en el Brasil de Jair Bolsonaro, alegando que el género pone en cuestión el carácter natural y normativo de la heterosexualidad y que, una vez que el mandato heterosexual pierda su poder, se desatará sobre la Tierra una avalancha de perversidad sexual, incluidas la zoofilia y la pedofilia. Todo es muy contradictorio. Esta línea de pensamiento (es decir, que educar a la infancia en el «género» equivale a un maltrato) olvida convenientemente la larga y espantosa historia de abusos sexuales a menores por parte de sacerdotes que posteriormente son exonerados y protegidos por la Iglesia. La acusación de abuso contra quienes imparten educación sexual a menores desplaza el daño causado por la Iglesia hacia quienes intentan enseñar cómo funciona el sexo, por qué es importante el consentimiento y qué vías existen tanto para el género como para la sexualidad. Esta proyección del daño no es más que un ejemplo de cómo funciona la fantasía del género.

En distintas partes del mundo, el género no solo se presenta como una amenaza para la infancia, la seguridad o el matrimonio heterosexual y la familia normativa, sino también como un complot de las élites para imponer sus valores culturales a la «gente corriente», un plan para colonizar el Sur Global por parte de los centros urbanos del Norte Global. Se presenta como un conjunto de ideas que se oponen a la ciencia o a la religión, o a ambas, o también como un peligro para la civilización, una negación de la naturaleza, un ataque a la masculinidad o la desaparición de las diferencias entre los sexos. A veces también se considera que el género es una amenaza totalitaria o la obra del diablo y, por tanto, se presenta como la fuerza más destructiva del mundo, un rival contemporáneo y peligroso de Dios que debemos contrarrestar o destruir a toda costa.

Al menos en Estados Unidos, el género ha dejado de ser una casilla común y corriente que marcamos en los formularios oficiales y seguramente tampoco es una de esas oscuras disciplinas académicas sin relación con el mundo real. Al contrario: se ha convertido en una obsesión centrada en poderes destructivos, una forma de recoger y amplificar multitud de pánicos modernos. Por supuesto, hay muchas razones totalmente legítimas para tener miedo en el mundo actual: hay desastres climáticos, migraciones forzosas, vidas en peligro y pérdidas en guerras. Hay economías neoliberales que están privando a las personas de los servicios sociales básicos que necesitan para vivir y prosperar. Existe un racismo sistémico que se cobra la vida de muchas personas mediante formas de violencia tanto lentas como rápidas. Las mujeres, las personas de género no binario y trans, especialmente las de raza negra o piel oscura, son víctimas de asesinato con mucha más frecuencia.

En la derecha, sin embargo, la lista de temores es diferente: tenemos desafíos al poder patriarcal y a las estructuras sociales dentro del Estado, la sociedad civil y la unidad familiar heteronormativa, oleadas migratorias que amenazan las ideas tradicionales de la nación, la supremacía blanca y el nacionalismo cristiano. La lista de temores es interminable, pero ninguna lista puede explicar cómo movimientos, instituciones y Estados de derechas explotan para sus propios fines los temores de destrucción existentes y cómo expresiones como «género» y «teoría del género», «racismo sistémico» o «teoría crítica de la raza» cargan con los temores que desorientan a personas de todo el mundo sobre el futuro de su forma de vida. Para que el género se identifique como una amenaza para la vida, la civilización, la sociedad y el pensamiento, tiene que amalgamar una amplia multitud de miedos y ansiedades, sin que importe lo contradictorios que puedan ser; hay que meterlos en un paquete y darles un nombre único. Como nos enseñó Freud acerca de los sueños, lo que ocurre con este tipo de obsesiones es que condensan una serie de elementos, desplazando lo que permanece oculto o innominado.

¿Podemos «decir» cuántos miedos contemporáneos se esconden detrás del género? ¿Podemos explicar cómo la demonización del género desvía y encubre la legítima ansiedad por la destrucción del clima, la intensificación de la precariedad económica, la guerra, las toxinas medioambientales y la violencia policial, temores que sin duda tenemos derecho a experimentar y a concebir? Cuando la palabra «género» absorbe una serie de temores y se convierte en una obsesión que sirve de comodín para la derecha contemporánea, las diferentes condiciones que realmente dan lugar a esos temores pierden su nombre. El «género» reagrupa y acentúa esos temores, impidiéndonos pensar con más claridad en lo que hay que temer realmente, empezando por cómo surgió esta sensación de vivir en un mundo en peligro.

Hacer circular el fantasma del «género» es también la forma que tienen los poderes fácticos (Estados, Iglesias, movimientos políticos) de atemorizar a la gente para que vuelva al redil, acepte la censura y vuelque su miedo y su odio sobre las comunidades vulnerables. No solo apelan a los muchos temores que genera el futuro laboral o la inviolabilidad de la vida familiar, sino que avivan ese miedo insistiendo, por así decirlo, en que la gente identifique convenientemente el «género» como la causa real de sus sentimientos de ansiedad e inquietud ante el mundo. Consideremos la admonición del papa Francisco en 2015. Tras advertir de la existencia de «Herodes» en cada período histórico, dice que la «teoría del género» podría considerarse el nuevo Herodes de nuestra época, pues «trama designios de muerte que desfiguran el rostro del hombre y de la mujer, destruyendo la creación». El papa Francisco deja bien clara la fuerza destructiva que atribuye a la «teoría de género»: «Pensemos en las armas nucleares, en la posibilidad de aniquilar en pocos instantes un número muy elevado de vidas humanas... Pensemos también en la manipulación genética, en la manipulación de la vida o en la teoría de género, que no reconoce el orden de la creación». El papa Francisco prosigue con una historia sobre cómo la financiación de las escuelas que atienden a los pobres está condicionada a que no se incluya la «teoría de género» en los planes de estudios. No tenemos detalles sobre lo que entiende exactamente por «teoría de género», pero está claro que es algo pavoroso, como lo puede ser la pérdida masiva de vidas. Exigir una enseñanza de género en las escuelas es, según sus palabras, «colonización ideológica». Añade que «lo mismo hicieron los dictadores del siglo XX, como por ejemplo las Juventudes Hitlerianas».[1]

La decisión del Vaticano de recurrir a este tipo de retórica incendiaria es, por supuesto, bastante destructiva, dada la influencia de la institución y la alta estima general en la que se ha tenido al papa Francisco. Si el género es una bomba nuclear, habrá que desmantelarlo. Si es el mismo demonio, todos los que representan el género deben ser expulsados de la humanidad. Lo que dice es claramente absurdo y peligroso, pero también es un movimiento táctico: cuando se representa como un arma de destrucción, el diablo, una nueva versión del totalitarismo, la pedofilia o la colonización, el género incorpora un número sorprendente de terrores obsesivos que eclipsan tanto su uso académico como su uso corriente. En consecuencia, hacer circular la idea de los poderes destructivos del género es una forma de generar miedo existencial que luego pueden explotar quienes quieran reforzar los poderes del Estado con la esperanza de volver a un orden patriarcal «seguro». Avivar el miedo supone que quienes prometen aliviarlo irrumpan como fuerzas de redención y restauración. Generarlo y explotarlo provoca que la gente se movilice para apoyar la destrucción de diversos movimientos sociales y políticas públicas que se entiende que están organizados en función del género.

Convertir en arma arrojadiza el temible espantajo del «género» es un recurso esencialmente autoritario. El retroceso de la legislación progresista está seguramente alimentado por la involución, pero la involución solo describe el momento puramente reactivo en ese proceso. El proyecto de hacer retroceder el mundo a una época anterior al «género» promete la vuelta a un orden patriarcal de ensueño que quizá nunca haya existido, pero que ocupa el lugar de la «historia» o la «naturaleza», un orden que solo puede restaurar un Estado fuerte.[2] Al apuntalar los poderes del Estado, incluidos los de los tribunales, el movimiento antigénero reivindica un proyecto autoritario más amplio. Señalar a las minorías sexuales y de género como peligros para la sociedad, etiquetarlas como la fuerza más destructiva del mundo, para privarlas de sus derechos, protecciones y libertades fundamentales implica una ideología antigénero que está inmersa en el fascismo. A medida que cunde el pánico, se da plena licencia al Estado para negar la vida de quienes han llegado a representar, a través de una sintaxis obsesiva, una amenaza para la nación.

Cuando eligen el género como diana, algunos defensores de los movimientos antigénero afirman que no solo están defendiendo los valores familiares, sino los valores en sí; no una forma de vida, sino la vida misma. El delirio que alimenta las tendencias fascistas intenta abarcar todo el campo social, infundiendo en la población miedo sobre su futuro existencial, o más bien explotando miedos existentes y conformando su «causa» como un todo. Sería tentador afirmar que el género es un significante vacío porque, cuando atrae y moviliza temores de varios órdenes de la sociedad, incluidos el económico y el ecológico, ya no se refiere a nada de lo que podríamos entender por género, pero más que vacío está sobredeterminado, pues absorbe frenéticamente ideas muy diferentes sobre lo que amenaza al mundo a partir de la historia social y el discurso político. Además, el género representa, incluso en la imaginación cotidiana, una forma de vivir el cuerpo, por lo que la vida y el cuerpo se convierten en su campo de maniobras. La vida corporal está ligada a la pasión y el miedo, el hambre y la enfermedad, la vulnerabilidad y la capacidad de penetrar y de relacionarse, la sexualidad y la violencia. Si la vida corporal, la vida diferente o diferenciada del cuerpo, ya es, incluso en las mejores condiciones, el foco en el que se expresan las ansiedades sexuales, en el que se acantonan las normas sociales, se convierte de esta forma en el lugar preciso en el que se exacerban todas las luchas sexuales y sociales de la vida. Del mismo modo que el «género» es mucho más que el género en las ideologías contrarias, fuera de ese discurso, el «género» tiene mucho que ver con los sentidos de la vida encarnados, conformados y enmarcados por convenciones sociales y perturbaciones psíquicas. Que se diga, como ha hecho la primera ministra italiana Giorgia Meloni ante la opinión pública española e italiana, que los defensores del género nos van a despojar de nuestra identidad sexuada, es una forma de azuzar el miedo y la indignación entre quienes consideran la identidad sexual como la columna vertebral de su propia identidad. Fabricar el miedo para despojar a las personas trans de sus derechos de autodeterminación es azuzar el miedo a que se anule la propia identidad sexual para anular las identidades sexuales de otras personas. El propio miedo a verse privado de algo tan íntimo y definitorio como la identidad sexual depende de que se entienda que esto sería, de hecho, una privación, es decir, sería despojar a alguien del aspecto sexual de su propio ser. A partir de esta premisa, debería ser posible universalizar la reivindicación, negarse a emprender cualquier actividad que prive a cualquier persona de su identidad sexual, incluidas las personas trans, pero parece que estamos en la situación contraria en la que afirmar el derecho al propio ser exige que otras personas pierdan el suyo.

La tarea que tenemos ante nosotros es tratar de entender esta inflación acelerada, y la combinación de peligros potenciales y literales, y preguntarnos cómo podemos contrarrestar una fantasmagoría de semejante tamaño e intensidad antes de que se acerque todavía más a la erradicación de la justicia reproductiva, los derechos de las mujeres y las personas trans y no binarias, las libertades de gais y lesbianas, y todos los esfuerzos para lograr la igualdad y la justicia de género y sexual, por no hablar de la censura dirigida contra el discurso público y abierto en las instituciones académicas.

Por supuesto, podríamos ofrecer buenos argumentos sobre por qué es erróneo considerar el género de esta manera, lo que sería útil para educadores y responsables políticos que intentan explicar por qué utilizan este término y por qué lo consideran valioso. También podríamos intentar ofrecer una historia que explique cómo se llegó a esta forma de considerar el género, prestando atención tanto a sus versiones seculares como religiosas, señalando cómo los católicos de derechas y los evangélicos superaron algunas de sus diferencias en la guerra contra un enemigo común. Todos estos enfoques son necesarios, pero difícilmente pueden explicar o contrarrestar la forma en que está creciendo este delirio obsesivo del «género». Este delirio, entendido como fenómeno *psicosocial*, es el punto en el que todos los miedos y ansiedades íntimos se organizan socialmente para despertar pasiones políticas. ¿Cuál es la estructura de este espantajo vibrante y distorsionado llamado «género»? ¿Con qué objetivo se agita? ¿Cómo desarrollar un imaginario alternativo lo bastante fuerte como para desenmascarar sus artimañas, dispersar su fuerza y detener los esfuerzos de censura, distorsión y política reaccionaria que potencia? Depende de nosotros producir una alternativa convincente, que pueda afirmar los derechos y las libertades de la vida materializada que podemos y debemos proteger. Porque, al fin y al cabo, derrotar a este fantasma tiene que ver con reafirmar cómo amamos, cómo vivimos en nuestro propio cuerpo, el derecho a existir en el mundo sin miedo a la violencia ni a la discriminación, a respirar, a moverse, a vivir. ¿Por qué no íbamos a querer que todas las personas tuvieran esas libertades fundamentales?

Si nos enfrentamos a personas atenazadas por el miedo, abrumadas por la amenaza de un fantasma peligroso, debemos buscar un enfoque diferente. No parece que sea un debate público precisamente porque no hay un texto, no hay un acuerdo sobre los términos; el miedo y el odio han inundado el paisaje en el que debería prosperar el pensamiento crítico. Es una fantasía [*phantasmatic scene**]. Y cuando hablo de «fantasía» estoy adaptando la formulación teórica de Jean Laplanche, el difunto psicoanalista francés, para analizar los fenómenos psicosociales. Para Laplanche, la fantasía no es el mero producto de la imaginación (una realidad totalmente subjetiva), sino que en su forma más fundamental debe entenderse como una disposición sintáctica de elementos de la vida psíquica. La fantasía no es solo una creación de la mente, un ensueño subliminal, sino una organización del deseo y de la ansiedad que se deriva de ciertas reglas estructurales y organizativas, recurriendo a material tanto inconsciente como consciente. Yo sugeriría que la organización o sintaxis de los sueños y

* El término inglés *phantasmatic scene* se refiere a lo que Laplanche y Pontalis, en su *Vocabulaire de la psychanalyse,* llaman *fantasme*, del que parece que parte Butler, y que deriva a su vez del término freudiano *phantasia*. En la versión española del vocabulario (traducida por Fernando Gimeno para Paidós) se corresponde con «fantasía», que es el término que en principio vamos a utilizar aquí. *(N. de la t.)*

la fantasía es tan social como psíquica. Aunque Laplanche se interesó por la infancia y la formación de la fantasía originaria, me pregunto si podemos tomar algunos aspectos de su análisis para entender el «antigénero» como escena fantaseada. Diría que podremos responder mejor a este movimiento y a su discurso desde esta perspectiva, porque cuando se dispone el escenario y nos imaginamos que algo llamado género actúa sobre los menores o afecta al público de formas nocivas y destructivas, el «género» sustituye a una gama compleja de ansiedades y se convierte en un lugar sobredeterminado en el que se concentra el miedo a la destrucción.

La fantasía se puede materializar en una amplia gama de movimientos contra la legislación progresista. La encontramos en las políticas básicas del nacionalismo cristiano en Taiwán y en las plataformas presidenciales para las elecciones en Francia; no solo en las manifestaciones en defensa de la pureza racial europea, los valores nacionales y la «familia natural», sino también en las críticas conservadoras a Europa y a sus políticas de integración de la perspectiva de género, es decir, en todos los programas neoliberales. Dondequiera que opere, esta fantasía trae consigo una euforia sádica por liberarse de nuevas restricciones éticas aparentemente impuestas por las reivindicaciones feministas y LGBTQIA+ o por quienes defienden la integración. Lo más notable, e inquietante, es la forma en que esta campaña moral se complace en experimentar con diversas formas de negación de la existencia misma de otras vidas, despojándolas de sus derechos, negando su realidad, restringiendo libertades básicas, participando en formas desinhibidas de odio racial para controlar, degradar, caricaturizar, patologizar y criminalizar. El odio se fomenta y se racionaliza a través de la rectitud moral, de modo que las personas que han sido perjudicadas y destruidas por movimientos de odio pasan a ser agentes de la destrucción. Estas proyecciones invertidas estructuran la fantasía del «género», lo que nos lleva a dos preguntas urgentes: ¿quién quiere destruir a quién? y ¿cómo es posible que formas de sadismo moral compartido y creciente se hagan pasar por un orden virtuoso?[3]

La tarea no es solo poner de relieve la falsedad, sino también desinflar el poder que esta fantasía tiene para circular y convencer produciendo un imaginario diferente en el que los blancos del movimiento antigénero se alíen entre sí para enfrentarse a quienes podrían destruir su derecho a habitar un mundo libre que pueda ser vivido.

La escena fantaseada [*phantasmatic scene*] no es como la fantasía que podríamos tener en un momento de distracción. Es más bien una forma de organizar el mundo forjada por un miedo a una destrucción de la que se hace responsable al género. Y, sin embargo, en el esfuerzo de expulsar del mundo este término y los efectos que supuestamente tiene, el movimiento antigénero está causando claramente un daño, tratando de desmantelar prácticas, instituciones y políticas consagradas a revisar y ampliar la libertad y la igualdad, es decir, las que han otorgado las mayores libertades para vivir abiertamente, para respirar libremente sin miedo a sufrir agresiones, para sentir que ocupamos un lugar equivalente al que ocupan otras vidas en la sociedad.

Tomemos, por ejemplo, la alegación de que el «género» (sea lo que sea) pone en peligro a la infancia. Es una acusación muy contundente. Habrá quien piense que el mero hecho de pronunciar esta acusación la convierte en algo cierto y que la infancia no solo está amenazada, sino que se le causa un daño de forma activa. Cuando llegamos a esta conclusión, solo queda una opción: ¡que dejen de causar daño!, ¡acabemos con el género! El miedo a que la infancia se vea perjudicada, el miedo a que la familia, nuestra familia, sea destruida, a que el «hombre» [*man*] sea desmantelado, todos los hombres y el hombre que somos algunos de nosotros, a que un nuevo totalitarismo se nos venga encima... son todos miedos que sienten en lo más profundo quienes se han comprometido con la erradicación del género: la palabra, el concepto, el ámbito académico y los diferentes movimientos sociales que lo han dotado de significado. Lo que quiero decir es que estos miedos se estructuran en una sintaxis incendiaria.

La sintaxis es, a grandes rasgos, una forma de combinar los elementos del lenguaje para dar sentido al mundo. En los sueños y las fantasías, la disposición de los elementos es esencial para comprender el sentido de lo que ocurre. La sintaxis trata de discernir las reglas que rigen estas combinaciones. Sin embargo, cuando Laplanche preguntaba por la sintaxis de la fantasía, se refería a las disposiciones inconscientes que se basan en la condensación y el desplazamiento, una forma distintiva de encadenar asociaciones en una unidad compleja que obliga a creer en su realidad. La condensación designa la forma en que unos elementos psíquicos y sociales dispares se conectan arbitrariamente entre sí y se reducen a una única realidad. El desplazamiento designa el modo en que uno o varios temas son expulsados de la mente (externalización o proyección) en favor de un término que los representa y los oculta simultáneamente. Veremos cómo estos dos procesos psíquicos, unidos a los miedos y las ansiedades sociales, funcionan en la creación y circulación de la fantasía de género.

En una de sus últimas entrevistas, Laplanche sugiere que algo se convierte en «ideológico» cuando los códigos culturales transitan por las fantasías más primarias, en las que no hay una forma clara de disociar el inconsciente de la acción cultural.[4] Hay múltiples formas de disponer elementos inconscientes y debemos comprender cómo se unen estos elementos entre sí. En sus propias palabras, «[...] el proceso primario [...] es la primera forma de vinculación. Es una vinculación muy laxa, pero no deja de ser una vinculación. Las asociaciones, los desplazamientos y las condensaciones significan que existen vinculaciones. Hay unas vías establecidas para el proceso primario». La tarea no es tanto ver cómo puede aplicarse el psicoanálisis a fantasías culturales como el «género», sino ver cómo una serie de elementos culturales y sociales se reorganizan a través de vías o disposiciones que *ya operan* a nivel inconsciente. Según esta lógica, los movimientos antigénero se guían por una sintaxis incendiaria, es decir, una forma de ordenar el mundo que absorbe y reproduce ansiedades y temores sobre la permeabilidad, la precariedad, el desplazamiento y la sustitución, la pérdida del poder patriarcal (tanto en la familia como en el Estado), la pérdida de la supremacía blanca y la pureza nacional.[5] En el proceso de reproducción del miedo a la destrucción, la fuente de destrucción se externaliza como «género». El término, externalizado como una unidad, condensa una serie de elementos e intensifica la sensación de peligro. También desplaza los temores desde las formas de destrucción ecológica y económica hacia un elemento de sustitución pensado para ello, lo que nos impide hacer frente a esas fuentes de destrucción del mundo que son más reales en nuestra época. El resultado es que el género, ahora firmemente establecido como una amenaza existencial, se convierte en el objetivo de la destrucción.

Laplanche sugiere que pensemos en la «ideología» de esta forma. El movimiento contra la ideología de género es en sí mismo una ideología, en el sentido que le da Laplanche. Aunque el movimiento antigénero es, en general, antimarxista, toma prestadas versiones popularizadas de la crítica de las ideologías para centrarlas en el género. A veces, las «ideologías» se caracterizan como falsas formas de conocimiento, inspirándose en las nociones marxistas de falsa conciencia. Otras veces se considera que una ideología es lo mismo que un «punto de vista» o «una visión totalizadora del mundo», un uso que la despoja de todo significado histórico y de su lugar en un pensamiento crítico. Marx y Engels, en *La ideología alemana* (1845-1846), distinguieron entre trabajo mental y trabajo físico, argumentando que quienes afirmaban que solo el pensamiento podía producir una revolución estaban muy equivocados y habían invertido la relación entre pensamiento y realidad.

Louis Althusser revisó de forma significativa este punto en su artículo «Ideología y aparatos ideológicos de Estado» (1970), sugiriendo que la ideología sustituía formas de pensamiento por formas más revolucionarias de afrontar (y de superar) la explotación capitalista como organización económica aceptada de la sociedad. Althusser pensaba que la ideología impregnaba nuestra vida, como el aire, y que costaba mucho esfuerzo abandonar su atmósfera. Porque no solo se trata de un conjunto de creencias que llegamos a adoptar con el tiempo, sino de formas de organizar la realidad que son parte de nuestra formación, lo que incluye también la educación. La ideología nos proporciona los términos con los que llegamos a entendernos a nosotros mismos, pero también nos convierte en sujetos sociales.

Por ejemplo, al principio de la vida, cuando nos describen como niño o niña y de repente debemos enfrentarnos a una poderosa interpelación procedente del exterior. No es posible determinar de antemano qué sentido tendrá esa interpelación. De hecho, nuestra vida puede no estar a la altura de la exigencia que nos transmite esa práctica de nombrar y ese «fracaso» puede resultar una liberación.[6] Por eso, nuestra capacidad de criticar las ideologías se basa necesariamente en la posición de un sujeto defectuoso o roto: alguien que no ha logrado cumplir con los estándares que rigen la individuación, lo que nos coloca en la difícil posición de romper con nuestra propia crianza o formación para pensar críticamente a nuestra manera y para reinicializar el pensamiento, pero también para convertirnos en alguien que no cumple plenamente con las expectativas que nos transmiten al nacer a través de la asignación de sexo.

Aunque se interprete como una reacción contra los movimientos progresistas, la ideología antigénero está impulsada por un deseo más fuerte; a saber, la restauración de un orden patriarcal de fantasía en el que un padre es un padre. Una identidad sexual nunca cambia, las mujeres «nacidas hembras» vuelven a su situación natural y «moral» dentro del hogar y los blancos recuperan su supremacía racial incuestionable. Sin embargo, el proyecto es frágil, ya que el orden patriarcal que se pretende restaurar nunca existió del todo en la forma que desean darle en el presente. El «género» es aquí una fantasía psicosocial, una forma pública de soñar, ya que el pasado que pretenden restaurar los partidarios de la lucha contra el género es una alucinación, un deseo, un delirio que restablecerá el orden basado en la autoridad patriarcal. Cuando el movimiento contra la ideología de género recluta partidarios, invita a unirse a un sueño colectivo, tal vez una psicosis, que pondrá fin a la ansiedad y al miedo implacables que afligen a tantas personas que experimentan en carne propia la destrucción del clima o la violencia omnipresente y la guerra brutal, la expansión de los poderes policiales o la intensificación de la precariedad económica.

Avivar el deseo de una restauración del privilegio masculino sirve a muchas otras formas de poder, pero es un proyecto social en sí que consiste en reactivar un pasado ideal y dirigirlo contra las minorías sexuales y de género, incluso hasta llegar a eliminarlas. Este sueño no solo pretende restaurar el lugar que le corresponde a la autoridad patriarcal, concebida como parte de un orden natural o religioso, sino que también quiere hacer retroceder las políticas y los derechos progresistas para que el matrimonio sea exclusivamente heterosexual, para insistir en que se mantenga el sexo asignado al nacer, para que se limite el aborto porque el Estado sabe mejor qué límites se deben poner a los cuerpos de las personas embarazadas. La reacción que constatamos contra el «género» forma parte de este proyecto de restauración más amplio que pretende apuntalar los regímenes autoritarios como formas legítimas de paternalismo, el sueño hecho realidad.

La movilización del sentimiento antigénero por parte de la derecha depende de la credibilidad que otorguen a este sueño del pasado las personas susceptibles a los señuelos del autoritarismo. En este sentido, los miedos ni se fabrican del todo ni aparecen del todo como algo ya existente. No se aporta ningún tipo de documentación histórica sobre un orden patriarcal que debería ser restituido al lugar que le corresponde, no se trata de un pasado remoto, aunque podemos encontrar muchos casos de organización patriarcal a lo largo de la historia, además de las que ya se conocen. Esta versión del pasado pertenece a una fantasía cuya sintaxis reordena elementos de la realidad al servicio de una fuerza motriz que hace opaco su propio funcionamiento. El sueño solo funciona como una organización fantaseada de la realidad, que ofrece una serie de ejemplos y acusaciones para apuntalar una construcción política.

Apenas importa que no se pueda aportar documentación histórica sobre un pasado patriarcal idealizado. Y, desde luego, no importa que los argumentos que se avanzan estén plagados de contradicciones. La incoherencia y la imposibilidad de esta retórica antigénero representan fenómenos contradictorios, e incluso ofrecen a su público una forma de asumir muchos de sus miedos y convicciones sin pedirle coherencia al conjunto: el género representa el capitalismo y el género no es más que marxismo, el género señala la nueva ola de totalitarismo; el género corrompe a la nación, como los inmigrantes no deseados, pero también como las potencias imperialistas. ¿Qué tipo de contradicción es esta? Esta fantasía conecta, por su carácter contradictorio, con cualquier ansiedad o miedo que la ideología antigénero desee avivar para sus propios fines, sin necesidad de buscar la coherencia. De hecho, el rechazo de la documentación histórica y de la lógica coherente forma parte de una euforia creciente que alimenta un frenesí fascista y apuntala formas de autoritarismo.

No importa que la ideología antigénero apunte a una serie de grupos que no siempre van de la mano: las personas trans, incluidos los jóvenes trans, que buscan reconocimiento legal y social y atención sanitaria; cualquiera que busque atención sanitaria de tipo reproductivo, cuya prioridad manifiesta no sea consagrar la familia heteronormativa, y eso incluye a cualquiera que intente abortar y a gran parte de las personas que buscan anticonceptivos; quienes trabajan en campañas por la igualdad salarial, o por aprobar y conservar leyes contrarias a la discriminación, el acoso y la violación; lesbianas, gais y bisexuales que buscan protección legal; quienes luchan por ejercer la libertad de expresión y de movimiento sin miedo a la violencia, el castigo o la cárcel. La oposición al «género», entendida como construcción social demoníaca, culmina en políticas que pretenden privar a las personas de sus derechos legales y sociales, es decir, de su existencia dentro de los términos que legítimamente han elegido para sí. Despojar a las personas de sus derechos en nombre de la moralidad o de la nación o de un sueño húmedo patriarcal pertenece a la lógica general amplificada por el nacionalismo autoritario para, por ejemplo, negar a migrantes el derecho de asilo, desplazar a indígenas de sus tierras, condenar a las personas de raza negra al sistema penitenciario donde se les niegan sistemáticamente los derechos de ciudadanía y se justifican los abusos y la violencia como medidas de seguridad «legítimas». Las restricciones autoritarias a la libertad abundan, ya sea mediante el establecimiento de «zonas libres de LGBT» en Polonia o la asfixia que sufren en Florida los programas educativos progresistas que abordan la libertad de género y la sexualidad en la educación sexual. En cualquier caso, por mucho que las fuerzas autoritarias intenten restringir las libertades, es innegable que las categorías de mujeres y hombres cambian desde el punto de vista histórico y contextual. Las nuevas identidades de género forman parte de la historia y de la realidad. Ignorarlas o intentar prohibirlas es un esfuerzo inútil por negar una complejidad que está viva y que, sin duda, no desaparecerá en los próximos años.

El género forma parte del feminismo desde hace muchas décadas. Cuando desde el feminismo nos preguntamos «¿qué es una mujer?» estamos reconociendo de entrada que el significado de la categoría sigue siendo incierto e incluso enigmático. El género es como mínimo el paraguas que abarca los cambios en la forma en que se perciben los hombres, las mujeres y otras categorías. Por lo tanto, cuando nos preguntamos sobre hombres o mujeres o sobre otras categorías de género que se apartan del esquema binario, cuando nos preguntamos sobre lo que ocurre en el espacio que separa dichas categorías, estamos investigando sobre el género. La pregunta «¿qué es una mujer?» o la pregunta psicoanalítica «¿qué quiere una mujer?» se han planteado y comentado de tantas maneras que llega un momento en que simplemente aceptamos que es una categoría abierta, sujeta a interpretación y debate permanentes, tanto en el entorno académico como en el discurso público.

Cuando los Gobiernos restringen el derecho al aborto porque alegan que las mujeres no deberían poder ejercer libertades como esta, se está definiendo a las mujeres y privándolas de una libertad fundamental. No se trata solo de que las mujeres no tengan esta libertad, sino de que el Estado quiere definir los límites de su libertad. De esta forma, a partir de estas restricciones, se define a las mujeres como aquellas cuya libertad debe ser limitada por el Estado. Quienes pretenden saber qué lugar debe ocupar una mujer en la vida social y política se están sumando a una teoría de género muy específica. No es que se opongan al género, sino que reivindican una jerarquía de género que quieren imponer al mundo. Pretenden restaurar y consolidar el sueño patriarcal de géneros asentados, jerarquizados y binarios, un orden que solo se puede alcanzar destruyendo otras vidas... o intentando hacerlo. La destrucción, paradójicamente, se convierte así en la condición de posibilidad de un orden sexual y de género patriarcal que trata de conjurar la perspectiva de un poder «destructivo» del género. Sin embargo, en lugar de evitar la destrucción, el movimiento contra la ideología de género se dedica a crear un mundo cada vez más destructivo.

Resulta tentador intentar desenmascarar y desinflar esta caricatura incendiaria del género mediante un ejercicio intelectual. Como docente, me inclino a decir: leamos algunos textos clave de los estudios de género y veamos qué significa y qué no significa el género y sabremos si la caricatura se sostiene. A partir de ese punto, tenemos la esperanza de desinflar esa fantasía incontrolable contrastándola con los textos reales en los que se habla de género, con las políticas reales de las que forma parte. Lamentablemente, esta estrategia no suele funcionar. Las personas que militan contra el género (las que lo interpretan como una «ideología») piensan que tienen que acabar con el género: el campo, el concepto, la realidad social. Y lo piensan justamente porque no leen los estudios sobre el género a los que se oponen, negándose, a veces por principios, a participar en análisis críticos fundamentados. Su antiintelectualismo, su desconfianza hacia la investigación, es al mismo tiempo una resistencia a entrar en un debate público. Lo que se tacha de procedimiento «académico» es en realidad necesario para un debate público informado en democracia. Un debate público informado resulta imposible cuando algunas partes se niegan a leer el material objeto de controversia. La lectura no es solo un pasatiempo o un lujo, sino una condición previa para la vida democrática, una de las prácticas que mantienen el debate y el desacuerdo en un marco fundamentado, centrado y productivo.

Además, los movimientos detractores del género se empecinan en no leer críticamente porque imaginan que la lectura los expondría o sometería a una doctrina contra la que han presentado objeciones de base. Creen que son los estudios de género, y no ellos, los que proclaman su lealtad a una ideología o un dogma, participando en una forma acrítica de pensamiento y acción que los consolida como grupo y los enfrenta a sus oponentes. En este marco, imaginar una lectura crítica, o el mero acto de pensar, se basa en una inversión de las posiciones y en la externalización del papel que las corrientes críticas con el género ocupan en la realidad; es una forma consecuente de desplazamiento fantaseado.

Para la crítica religiosa que reivindica una oposición al género basada en motivos bíblicos, el único libro que merece la pena leer sobre este tema es la propia Biblia. Leer textos académicos, y mucho más textos críticos, es admitir que podría haber otros puntos de vista distintos a los que se encuentran en las Escrituras o a los propugnados por los líderes de carácter religioso. Una mujer en Suiza se me acercó una vez después de una charla y me dijo: «Rezo por usted». Yo le pregunté por qué. Ella me explicó que las Escrituras dicen que Dios creó al hombre y a la mujer y que yo, a través de mis libros, niego las Escrituras. Añadió que el hombre y la mujer son lo natural y lo natural es la creación de Dios. Le señalé que la naturaleza admite complejidades y que la propia Biblia está abierta a algunas interpretaciones diferentes y ella se burló. Entonces le pregunté si había leído mi obra y me contestó: «¡No! ¡Nunca leería un libro así!». Fue en ese momento cuando me di cuenta de que leer un libro sobre el género sería para ella entregarse al diablo. Es el punto de vista que subyace en la exigencia de sacar los libros sobre género de las aulas y en el temor a que quienes los lean queden contaminados o sometidos a una presión ideológica, aunque quienes pretenden restringir estos libros normalmente nunca los han leído.

Quienes se oponen al género retratan a sus defensores como seres dogmáticos o críticos con la autoridad, pero nunca con sus propias creencias. Y, sin embargo, los estudios de género son un campo diverso marcado por el debate interno, metodologías diversas y ningún marco único. La lógica implícita parece ser que, si mis oponentes leen como yo leo, se someten a la autoridad de un texto, o un conjunto de textos, considerados como portadores de un mensaje único y autoritario. Por ende, las personas críticas con el género son como los cristianos conservadores, exceptuando que cada uno se somete a un dogma diferente. De ello se deduce que imaginan que sus oponentes leen sobre teoría del género de la misma forma que ellos leen la Biblia y también aceptan ciegamente los enunciados de sus autoridades preferidas. En su imaginación calenturienta, la teoría del género se basa en textos erróneos escritos por autoridades falsas, a menudo intangibles, que ejercen un poder contrario y paralelo al de la autoridad bíblica y obligan a un tipo similar de sumisión a sus pretensiones.

Al parecer, interpretan el género como «ideología» porque

quienes leen libros sobre género están ostensiblemente sometidos a su dogma y no piensan de forma independiente o crítica. La oposición a incluir libros sobre género en las escuelas y universidades y los nuevos esfuerzos por expurgar los planes de estudio de este tipo de temas se basan en una forma de desconfianza hacia la lectura y su capacidad de abrir la mente a nuevas posibilidades.[7] Por un lado, para los que piensan así, la mente no debería estar abierta a replantearse cómo se organizan socialmente la sexualidad o el género, o cómo nos referimos en general a las personas. La mente debería permanecer cerrada a este respecto. Por otro lado, defienden que la mente debe mantenerse libre de ideologías que puedan ser un vehículo de captación, de formas nefastas de seducción, de lavado de cerebro incluso. No les importa que las aulas donde se enseña el género estén inmersas en debates apasionados, que las distintas escuelas, métodos y teorías entren en conflicto, que especialistas del género se nutran eclécticamente de distintos legados intelectuales formulados en distintos idiomas. Se dice que el género es una «ideología», una forma única y falsa de conocimiento que ha abducido la mente de quienes operan dentro de sus parámetros, o incluso de quienes han estado expuestos momentáneamente a su funcionamiento. Sin embargo, la afirmación de que el género es una ideología refleja el mismo fenómeno que denuncia, ya que el «género» se convierte no solo en un monolito, sino en un monolito con un poder inmenso, el movimiento ideológico por excelencia. Este monolito errabundo se describe de diversas maneras: captura la mente, ejerce una enorme fuerza de seducción, adoctrina o convierte a quienes caen bajo su poder, arrasa fronteras, arruina la propia condición humana. ¿Es esta una descripción de los estudios de género o un mero reflejo de una forma de ortodoxia religiosa que ha proyectado su propio sistema de funcionamiento sobre el género, representándolo como una ortodoxia rival?

Es casi imposible salvar esta brecha epistémica con buenos argumentos puesto que prevalece el miedo a que la lectura lleve la confusión a la mente del público lector o le ponga en contacto directo con el diablo. De hecho, una parte de quienes se oponen al «género» no lee libros de estudios de género o feministas, estudios queer o trans, interseccionalidad, feminismo negro, o cualquier versión de la teoría de la raza. Muestran escepticismo ante el entorno académico por miedo a que los debates intelectuales generen confusión sobre los valores que defienden. Sin embargo, al menospreciar la coherencia, al basar sus críticas en la lectura de textos, al acuñar frases para convertirlas en pararrayos, se niegan de alguna forma a pensar críticamente, con lo que me refiero, como mínimo, a ejercer la libertad de pensamiento para abarcar un tema, analizar sus bases, sus límites y sus potencialidades. Cuando se niega esta libertad, también se niega la contribución crucial de la universidad, del pensamiento crítico, a un debate público, en el que considerar las diferentes dimensiones de una cuestión compleja resulta crucial para avanzar en el conocimiento.[8] La «crítica del género» es, por tanto, una expresión equivocada utilizada por algunas tendencias feministas que establecen alianzas implícitas o explícitas con la oposición de derechas al género. Sus puntos de vista son claramente cuestionables no solo porque reducen «el género» a una única versión caricaturizada de una realidad compleja, sino porque malinterpretan lo que implica una postura «crítica». La crítica se ocupa de los problemas y textos que nos importan para comprender cómo y por qué funcionan y luego los deja vivir en el pensamiento y la práctica en nuevas constelaciones, cuestionando lo que hemos dado por sentado como base inmutable de la realidad, a fin de afirmar un sentido dinámico y vital de nuestro mundo. Lamentablemente, los esfuerzos para expulsar los estudios de género de los planes de estudios no consideran el género como una «categoría útil de análisis», en el sentido que le da Joan W. Scott, sino como una fantasía de poder destructivo que debe ser eliminada.

El debate sobre *cómo reflexionar a propósito del género* enmarca el discurso actual sobre el género en una amplia gama de campos académicos y políticos, y no en una sola teoría. Estos debates impulsan tanto la investigación como el discurso público para que responda mejor a realidades sociales cada vez más complejas. Rechazar el género es, desafortunadamente, negarse a hacer frente a esta complejidad, negarse, en otras palabras, a dejar que el pensamiento sea transformado por la complejidad que encontramos en la vida contemporánea.

Y, sin embargo, el monolito del género, aparentemente enorme por su tamaño y su poder, permanece entre quienes utilizan ese terror obsesivo para movilizar a las masas en defensa de un poder estatal más fuerte. Apenas importa, al parecer, que el movimiento contra la ideología de género apunte a una versión del género a la que no se adhiere ninguno de los teóricos del género.[9] Esta resistencia de la crítica del género a leer los textos que tienen en el punto de mira (o a aprender cómo leerlos mejor) solo tiene sentido si se entiende la lectura como un ejercicio acrítico. Y si lo que defienden es una lectura o recepción acrítica de unos textos que consideran fidedignos, queda más clara, si cabe, su posición ideológica o dogmática, es decir, una posición que rechaza cuestionamientos, desafíos y un espíritu curioso y abierto. Esta actitud forma parte de una tendencia antiintelectual más amplia, marcada por su hostilidad hacia toda forma de pensamiento crítico.

La misma actitud circula ampliamente en la oposición pública a la «teoría crítica de la raza». En una conferencia del Instituto Claremont de California, un *think tank* conservador, Christopher Rufo despotricó contra la teoría crítica de la raza, pero, cuando le preguntaron si podía explicar de qué se trataba, titubeó y se negó a hacerlo diciendo: «Me importan una mierda estas cosas». Rufo, que fue miembro invitado de la Heritage Foundation, se niega a leer o estudiar el campo académico contra el que ha emprendido una guerra cultural que incluye ataques a la «teoría queer» que, según afirma, consiste en «clases sobre la liberación sexual, la exploración de género, el sadomasoquismo, la forma de acceder al mercado sexual y el fomento de la actividad sexual mediante el consumo de drogas lícitas e ilícitas».[10] ¿Ha asistido a esas clases? ¿Ha estudiado esos programas? Si fuera alumno de alguno de esos cursos, sus profesores le pedirían sin duda que apoyara sus argumentos con pruebas o una buena lectura, que son los protocolos en los que se basa nuestra enseñanza. Como la mujer suiza que se dirigió rápidamente a la puerta tras confesar que nunca tocaría un libro sobre género, Rufo proclama sin pudor su ignorancia sobre un campo que, sin embargo, está dispuesto a condenar.

Podríamos caer en la tentación de concluir que la tarea consiste en tener oponentes más formados, pedirles que lean y discutan, pero no se trata de eso. Como antagonistas del género y de la teoría crítica de la raza, estos grupos también se oponen a la universidad no por el dogma ostensible que enseña, sino por la apertura de mente que podría favorecer. Como proyecto que cierra el paso al tipo de pensamiento crítico que cuestiona las posiciones heteronormativas, el movimiento antigénero es una forma políticamente consecuente de antiintelectualismo, que se enfrenta al pensamiento en sí porque lo considera un peligro para la sociedad. Constituye por ello un terreno fértil para la siniestra colaboración de las pulsiones fascistas con los regímenes autoritarios.

Mi tarea aquí no consiste en ofrecer una nueva teoría del género ni en defender o reconsiderar la teoría performativa que ofrecí hace casi treinta y cinco años, y que ahora parece cuestionable en diferentes aspectos, especialmente a la luz de las críticas trans y materialistas.[11] Solo espero refutar algunas falsedades y comprender cómo y por qué estas falsedades en torno al género circulan con la fuerza obsesiva con la que lo hacen. ¿Al servicio de qué poderes están y cómo se pueden contrarrestar? De hecho, si pudiera ofrecer un único y persuasivo relato sobre el género para demostrar la falsedad de lo que la crítica de derechas, junto con sus alianzas feministas y positivistas, tiene que decir al respecto, sería una tarea más fácil que la que nos ocupa. La verdad, como siempre, es más compleja, lo que requiere una lectura crítica y un compromiso para contrarrestar las fantasías psicosociales que tienen el poder de atemorizar y congregar a la gente no solo alrededor de causas ultraconservadoras, sino de figuras autoritarias que se suben a la ola de las tendencias neofascistas en la sociedad y la política contemporáneas. Mi esperanza es mostrar que abrir un debate reflexivo sobre el género demostrará su valor como categoría y nos ayudará a explicar cómo, al considerarlo un problema de representación en la vida social, puede ser un foco de ansiedad, placer, fantasía e incluso terror.

Seamos claros: los hechos, tal y como los presenta la oposición de derechas, defienden el carácter exclusivamente heterosexual del matrimonio, la negación general de la realidad de las personas trans, intersexuales y no binarias, así como la negación de sus derechos básicos, el rechazo de la historia racial y colonial del dimorfismo de género y la afirmación del carácter legítimo de las restricciones de las libertades reproductivas practicadas por el Estado de todas las personas potencialmente fértiles. ¿Confirman los hechos estas posiciones políticas? ¿O bien son las posiciones políticas las que priorizan unos hechos a expensas de otros, un positivismo selectivo en el que lo que no es visible es el principio utilizado para seleccionar unos hechos en vez de otros? Decir que existe un principio de selección no quiere decir que todos los hechos sean inventados. Sin embargo, sí sugiere que pueden delimitarse con un propósito y el propósito se consigue con mayor eficacia si ocultamos el marco que lo delimita.

¿Cómo enfrentarse a una fantasía psicosocial que es foco de tantas angustias, se mueve en tantas direcciones y, aparentemente, ejerce unos poderes de destrucción tan extraordinarios? ¿Y cómo contrarrestarla, cuando se mueve con tanta rapidez en sus formas proteicas y contradictorias?

Al preguntar quién teme al género también estoy preguntando quién tiene miedo de qué y cuál es la mejor forma de entender el miedo resultante y sus efectos políticos. ¿Quién o qué ejerce realmente poderes de destrucción? Después de todo, vivimos en una época en la que innumerables procesos de cancelación, patologización, criminalización y deslegitimación tratan de destruir libertades y poderes que los movimientos sociales de izquierdas han luchado durante décadas por consolidar. Se atacan vidas y medios de subsistencia; se anula la identidad trans; las mujeres y otras personas embarazadas vuelven a los tugurios para poder someterse a intervenciones quirúrgicas que son necesarias; se cuestiona, o a veces directamente se niega, el derecho al matrimonio y a la procreación de gais y lesbianas; las personas trans no pueden acceder a la atención sanitaria o contar con una comunidad en lugares donde la transfobia se ha convertido en política pública o en ley; se cancelan y difaman las clases de educación sexual para jóvenes con derecho a tener un conocimiento informado sobre el género y la sexualidad, aprender sobre el consentimiento y la ética sexual en general.

Al igual que otros movimientos de derechas contemporáneos, el movimiento antigénero ha tomado prestado el lenguaje de la izquierda, incluida la propia «ideología», un término que en realidad pertenece a Marx y al marxismo. Quienes se suman a este movimiento no tienen en cuenta qué teoría de la ideología están utilizando. Sin embargo, somos libres de reconsiderar esta historia para hacer algunas precisiones más firmes que puedan ayudar a entender el movimiento antigénero como parte del fascismo. Tomemos la obra de Karl Mannheim *Ideología y utopía*, que se publicó por primera vez en inglés en 1936, pero se había publicado por primera vez en alemán en 1929, antes de la llegada al poder del régimen hitleriano. Mannheim se planteaba si el fascismo se podía entender como una ideología nacida del capitalismo y trató de examinar los orígenes inconscientes de las ficciones mentales que niegan la naturaleza real de la sociedad. Para él, las ideologías sirven para preservar el orden social existente (o para preservar la idea de un orden social anterior), pero frente a la inestabilidad pueden ser contrarrestadas por las utopías, que activan determinados potenciales en la sociedad para promover un imaginario colectivo de transformación. El fascismo era una ideología porque pretendía restablecer el nacionalismo y las jerarquías racistas, basándose en un orden social perteneciente al pasado, con el fin de detener y someter por la fuerza, atacar, matar y expulsar a comunistas, personas judías o gitanas, discapacitadas o enfermas, gais y lesbianas. Mannheim alegaba que el ataque fascista a las llamadas «ideas peligrosas» identificaba ese peligro con imágenes de transformación social. En nombre del mantenimiento del *statu quo* o del retorno a un pasado idealizado, el fascismo se opone a los movimientos sociales y políticos que pretenden ampliar nuestros compromisos fundamentales con la libertad y la igualdad. El pasado idealizado puede asomar en el llamamiento del movimiento contra la ideología de género a restaurar un orden patriarcal para la familia, el matrimonio y el parentesco, incluidas las prohibiciones relacionadas con la libertad reproductiva, la autodeterminación de género y la atención sanitaria para las personas LGBTQIA+. En cada uno de estos casos, se prefiere un pasado imaginado a un futuro potencial de mayor igualdad y libertad. De este modo, la ideología apunta a un imaginario radical identificándolo con peligros sociales omnipresentes y corrosivos. El ataque a las «ideas peligrosas» no es solo una resistencia a las potencialidades de la democracia radical que afloran incluso en los peores momentos, sino un esfuerzo por deshacer la realidad presente en favor de la reconstrucción y la restauración de un pasado imaginario en el que reina la jerarquía de género. Sin duda, sería una tendencia más sencilla de combatir si solo se tratara de mantener el *statu quo*, pero los proyectos de restauración son más ambiciosos y destructivos.

Sin duda, las teorías de Mannheim tienen sus años. Su punto de vista ha sido criticado por su componente idealista y por la sugerencia de que ir más allá de la ideología exigía renunciar a planteamientos absolutos. Y, sin embargo, hoy resulta significativo que pudiera imaginar una utopía con poder para contrarrestar la fuerza de la ideología fascista emergente en la década de 1930. Para

Mannheim, conceptualizar un futuro que deshiciera la ideología suponía que cierto tipo de imaginación era posible, aunque su potencial no se pudiera determinar plenamente de antemano. Cabe esperar que estos ideales tan poco realistas, diferentes de una versión lacaniana del imaginario, sigan siendo regenerados por los movimientos sociales que luchan contra la violencia, la desigualdad social y económica y la injusticia. Esta forma de «irrealidad» es necesaria para los movimientos sociales que rechazan la vía de la *realpolitik* y son lo bastante fuertes como para hacer frente a la acusación de idealismo ocioso. En cualquier caso, la pregunta que se hace Mannheim sigue estando vigente: ¿cómo podría un «contraimaginario» disipar la presión de la ideología que representan quienes acusan al género de ser una ideología en sí misma? Esta vía consciente y colectiva es necesariamente una presunción idealista, pero ¿puede ser un ideal encarnado por los movimientos sociales que están en plena lucha contra el fascismo emergente en nuestra época?

Marx advirtió que «no partimos de lo que las personas dicen, imaginan, conciben, ni de las personas tal y como son narradas, pensadas, imaginadas, concebidas hasta convertirse en personas de carne y hueso. Partimos de personas reales, activas y, sobre la base de su proceso vital real, demostramos el desarrollo de los reflejos y ecos ideológicos de este proceso vital».[12] Y escribe: «Los fantasmas formados en el cerebro humano también son necesariamente una sublimación de su proceso vital material». En otras palabras, la alegación de que el género es ideológico es ideológica en sí misma, conformada por su propio conjunto de creencias, incluyendo el «ataque» a un fantasma que toman por real, incluso cuando surge, podríamos decir, de sus propios cerebros. El fantasma [*phantom*] de Marx confluye así con mi noción, influida por Laplanche, de «fantasía» [*phantasm*].* Se podría decir que el

* En inglés, *phantom* y *phantasm* son dos palabras relacionadas que coinciden en algunos aspectos de su contenido pero difieren en otros. Desde el punto de vista psicoanalítico, cuando hablamos de *phantasm*, nos referimos más bien

ataque a la familia que la derecha imagina que se está produciendo justifica su propio ataque a las políticas y leyes que se oponen a la violencia de género, los estudios de género, los derechos reproductivos, el matrimonio homosexual y los derechos trans. Como el ataque está dirigido contra ella, se está defendiendo a sí misma, sus valores o su sentido de lo que deben ser la familia, la nación, el hombre y la mujer y la civilización. Puede ser también que el ataque que ven venir o infiltrarse en su universo cultural sea solo una proyección, que apunta hacia ella y refleja la huella agravada de su propia agresión. Aunque a menudo se caricaturiza injustamente el género como algo inventado, un artificio, un bulo, una mentira, algo restringido al ámbito del lenguaje, son los movimientos críticos de derechas los que parecen temer más profundamente el poder del lenguaje. Es como si la palabra «género» lanzara un encantamiento, por lo que cualquier cosa asociada a esa palabra debe ser fulminada.

Este libro presenta algunos argumentos contra el movimiento de ideología antigénero, pero ese no puede ser su principal objetivo. No es posible reconstruir completamente los argumentos utilizados por el movimiento contra la ideología de género, porque no se atienen a normas de consistencia o coherencia. Preparan y lanzan soflamas incendiarias para derrotar lo que conside-

---

(simplificando mucho) a una derivación a partir del concepto de *phantasia* freudiano con un sentido ligeramente diferente o más restringido, a caballo entre la fantasía y la obsesión. En español, siguiendo a Laplanche y Pontalis, usaremos preferiblemente «fantasía», aunque no tiene una traducción unívoca ni un equivalente exacto, y usaremos otros términos y complementos de información en caso de necesidad. En cuanto a *phantom*, se utiliza aquí en el sentido marxiano de la primera frase de *El manifiesto comunista* («Un fantasma recorre Europa...») y es la traducción que hemos utilizado. De ser necesario, añadiremos los términos ingleses entre corchetes para precisar el sentido. Véase también la nota de la traductora anterior sobre *phantasmatic scene*. Para más información sobre *phantasm*, remito a la entrada «phantasia» del *Vocabulaire européen des philosophies,* dirigido por Barbara Cassin y publicado por Seuil, y a las entradas correspondientes del *Vocabulario* de Laplanche y Pontalis. *(N. de la t.)*

ran «ideología de género» o «estudios de género» por cualquier método retórico que les parezca necesario. La tarea no consiste simplemente en desenmascarar sus artimañas mediante una capacidad analítica más elaborada, rastrear sus estrategias y demostrar que se equivocan. La tarea consiste en ayudar a levantar un mundo en el que podamos movernos, respirar y amar sin miedo a la violencia, con la esperanza radical y poco realista en un mundo que ya no esté movido por un sadismo moral disfrazado de moralidad. La respuesta, dicho de otro modo, debe generar una visión ética y política convincente que se enfrente y saque a la luz la crueldad y la destrucción existentes. El fantasma del género como fuerza destructiva se convierte en la coartada casi moral para desencadenar la destrucción contra quienes pretenden vivir y respirar en libertad. Tomar partido por respirar y vivir libres del miedo a la violencia, tomar partido contra el movimiento antigénero, es el principio de la visión ética que necesitamos ahora.

Para enfrentarnos al movimiento contra la ideología de género, necesitamos coaliciones transnacionales que reagrupen y movilicen a las personas contra las que se dirige. Las luchas intestinas deben convertirse en conversaciones y confrontaciones dinámicas y productivas, por difíciles que sean, dentro de un movimiento expansivo consagrado a la igualdad y la justicia, a preservar y afirmar las libertades y los poderes sin los cuales la vida no puede ser vivida y las políticas son injustas. Las coaliciones nunca son fáciles. Implican la unión de posturas antagónicas y pueden ser destruidas por crueldades intestinas.[13] Incluso cuando los conflictos no puedan resolverse, los movimientos deben seguir avanzando juntos con la mirada puesta en las fuentes comunes de opresión. Las coaliciones no requieren amor mutuo, solo la idea compartida de que las fuerzas de opresión solo pueden ser derrotadas mediante la acción conjunta y avanzando en las diferencias sin forzar su resolución definitiva.

Sin embargo, determinar cuál es la mejor manera de abordar el movimiento antigénero presenta otro tipo de dificultades.

Como delirio temible y destructivo, el género no se presta mucho al debate. Cuando la gente se posiciona a favor o en contra, la cuestión de qué es realmente o qué significado debería tener suele quedar aparcada. ¿No deberíamos saber sobre qué estamos discutiendo? A menudo, los debates contra el género en la derecha se centran en la identidad de género, pero con frecuencia se trata de igualdad de género y a veces de violencia de género. Cuando el género se presenta como una identidad que va más allá de la división binaria habitual, o cuando se establece a través de la autodeterminación, tienden a desatarse las pasiones. A algunas personas les gusta pensar que su género no solo es natural, sino universal: soy una mujer de la misma forma que lo son todas las demás, es la naturaleza la que lo quiere así. Tanto si se asigna un género al nacer como si se asume un género con el tiempo, es posible amar realmente el género propio y rechazar todo aquello que perturbe ese placer. Intentan presumir y celebrar, expresar su ser y comunicar la realidad de lo que son. Nadie debería arrebatarles esa alegría, siempre que esas personas no insistan en que esa alegría es la única posible. Sin embargo, y eso es lo más importante, mucha gente padece sufrimiento, ambivalencia y desorientación dentro de las categorías existentes, especialmente aquellas que fueron asignadas al nacer. Pueden tener un género no binario o trans, o lo que sea, e intentan vivir la vida dentro del cuerpo que tiene sentido para esas personas, lo cual les permite tener una vida que, aunque no sea alegre, pueda ser vivida. A veces viven en los intersticios que se abren entre las categorías asignadas y los modos en que su vida se encarna.[14] También este espacio debe protegerse y afirmarse. Independientemente de lo que signifique el género, para algunos es sin duda un sentido del cuerpo, en sus superficies y oquedades, un sentido vivido de ser un cuerpo en el mundo y de serlo *de una forma determinada*. Nos pueden criticar o alabar por la forma en que se presenta nuestro género, o pueden encarcelarnos, repudiarnos o encerrarnos en instituciones psiquiátricas. Podemos vivir el género por la calle, celebrando el cuerpo que habitamos junto con otras personas, o descubrir que nos han dado un género incluso antes de llegar al mundo. Habitar un género es vivir una cierta complejidad histórica que se ha hecho posible para las vidas que estamos viviendo ahora. Por mucho que alguien se quiera aferrar a una idea única de lo que es ser mujer u hombre, la realidad histórica siempre malogra este tipo de proyectos y empeora las cosas al insistir en géneros que siempre van más allá de las alternativas binarias. El género viene acompañado de vulnerabilidad, penetrabilidad, agencia, dependencia, enfermedad, reconocimiento social, requisitos básicos, vergüenza, pasión, sexualidad y condiciones variables de vida y vitalidad. Cómo vivimos esa complejidad y cómo dejamos que otros la vivan adquiere así una importancia capital.

Por supuesto, es frecuente referirse al «sexo» como si fuera un hecho obvio, basado en la observación, y preocuparse porque los intelectuales han complicado de forma innecesaria asuntos que eran sencillos. Sin embargo, hay que tener en cuenta que la asignación de un sexo no es simplemente anunciar el sexo que se percibe cuando nace una persona, sino que también comunica una serie de deseos y expectativas en la edad adulta. A menudo imaginamos o deseamos el futuro a través del acto de asignación de sexo, por lo que la asignación de sexo no es una mera descripción de hechos anatómicos, sino una forma de imaginar lo que significarán o deberían significar. Esta imaginación viene de otra parte y no se detiene exactamente después de que se haya determinado legal o médicamente el sexo al nacer. La niña sigue siendo tratada como una niña, el niño como un niño, y estas prácticas performativas son reiteradas no solo por los progenitores, sino por una serie de instituciones que reciben al niño o a la niña con casillas que hay que marcar y con normas que es necesario encarnar. En cierto sentido, la asignación de sexo no es algo que ocurre de una vez por todas. Es un proceso iterativo, repetido por diferentes actores e instituciones que, dependiendo de dónde se viva, puede reiterarse de formas que no siempre coinciden entre sí. La asignación de sexo no es un mecanismo, sino un proceso, y puede generar formas contradictorias y descarrilar con la aparición de interrupciones y problemas. Posteriormente es posible rechazar esa interpelación de forma temporal o permanente y podemos mantener grandes debates, especialmente en contextos religiosos, sobre cuál es la forma correcta o incorrecta de ser, o de llegar a ser, un hombre o una mujer y si, por desgracia, son esas las dos únicas opciones. Lo que acertadamente llamamos autodefinición surge dentro de esta escena reiterativa, que no solo trata de contrastar unas definiciones culturales de género, sino del poder y los límites de la autodeterminación.[15] El problema no es solo que personas adultas se dirijan a un niño o una niña de determinada manera, o que nombren su género así o asá, sino que las palabras, consideradas como significantes, hacen eco a lo que Laplanche llamó «significantes enigmáticos», que constituyen formas primarias de ser abordado y puntos primarios en los que reside la incitación al deseo. La asignación del sexo, entendida como un proceso iterativo, transmite un conjunto de deseos, cuando no de fantasías, sobre cómo se debe vivir el propio cuerpo en el mundo. Estas fantasías, que vienen del exterior, hacen que el conocimiento que tenemos de nuestra realidad sea menor de lo que a veces suponemos.[16]

Habrá quien diga que la noción de construcción social y la construcción social del género implican que simplemente estamos hechos de normas y convenciones, como si estas fueran la sustancia del propio cuerpo. También habrá quien afirme que la «construcción» es simplemente artificial y falsa, que necesitamos volver a lo que es manifiestamente real. En mi opinión, ambos puntos de vista son erróneos. Entre otras cosas, subestiman la perturbación y la imprevisibilidad de las primeras escenas de interpelación en las que el género hace su aparición. El deseo adulto está movido y conformado por una serie previa de deseos que nacieron de otras personas adultas que interpelaron a otra persona al nacer. En la medida en que esos deseos estaban vinculados a normas y modos de vida normativos, podemos decir que las normas preexisten, circulan por el mundo antes de imprimirse en nuestro cuerpo. Cuando las normas se imprimen en nuestro cuerpo y registramos esa impresión, se abre un registro afectivo. De hecho, el sentido de pertenencia que registra esa impresión nace en realidad de aquella escena originaria. Si se puede decir que las normas nos conforman es solo porque ya existe una relación de proximidad, encarnada e involuntaria, con su impronta. Las normas actúan sobre una sensibilidad y susceptibilidad al mismo tiempo que las conforman; nos llevan a sentir de determinada manera y esos sentimientos pueden evolucionar en pensamientos incluso cuando bien podríamos llegar a pensar en ellos, al preguntarnos: ¿por qué somos esto en vez de aquello? Aunque las normas nos condicionan y nos conforman, difícilmente se las puede considerar eficaces, o incluso predecibles. Su lógica iterativa solo termina con el fin de la vida, aunque la vida de las normas, de su discurso en general, persiste con una tenacidad que es bastante indiferente a nuestra finitud. La temporalidad de las normas es diferente de la temporalidad de esta o aquella vida encarnada.

Cuando llegamos al mundo no lo hacemos al margen del conjunto de normas que lo acechan. Las convenciones, las formas de interpelación y las formas institucionales de poder ya están actuando antes de que sintamos por primera vez su impronta, antes de la aparición de un «yo» que se perciba como la persona que decide quién o qué quiere ser. Por supuesto, a veces llegamos a romper con las normas que se nos imponen, rechazando las interpelaciones recibidas, encontrando la libertad en esa negativa y en la decisión de tomar otro camino. Y, sin embargo, la conformación de una persona no desaparece de repente tras una serie de rupturas: esas rupturas pasan a formar parte de la historia que contamos sobre nuestra realidad, en parte para mostrar a los demás que esa ruptura puede ser posible. Decimos, por ejemplo: «Este es el momento en que rompí con tal o cual autoridad o expectativa», y en esas circunstancias entendemos qué, cómo, cuándo y por qué la palabra «rompí» es importante para la historia que quiero contar. Precisamente porque las normas que me conforman no actúan sobre mí de forma única, sino repetidamente a lo largo del tiempo, y surgen oportunidades para desbaratar su reproducción. Este proceso iterativo abre posibilidades de revisión y rechazo, razón por la cual el género tiene una temporalidad propia, de modo que no podemos entender bien el género si no lo entendemos como algo revisable y con perspectiva histórica. Este punto de vista tiene implicaciones cuando queremos responder a la pregunta: ¿soy libre o sufro alguna determinación? Dicho en pocas palabras, nunca es algo simple, no nos autoformamos de manera incondicional. Esto puede ser otra forma de decir que vivimos en el tiempo histórico, pero también que el tiempo vive en nosotros, como la historicidad de cualquier forma de género que asumamos las criaturas humanas. No escapamos a la impronta temprana que avivó nuestro deseo e hizo enigmático el mundo adulto, incluidas sus admoniciones de género.

En cierto modo, el movimiento contra la ideología de género quiere acabar con toda esta vitalidad, libertad y complejidad histórica e interna. En respuesta a la situación de las personas que quieren cambiar de género o acceder a la asistencia sanitaria de confirmación de género, el Vaticano ha dejado bien claro que quienes deseen construir su personalidad en sus propios términos se están arrogando un poder que legítimamente solo pertenece a Dios.

Este libro va a empezar, pues, centrándose específicamente en la contribución del Vaticano a la retórica antigénero, así como a las dimensiones globales del movimiento, incluidas sus redes constituyentes. Las reivindicaciones contra el género difieren según el contexto en el que se enuncian, pero siempre se mantienen algunas constantes. La colaboración entre Iglesias evangélicas de derechas de Estados Unidos, América Latina, Europa del Este y África

Oriental son algunas de las más notables, por los documentos de posicionamiento que han publicado y por el apoyo que han ido cosechando. También cabe considerar cómo algunas fantasías psicosociales habitan los argumentos clave contra el género, revisar algunos de los principales debates legislativos sobre la cuestión y tomar nota de la colaboración bien organizada contra el género en todas las regiones de ambos hemisferios. El libro se adentra a continuación en los debates recientes en Estados Unidos, donde el «género» se ha convertido en un término controvertido, y examina la implicación del Estado en una fantasía de restauración de los poderes patriarcales. Abordaré también los debates británicos sobre la cuestión del sexo, prestando especial atención a la ansiedad delirante que genera la argumentación de feministas transexcluyentes como J. K. Rowling, la organización Sex Matters y las opiniones de Kathleen Stock y Holly Lawford-Smith.

A partir de ahí, examino los retos que supone la teoría de la construcción social que subyace en una visión del género como «constructo». Por una parte, siempre fue erróneo entender la «construcción» como artificio o farsa, como algo diferente de la realidad material del cuerpo. Por otra parte, un modelo de construcción conjunta muestra más plenamente cómo las contribuciones materiales y sociales se entrelazan en la producción del cuerpo sexuado. La naturaleza no es el terreno sobre el que se construye el género. Tanto la dimensión material como la social del cuerpo se construyen a través de una serie de prácticas, discursos y tecnologías. Este proceso de construcción conjunta permite ver cómo la materialidad del cuerpo se conforma a través de lo que ingiere y de los entornos en los que se mueve, los tipos de alimentos disponibles, el aire que respira, toda la infraestructura medioambiental a través de la cual se forman y sostienen los cuerpos. Estos elementos no solo no están fuera del cuerpo, sino que son la materia de la que está hecho.

Dicho esto, el proceso de construcción conjunta también se puede desplegar a partir de marcos normativos con consecuencias devastadoras. Por ejemplo, las brutales cirugías y los procedimientos de normalización emprendidos por la Clínica de la Identidad de Género de John Money en la Universidad Johns Hopkins, o los experimentos ginecológicos en mujeres negras durante la esclavitud, a través de los cuales se elaboraron las ideas normativas del estándar masculino y femenino de la raza blanca; solo son dos ejemplos de formas culturales y materiales de elaboración del género que implicaron una violencia insoportable. En las cirugías forzadas, los cuerpos de las mujeres negras eran tratados como «carne», en expresión de Hortense Spillers, y sobre esa base se construía la cultura o civilización sexuada.[17] ¿Por qué se ha exigido a los cuerpos negros que asuman el papel de «naturaleza»? ¿En qué condiciones y con qué fines? El dimorfismo está al servicio de la reproducción de la familia blanca normativa en Estados Unidos. Hortense Spillers sostiene que las mujeres negras quedaron fuera del binarismo de género idealizado, consideradas como carne sin género a partir de la cual se construyeron los géneros blancos. Las normas de género durante y después de la esclavitud se construyeron como presuntamente blancas, apuntalando la supremacía blanca literalmente sobre las espaldas de las personas esclavizadas. C. Riley Snorton amplía la tesis de Spillers para argumentar que la historia de la cirugía ginecológica en antiguas personas esclavizadas en Estados Unidos atestigua la forma en que se crearon las normas de género a través del racismo quirúrgico.[18] Los cuerpos negros eran el campo experimental a partir del cual se elaboraban las normas de género blancas.

El proyecto de John Money asume y explota a la vez la inconmensurabilidad entre un sexo encarnado en el cuerpo y la asignación de género. En un sentido más amplio, el género plantea el dilema de cómo unir las categorías sociales y las formas encarnadas en el cuerpo: ¿con qué medios y con qué fuerza? Hay formas brutales e injustas de forzar esta unión y hay formas prometedoras, emancipadoras incluso, de encarnar tanto la conjunción como la disyunción. Me opongo a los proyectos sexológicos que pretendían forzar una conformación de los cuerpos de acuerdo con ideales dimórficos. En cambio, espero mostrar cómo diversos paradigmas científicos permiten concebir el género como un espectro o un mosaico, una complejidad vital digna de afirmación.

Además de la sexología y la raza, la colonización funciona de forma paradójica dentro del movimiento de la ideología antigénero. Considero que la alegación de que el género está al servicio de los proyectos colonialistas es una afirmación de derechas que no distingue entre la imposición colonial del dimorfismo criticada por el feminismo poscolonial y la afirmación contraria del Vaticano, a saber, que las influencias coloniales son las culpables de que se cuestione ese preciado marco binario. Sostengo que existen al menos dos concepciones diferentes de la descolonización, basándome en trabajos que demuestran que el dimorfismo de género no es un supuesto estable en el Sur Global.

Por supuesto, el «género» como término está ligado al idioma inglés y, a menudo, a un presunto monolingüismo. A veces este término no funciona en otras lenguas y otras veces descubre primos lingüísticos que no sabía que tenía. La relevancia del término depende de la traducción, sabiendo que esa traducción a menudo altera el significado de un término en un idioma y un contexto diferentes. Creo que la traducción es la condición de que pueda existir un feminismo transnacional y una solidaridad efectiva entre los movimientos de ideología antigénero. Así pues, es importante poner en primer plano los estudios que demuestran que el marco heteronormativo que concibe el género como algo binario fue impuesto por los poderes coloniales en el Sur Global; es importante rastrear el legado de la esclavitud y el colonialismo que subyace en las brutales prácticas quirúrgicas y sexológicas destinadas a «corregir» el sexo a la luz de los ideales de la raza blanca y ver cuáles pueden ser las alternativas lingüísticas al género en las diferentes lenguas como forma de crítica de las implicaciones monolingües del término.

Tal vez la tarea consista en ralentizar todo el debate público, en darle la vuelta a lo que pensamos que es el género y por qué lo pensamos. Este tipo de investigación pública abierta es crucial para la vida democrática, porque, si juzgamos lo que no entendemos, entonces la ignorancia moralista y dogmática marca el destino de la vida intelectual y del discurso público. Quienes piden que la censura suprima los programas de estudios de género o elimine esa palabra de la educación o la sanidad están pidiendo que se intensifiquen la censura y el control estatal en todo el dominio público y consagran sus esfuerzos a reforzar los poderes autoritarios.

Intentaré reconstruir algunos de los argumentos esgrimidos contra el género y responder de la mejor manera que sepa. Y aunque quiero demostrar que estos argumentos contra el género, los de las derechas y los del feminismo transexcluyente, están equivocados, o no están correctamente formulados, mi objetivo principal no es meramente argumentativo, académico o filosófico. La pregunta que quisiera dejar clara es esta: *¿en qué tipo de fantasía obsesiva se ha convertido el género y qué ansiedades, miedos y odios recoge y moviliza?* Quienes se oponen al género viven en el convencimiento de que algo está destruyendo de hecho su mundo, la forma en que se perciben en su propio cuerpo, las estructuras sociales sin las que les resulta imposible sobrevivir. Espero, pues, intentar comprender la dimensión obsesiva del «género» tal y como se presenta a quienes piden la eliminación de la educación en materia de género, la censura de temas relacionados con el género y la privación de derechos o la criminalización de las personas de género trans o no binario.

Todavía queda mucho por entender sobre el género como problema estructural de la sociedad, como identidad, como campo de estudio, como término enigmático y con una elevada carga afectiva, que circula de formas que son fuente de inspiración para unos y de terror para otros. Por imperativo que parezca defender el campo de estudios que usa el género como término para describir la identidad y las formas sociales de poder y las formas diferenciales de violencia, tenemos que seguir pensando qué queremos decir y qué quieren decir otras personas cuando se alzan en armas contra ese término. Es difícil pensar cuando estamos atrapados por un fantasma. Y, sin embargo, pensar e imaginar nunca ha sido tan importante. ¿Qué forma de imaginación crítica sería lo bastante poderosa para hacer frente a esa fantasía? ¿Qué significaría crear una forma de solidaridad y de imaginación concertada que tuviera el poder de desenmascarar las normas crueles y las tendencias sádicas que circulan con el nombre de ideología antigénero?

CAPÍTULO 1

La situación en el mundo

La idea de una peligrosa ideología de género surgió en la década de 1990, cuando el Pontificio Consejo para la Familia advirtió de que el «género» era una amenaza para la familia y para la autoridad de la Biblia.[1] Es posible rastrear los orígenes de la idea a través de los documentos del Pontificio Consejo para la Familia,[2] pero desde entonces se ha desarrollado en formas que evidencian el poder político del Vaticano, así como su reciente alianza con la Iglesia evangelista en América Latina. Incrementando el poder del «género» en el discurso político contemporáneo, la postura del Vaticano intensifica el poder delirante del término en el panorama político mundial.

Para algunas corrientes del cristianismo, la ley natural y la voluntad divina son lo mismo: Dios creó los sexos con un esquema binario y no es prerrogativa humana rehacerlos con otros parámetros. Por supuesto, algunas corrientes feministas que analizan problemas relacionados con la religión lo rebaten, sugiriendo que la Biblia tiene puntos de vista contradictorios sobre este mismo tema.[3] Independientemente de ello, esta ciencia más antigua sostiene que las diferencias de sexo dependen de una ley natural, es decir, que el contenido de esa ley está establecido por la naturaleza, lo que presumiblemente la dota de valor universal. Si asumimos que la naturaleza ha sido creada por Dios, desafiar la ley natural es desafiar la voluntad de Dios. Lo que se desprende de este conjunto de creencias es que si tenemos voluntad o si actuamos en función de nuestra voluntad no solo desafiamos a Dios y al orden natural creado por él, sino que nos colocamos por encima de la voluntad de Dios.

Estas son solo algunas de las premisas católicas conservadoras contrarias al género.[4] Esta furia contemporánea empezó a asomar en 2004, cuando la Congregación para la Doctrina de la Fe, dirigida entonces por Joseph Ratzinger, advirtió de que las teorías sobre el género ponían en peligro a la familia al cuestionar el hecho de que los roles familiares cristianos solo podían y debían derivarse del sexo biológico.[5] Según el Vaticano, la división sexual del trabajo se deriva de la naturaleza del sexo: las mujeres deben ocuparse del trabajo doméstico y los hombres deben actuar en el campo del empleo remunerado y la vida pública. Se decía que la integridad de la familia, entendida como una familia cristiana y natural, estaba en peligro a causa de un espectro que se cernía sobre el horizonte: la «ideología de género». Ratzinger hizo pública su preocupación por primera vez en la cuarta Conferencia Mundial sobre la Mujer de las Naciones Unidas celebrada en Pekín en 1995, y de nuevo en 2004, como director de la Congregación para la Doctrina de la Fe en una carta a los obispos en la que subrayaba el potencial del «género» para destruir valores femeninos importantes para la Iglesia, junto con la distinción natural entre los dos sexos.[6] Ya en 2012, y como papa, Benedicto XVI fue más allá al sostener que tales ideologías niegan la dualidad predeterminada del hombre y la mujer y, por lo tanto, niegan la familia como realidad establecida por la creación. Argumentaba que, dado que el hombre y la mujer han sido creados por Dios, quienes pretendan crearse a sí mismos niegan el poder creador de Dios, suponen que tienen poderes divinos de autocreación y se dejan llevar por un conjunto de creencias ateas.

En 2016, el papa Francisco, a pesar de defender ocasionalmente puntos de vista progresistas, continuó la línea desarrollada por el papa Benedicto y la señal de alarma fue todavía más fuerte. «Vivimos un momento de aniquilación del hombre como imagen de Dios», afirmó. En concreto, incluyó como ejemplo de esta desfiguración «la ideología de género». Estaba claramente indignado por el hecho de que «hoy en día a los niños —¡a los niños!— se les enseña en la escuela que todo el mundo puede elegir su sexo... Y esto [sic] ¡es terrible!». A continuación, se refirió a Benedicto XVI y afirmó: «Dios creó al hombre y a la mujer; Dios creó el mundo de una determinada manera... y nosotros estamos haciendo exactamente lo contrario».[7] Desde esta perspectiva, quienes experimentan con el género se están apropiando del poder creador de Dios. Desde entonces, el papa Francisco ha ido más lejos todavía al afirmar que las personas que defienden el género son como quienes apoyan o despliegan armas nucleares dirigidas contra la propia creación. Esta analogía sugiere que, sea lo que sea el género, en las mentes de quienes se oponen a él, está cargado de un enorme poder destructivo, una capacidad de desintegración insondable y aterradora. Se representa como una fuerza demoníaca de aniquilación enfrentada a los poderes creadores de Dios.

Muchas metáforas heterogéneas proliferan en el esfuerzo por retratar el género como un peligro extremo. Las diversas imágenes de la destrucción no encajan en un cuadro coherente, pero se acumulan sin tener en cuenta la coherencia o la contradicción. Y cuanto más pueda absorber el «género» esos diversos miedos y ansiedades, más poderoso se vuelve el fantasma. Si una imagen de destrucción no funciona con todos los públicos, lo hará otra, y si todas se acumulan con suficiente rapidez e intensidad con un mismo nombre, pueden circular tanto más ampliamente atrapando a diferentes públicos a medida que avanzan. Juntos tratan de identificar el origen del miedo a la destrucción, lo que tenemos que temer, lo que destruirá nuestra vida. Al hacerlo, empiezan a destruir las vidas de aquellos que han sido tomados como chivos expiatorios.

Aunque el papa Francisco ha sido elogiado por su enfoque aperturista respecto a la homosexualidad, es importante recordar que fueron las uniones civiles de gais y lesbianas, y no la sexualidad de gais y lesbianas, lo que defendió en 2020.[8] En una extensa entrevista titulada *Esta economía mata*, publicada por primera vez en 2015 en italiano, el papa compara el rechazo de la teoría de género con la doctrina de la «complementariedad» (la idea de que el género humano está compuesto esencial y exclusivamente por el hombre y la mujer y que la unión sexual entre hombre y mujer es la única forma humana y natural) con la prueba de la existencia de «Herodes» en cada periodo histórico. Las teorías herodianas del género «urden designios de muerte, que desfiguran el rostro del hombre y de la mujer, destruyendo la creación». La analogía con las armas nucleares subraya la fuerza aniquiladora atribuida a la teoría de género: «Pensemos en las armas nucleares, en la posibilidad de aniquilar en pocos instantes un número muy elevado de vidas humanas... Pensemos también en la manipulación genética, en la manipulación de la vida o en la teoría de género, que no reconoce el orden de la creación». En este contexto, el papa Francisco aconsejó a su audiencia considerar a las personas que teorizan sobre el género como algo similar a «los dictadores del siglo pasado, piensen en las Juventudes Hitlerianas».[9]

Al comparar la «ideología de género» con la guerra nuclear o con el nazismo, el papa Francisco pone en pie de guerra a quienes se oponen tanto al feminismo como al movimiento LGBTQIA+, haciéndoles creer que están librando una guerra justa contra las fuerzas de la destrucción. Por supuesto, no todo el mundo en las organizaciones católicas está de acuerdo con este punto de vista y algunas, como DignityUSA, han respondido con una firmeza admirable a la hora de reclamar derechos para un espectro de géneros y orientaciones sexuales, así como para las personas intersexuales.[10] Las consecuencias de esta retórica alarmista del papa pueden verse claramente en las enérgicas intervenciones del Vaticano, especialmente del Pontificio Consejo para la Familia.

La profesora de Derecho de la Universidad de Chicago Mary Anne Case documenta estas intervenciones, incluyendo la alianza del Vaticano con Nicolas Sarkozy en 2011 para retirar en Francia los libros de texto de secundaria que incluían secciones sobre «género». Ese mismo año, el Vaticano expuso su opinión de que el género tiene el poder de socavar «el fundamento mismo del sistema de los derechos humanos». Lo que está en juego es la idea de humanidad que, al parecer, la «ideología de género» tiene el poder de destruir, ya que la humanidad se define por la complementariedad de los sexos: una definición que mata dos pájaros de un tiro. Un año después de la exitosa batalla legal por el matrimonio gay en Francia, en 2013, se produjo una reacción violenta en la que el psicoanalista lacaniano y sacerdote Tony Anatrella desempeñó un papel fundamental.[11] Un destacado programa de estudios francés denominado *ABCD de l'égalité* ofrecía a los alumnos una forma de reflexionar sobre la diferencia entre sexo biológico y género cultural, pero fue suspendido después de que Anatrella advirtiera de que se estaba enseñando «teoría de género» en las escuelas primarias y eso desorientaría a los alumnos y sería perjudicial para su desarrollo sexual. El propio papa Francisco se reunió con uno de los organizadores del intento de boicot al programa, lo que suscitó objeciones en Francia por injerencia vaticana en la política educativa pública, que debería ser una competencia propia del Estado. De hecho, el programa desapareció. El Vaticano publicó entonces su propio texto sobre género, para ofrecer una imagen alternativa.[12]

Para el papa Francisco, este fantasma llamado «género» es tan diabólico como ideológico. Es diabólico porque el género procede del diablo y es obra del diablo, por lo que no es una creación divina y constituye una forma de «creación» antagonista, falsa y destructiva. Y es así porque el Vaticano considera el «género» una doctrina o creencia que afirma que uno puede *crear* un género que no le fue asignado al nacer, una forma falsa y engañosa de creación. Solo la divinidad tiene poder para crear; la divinidad creó al hombre y la mujer, o eso afirma la Biblia. Si alguien se aparta del sexo que le ha sido asignado por la divinidad, está robando y destruyendo los poderes creativos que únicamente incumben a Dios. Esta fuerza diabólica es especialmente peligrosa para las personas más vulnerables, las que corren el riesgo de ser influenciadas y adoctrinadas por esta «ideología» que se enfrenta a la doctrina cristiana. El diablo, o lo demoníaco en términos más generales, trabaja para atraer e influenciar, inculcar y preparar, explotar a las personas más jóvenes y susceptibles de creer en estos nuevos poderes de autodeterminación proporcionados por algo llamado «género».

De hecho, el género no presupone que cada persona elija quién es o cómo desea y ama. La tesis de que el género se «programa» no es más que una de las teorías del género. Los debates clásicos sobre el libre albedrío y el determinismo toman forma también dentro de la teoría del género. Y aquí tendríamos que hacer una distinción sobre si el género o la sexualidad se eligen o no y si las personas deben ser libres de vivir de acuerdo con su género o su sexualidad. Por ejemplo, una persona trans puede afirmar que su verdad de género es interna, incluso dada por Dios, mientras que otra puede considerar que su verdad se ha conformado con la cultura, o incluso que ha elegido libremente. Todas estas personas merecen el derecho a vivir libremente, lo que significa que su demanda de libertad política no presupone necesariamente que el género o la sexualidad sean una elección. Cuando las personas reclaman un género, o un sexo, para sí mismas que no es el asignado originalmente al nacer, ejercen un poder de autodeterminación a expensas de un sexo natural creado por Dios o establecido en una versión cristiana de la naturaleza. Según el papa, actúan como si estuvieran dotadas de poderes divinos, disputando a la divinidad el poder de determinar su sexo para siempre. El papa ha declarado incluso que los defensores del género pretenden adueñarse del poder de Dios, lo que confirmaría que actúan en nombre del demonio. Porque el demonio siempre se disfraza con formas seductoras. Si el «género» es como el demonio, o si es el demonio mismo, cualquier trato con él es caer en su trampa. Argumentar con el diablo sería aceptar sus falsas apariencias de interlocutor plausible. Los demonios solo pueden ser expulsados, desterrados, quemados en efigie, y por eso la censura, el acoso y la patologización se convierten en la estrategia clave del movimiento antigénero.

Un debate informado sobre cuestiones de libertad y necesidad, sobre la conformación del deseo y el sexo y el género, sería de lo más útil, pero, como sostiene la profesora Mary Anne Case, «la multiplicidad y la variedad [de definiciones y genealogías] también evidencian el escaso trabajo académico que los autodenominados expertos católicos en teoría de género han realizado en relación con los orígenes y parámetros de las teorías que deploran».[13]

Por ejemplo, la propuesta de que el género es una construcción social llevó a algunas personas a concluir que cualquiera podía elegir género a su conveniencia y en cualquier momento. En algunas versiones de la objeción de la Iglesia a la construcción social, el género no se considera más que libertad personal desenfrenada o libertinaje. Esta presunción pasa por alto el hecho de que la construcción social hace hincapié en el papel de las normas sociales en la creación del género. La idea de que la construcción social significa que tú y yo podemos construirnos como y cuando queramos olvida las limitaciones impuestas por la sociedad y la obstinación del inconsciente en la formación tanto de la sexualidad como del género. De hecho, esta identificación del género con la idea de libertad personal malinterpreta la lucha colectiva necesaria para dar cabida a nuevas formas de ser del género, más habitables que las que nos han sido asignadas.

Jorge Scala es un católico influyente, crítico de la construcción social, entendida como una forma radical (y peligrosa) de libertad personal. En 2010 publicó un libro en Argentina atacando la «ideología de género», que primero leyeron las comunidades católicas y luego tuvo una amplia distribución en la Iglesia evangélica.[14] En él ponía en guardia contra el concepto voluntarista del género como una deformación de la doctrina de la creación, condenándolo como contrario a la religión y a la ciencia. Al mismo tiempo que se oponía a esta idea de libertad radical como una usurpación de los poderes divinos y una ruptura con el orden natural, Scala insistía en que la infancia se vería perjudicada por esta «ideología» y en que el aprendizaje sobre la vida gay y lesbiana en las escuelas supondría una «homosexualización» de la infancia a manos del profesorado. A medida que elaboraba su ataque al género como forma de libertad personal, estaba virando en otra dirección: el género es una forma de adoctrinamiento. Los niños no deberían ser tan libres... Los niños no deberían perder su libertad... Bien el género enseña a ser radicalmente libre, bien el género es lo que quita la libertad.

Contradicciones como estas abundan en el movimiento contra la ideología de género, y cuanto más circula su talante incoherente y contradictorio, más poderoso se vuelve. Uno de los focos más pujantes de influencia antigénero son las elecciones nacionales. En los últimos años, el «género» se ha convertido en tema de debate en varias elecciones presidenciales importantes en Brasil, Costa Rica, Colombia, Francia, Suiza, Reino Unido, Escocia, Ecuador y Alemania. El género ha sido, durante un tiempo, una cuestión central en una Hungría cada vez más autoritaria, donde el programa de estudios de género, dirigido por Andrea Peto, fue suprimido en la Universidad Centroeuropea forzando su traslado a Viena. La abolición de estos programas se ha extendido a todos los países balcánicos.[15] En España, la campaña contra la ideología de género se convirtió en una parte central de la plataforma del partido derechista Vox, cuya propaganda incluye frecuentes referencias al «yihadismo de género» y a las «feminazis». En las elecciones turcas de 2023, Recep Tayyip Erdoğan se refirió a los defensores de los derechos de gais y lesbianas como «terroristas culturales», afirmando que no estaban en el camino de Mahoma.[16] Francisco Serrano, uno de los líderes de Vox en Andalucía, fue autor en 2012 de un libro titulado *La dictadura de género,* y más tarde, en 2019, de la *Guía práctica para padres maltratados. Consejos para sobrevivir a la dictadura de género*. Vox se había aliado entonces con el partido italiano Fratelli d'Italia para salvar a la familia, incluidas las mujeres y las madres, de la fuerza destructiva de la ideología de género. Solo la «familia natural», argumentaban, puede dar seguridad a la nación y eso requiere preservar el papel de la madre dentro de las formaciones familiares patriarcales. Los cimientos de la nación parecen amenazados por la ideología de género y la inmigración procedente del norte de África, según la primera ministra italiana Meloni, así como por «Goldman Sachs» (en lo que considero un insulto antisemita apenas velado que identifica a los judíos con el poder empresarial, porque ¿qué sentido tiene usar este nombre en lugar de, por ejemplo, Citibank?) y los «intelectuales progresistas».[17]

Al prometer la lealtad del Estado a la familia patriarcal en 2015, Vladímir Putin identificó el «género» como una construcción ideológica occidental, argumentando en la Estrategia de Seguridad Nacional de ese año que oponerse al género, una nefasta influencia occidental, es necesario para preservar la identidad espiritual y la unidad de la nación rusa. En mayo de 2012, en respuesta a la legalización del matrimonio homosexual en algunos países europeos, se refirió a «Gayropa» para burlarse y frustrar el posible maremoto de influencia LGBTQIA+ en los valores rusos.[18] Putin se ha opuesto al uso de «palabras extranjeras», que trastocan los significados lingüísticos tradicionales y ha advertido que es inaceptable cuestionar las ideas básicas de «madre» y «padre». De este modo, a pesar de la retórica antieuropea, sus opiniones se suman a los movimientos conservadores europeos opuestos a la «ideología de género». En su crítica a Putin, Daria Ukhova señala que cuestiones como el «género» no deben descartarse como meramente culturales, pues se consideran un ataque al núcleo espiritual del país. De hecho, la Estrategia de Seguridad Nacional, en sus propias palabras, pretende «dar prioridad a lo espiritual sobre lo material; la protección de la vida humana y de los derechos y libertades humanos; la familia; el trabajo creativo; el servicio a la patria; las normas morales y éticas; el humanismo; la caridad; la equidad; la ayuda mutua; el colectivismo; la unidad histórica de los pueblos de Rusia; la continuidad de la historia de nuestra patria». La ideología de los «valores familiares tradicionales» en opinión de Ukhova solo pretende legitimar formas muy específicas de relaciones de género, es decir, «heterosexuales, fecundas, basadas en la prestación de cuidados no remunerados, etc.». La forma en que los géneros se distinguen entre sí y se presentan en una relación jerárquica es, en el análisis de Ukhova, «inherente a este tipo de relaciones de género, aunque no sea algo abiertamente respaldado en la legislación, y representa un elemento esencial de esta ideología».[19]

En todos estos contextos, y en otros que analizaremos más adelante, el género se presenta como una «ideología» que niega la realidad de las diferencias sexuales y que pretende trasladar el poder divino de la creación a quienes desean crear sus propios géneros. La identidad trans se considera una elección, una expresión caprichosa o excesiva de la libertad personal, en lugar de una verdad individual y una realidad social que merece el reconocimiento público. A menudo, la reducción de la identidad de género a una elección personal va seguida de la afirmación de que la creación de identidades de género está ocupando ahora el lugar de la creación divina. En otras regiones, como en Alemania, la ideología de género, o los estudios de género, suelen calificarse de totalitarios, sugiriendo que imponen nuevas identidades de género y suprimen la libertad personal.[20] Se trata de un enfrentamiento entre la libertad personal y su derrota, una forma de individualismo o una usurpación de las potestades divinas, adoctrinamiento y totalitarismo o muchas otras versiones de temibles espectros políticos que se ciernen sobre la gente.

En el Brasil de Bolsonaro, como en la Rusia de Putin, la idea misma de nación, la masculinidad misma, se considera amenazada por la «ideología de género», caracterizada como una peligrosa importación cultural.[21] Según la investigadora y activista Sonia Corrêa, los movimientos antigénero tomaron forma en Brasil en la década de los 2000 y se fortalecieron claramente en 2007, tras la visita del papa Benedicto XVI al Consejo Episcopal Latinoamericano (CELAM) en Aparecida do Norte. En 2013, las Iglesias católica y evangelista avanzaron en la superación de sus diferencias y forjaron una alianza para tumbar la propuesta del Plan Nacional de Educación y erradicar así cualquier referencia al género en la enseñanza.[22] En años posteriores, se aprobaron cientos de leyes municipales y estatales contra el género en la educación. El discurso de investidura de Bolsonaro a principios de enero de 2019 contenía el compromiso de erradicar «la ideología de género en las escuelas» y prometió resistirse a la «sumisión ideológica».[23] Human Rights Watch informa que «desde alrededor de 2014, los legisladores a nivel federal, estatal y municipal en Brasil han introducido más de doscientas propuestas legislativas para prohibir el "adoctrinamiento" o la "ideología de género" en las escuelas brasileñas. Estas propuestas, dirigidas a la educación sexual y de género, han sido objeto de un intenso debate político y social en el país, con algunos proyectos de ley finalmente aprobados, muchos pendientes y otros retirados».[24]

En Colombia, tras décadas de violencia, la perspectiva de un acuerdo de paz entre las FARC (Fuerzas Armadas Revolucionarias de Colombia) y el Gobierno se sometió a votación popular a principios de octubre de 2016. Los colombianos votaron contra el acuerdo de paz por una mayoría muy ajustada. Es significativo que la campaña estuviera liderada por las Iglesias evangélicas pentecostales, que argumentaron que el acuerdo, aunque ostensiblemente se refería a la paz, estaba sumido en la «ideología de género». En realidad, el acuerdo menciona las formas específicas en que el prolongado conflicto había afectado a las mujeres y a las personas LGTBI, haciendo referencia a la discriminación, la exposición a la violencia, los desplazamientos forzados, la falta de acceso de las mujeres a los derechos de propiedad y las jerarquías masculinistas dentro de las diferentes facciones armadas. Los investigadores William Beltrán y Sian Creely argumentan que en la campaña de las iglesias:

> [...] «género» viene a ser una forma abreviada de aludir a la multitud de males sociales con los que se le ha venido asociando durante los debates en torno al plebiscito por la paz en Colombia, a través del uso del término «ideología de género». Postulamos que los vínculos entre la modernidad del «género», el colonialismo y la industria del desarrollo, su cualidad académica y de valor neutro y su condición de término técnico aislado han permitido que el género se convierta en un sustituto de una amplia gama de insatisfacciones sociales.[25]

En este caso, el «género» amenaza con inaugurar una época en la que ya no se dará una intervención religiosa en los asuntos del Estado y ambas esferas estarán firmemente separadas. Las Iglesias pentecostales advirtieron que alcanzar la paz supondría un ataque contra la familia y que el país se volvería ateo y comunista como consecuencia del acuerdo. A medida que el género, que ahora funciona como un delirio obsesivo, se convierte en depositario de temores sobre el futuro, pierde todo referente concreto, pero aumenta su poder aterrador. Beltrán y Creely dejan claro que en estos debates no se da una definición de *género* y sugieren que la tarea fundamental en estas circunstancias no es preguntarse qué es el género, sino qué es lo que *hace*. También subrayan que *género* en el contexto colombiano concentró una amplia gama de significados que condensan y representan un cúmulo de ansiedades accesorias, y «acopia ruido semántico que permite su demonización a través de la expresión "ideología de género"».[26] Si el género fuera mero ruido, no tendría el poder político que tiene. Su forma de funcionamiento no es asfixiar el referente, sino estratificar el término mismo con trayectorias multidireccionales de una fuerza cargada de amenazas.

Aunque los argumentos contra el «género» aparecen en diferentes localidades, regiones y naciones y lo hacen con diferentes propósitos, son unificados y amplificados por partidos políticos, organizaciones mundiales, redes sociales y plataformas electorales (Vox en España, La Lega y Fratelli d'Italia en Italia) y organizaciones eclesiásticas evangélicas y católicas interconectadas. Según Agnieszka Graff, investigadora y activista polaca, una de las principales redes que amplifican y difunden el punto de vista antigénero es la Organización Internacional para la Familia (antes Centro Howard para la Familia, la Religión y la Sociedad), que cuenta con miles de participantes en sus conferencias, así como el Colegio Estadounidense de Pediatras (ACP), organización conservadora fundada en 2002 por profesionales de la salud que se oponían a la adopción para las parejas homosexuales. Quizá el más influyente entre estos grupos sea la plataforma en línea denominada CitizenGo, fundada en España en 2013 y que fomenta la movilización contra conferencias, exposiciones y candidatos políticos que defienden los derechos LGBTQIA+. Se ha convertido rápidamente en un poderoso actor en línea que se opone a los derechos reproductivos en varios países. CitizenGo afirma tener más de nueve millones de seguidores y seguidoras que pueden movilizarse en un instante. Recientemente, contrataron una campaña en las redes sociales contra los derechos reproductivos en Kenia, donde consiguieron prohibir temporalmente el acceso al aborto. Según Quartz Africa, la organización promueve peticiones en al menos cincuenta países, oponiéndose al matrimonio entre personas del mismo sexo, al aborto y a la eutanasia. En 2019, CitizenGo presumió de llevar a cabo campañas contra clínicas que ofrecían abortos en Malaui, Nigeria y Tanzania, además de Kenia.[27] Se ha sabido que la organización contrató a un equipo que utilizaba tácticas atemorizadoras en las redes sociales con el fin de oponerse tanto a los derechos reproductivos como a la educación sexual de los jóvenes en varias regiones (CitizenGo no se ha pronunciado respecto a esta denuncia).[28]

CitizenGo se fundó en España y su influencia en toda Europa y, últimamente, en África, ha sido significativa, pero también está presentes en Estados Unidos. Utilizan el «género» para designar una serie de movimientos sociales, políticas públicas y leyes regionales y nacionales. La organización llamada Hazte Oír, fundada en 2001, se opone a los derechos de gais, lesbianas y transexuales y a la legalización del aborto en España. Su fundador fue Ignacio Arsuaga, que posteriormente fundó CitizenGo en 2013 para difundir el mismo programa a escala internacional. Arsuaga, simpatizante del partido español de extrema derecha Vox, también es representante del Congreso Mundial de Familias, del que forma parte la National Organization for Marriage en Estados Unidos. En 2017, lideró una campaña contra el matrimonio gay y los derechos trans basándose en la versión popular de la tesis de la «complementariedad» del Vaticano. Su lema es el siguiente: «Los niños tienen pene. Las niñas tienen vulva». El grupo alquiló un autobús rotulado con este lema para hacer una gira por España en 2017. El Ayuntamiento socialista de Madrid lo inmovilizó inmediatamente por considerarlo incitación al odio. La «Red de Intolerancia» de WikiLeaks ha recogido un amplio abanico de iniciativas de CitizenGo en Rusia, Hungría, Alemania, España, Italia, Chile, México, Brasil y Estados Unidos.[29] CitizenGo mantiene vínculos tanto con Rusia como con Estados Unidos, especialmente con organizaciones y plataformas contrarias al derecho al matrimonio homosexual, entre ellas, la ultraconservadora ActRight, grupo también vinculado al Congreso Mundial de Familias. El Congreso Mundial de Familias es un proyecto de la Organización Internacional para la Familia, que agrupa un gran número de organizaciones cristianas ortodoxas, católicas y evangélicas dedicadas a defender «la familia natural» y a oponerse a los derechos de lesbianas, gais y transexuales. Creada en 1995 por Allan Carlson, un funcionario designado por Reagan que trabajó con dos sociólogos rusos, Anatoly Antonov y Viktor Medkov, se centra en el temor a que disminuyan las tasas de natalidad y a que el derecho al aborto y la legislación pro-LGBT provoquen el colapso de la civilización.[30] En esa reunión inicial estuvo presente Ivan Shevchenko, que representaba la perspectiva de la ortodoxia cristiana rusa.[31] El Congreso Mundial de Familias ha apoyado la política antigay en Serbia, Lituania y Rumanía, pero también en Kenia, donde la doctrina vaticana se canalizó hacia la política social en 2016.[32]

Las conexiones internacionales son numerosas. El representante ruso en el Congreso Mundial de Familias, Alexey Komov, forma parte de la junta directiva de CitizenGo. En 2014, Komov patrocinó un congreso en Moscú sobre «Familias numerosas: el futuro de la humanidad», que hizo hincapié en la importancia de la «familia natural», pero también abrió el camino para que los oligarcas ortodoxos rusos constituyeran alianzas con los evangélicos cristianos de Estados Unidos.[33]

CitizenGo también es responsable de propagar ciencia basura que los beneficia ideológicamente. Dan difusión a los programas políticos del Congreso Mundial de Familias, que se celebra anualmente.[34] Debido a sus campañas contra el matrimonio igualitario, los derechos trans y el aborto, CitizenGo fue clasificado como «grupo de odio» por el Southern Poverty Law Center en 2014, y fue objeto de una investigación de openDemocracy en 2019.[35]

Varios grupos pertenecientes a esta red apenas se preocupaban por el «género» antes de 2015, pero pronto empezaron a usar este término como paraguas para todos los puntos de vista a los que se enfrentan. También han atacado la «teoría crítica de la raza», ya que incluye todas y cada una de las perspectivas que insisten en la persistencia sistémica e histórica del racismo en naciones como Estados Unidos y el Reino Unido. Los grupos que actualmente convergen en esta oposición son Heritage Foundation, Discovery Institute (dedicado al creacionismo), American Legislative Exchange Council, Parents Defending Education (en Virginia, donde difunden un «Mapa del Adoctrinamiento» o «IndoctriNation Map»), Citizens for Renewing America, Moms for Liberty y No Left Turn. En septiembre de 2016, Brian Brown, líder de la Organización Nacional para el Matrimonio y autoproclamado padre de nueve hijos, intentó superar un fracaso en el bloqueo del derecho al matrimonio igualitario en Estados Unidos uniéndose a CitizenGo en Ciudad de México para promover manifestaciones de oposición al apoyo que el Gobierno de Enrique Peña Nieto estaba dando al matrimonio igualitario, después de que la Suprema Corte de Justicia de la Nación prohibiera en 2015 las restricciones matrimoniales basadas en el género. Brown empezó a utilizar la «ideología de género» junto con sus aliados en todo el mundo para describir tanto los derechos matrimoniales de gais y lesbianas como los esfuerzos educativos sobre sexualidad y género que, en su opinión, se enfrentaban a los derechos de los padres a dirigir la educación de sus hijos de acuerdo con sus propios valores.[36] Así como Brown importó el marco de la «ideología de género» de Europa a Estados Unidos, también lo exportó a México. En el momento de escribir estas líneas, Brown es presidente de la Organización Mundial por la Familia.

La oposición al «género», una amenaza contra la «familia natural», se relaciona a menudo con la amenaza que suponen las migraciones, la perspectiva del mestizaje y su efecto aparentemente peligroso sobre la familia natural. La «familia natural» no solo es heteronormativa, también sirve para reproducir la nación de acuerdo con sus estándares de pureza racial y étnica. En mayo de 2017, Hungría acogió el Congreso Mundial de Familias y el primer ministro Viktor Orbán hizo acto de presencia junto a Brian Brown. Orbán empezó hablando del peligro que supone la inmigración: «Reforzaremos la protección de las fronteras meridionales de la Unión Europea y no dejaremos entrar a nadie que despierte la más leve sospecha de querer atacar a nuestras familias y nuestros hijos».[37] La necesidad de «proteger a la infancia» va unida a la desaforada e infundada fantasía de que la inmigración, si entra en el país, podría atacar a los niños y las niñas húngaros. Que «la más leve sospecha» sea suficiente para seguir adelante sugiere que cualquier cosa que se pueda imaginar sobre inmigrantes es suficiente para que no puedan cruzar las fronteras, pues hacerlo y atacar a los niños y las niñas viene a ser una misma cosa. Invocando implícitamente la teoría de la sustitución, Orbán se lamenta de que la población europea esté disminuyendo, de que cada vez se case menos gente e insiste en que la inmigración no puede ser la solución al problema de Europa. Así pues, se opone a la «inmigración ilegal» por considerar que puede debilitar la solidez de la familia natural, concebida como base de la nación. La familia natural aparece así como una norma nacional, ya que la familia natural es un reflejo de la nación. En otras palabras, lo «natural» no es cualquier tipo de heterosexualidad, sino exclusivamente la que es un reflejo de la nación. En sus propias palabras, «la lucha por el futuro de Europa solo merece la pena si somos capaces de combinarla con una política familiar *que restablezca la reproducción natural en el continente*». El llamamiento de Orbán a aumentar la población de Hungría va de la mano de su insistencia en la reproducción «natural». El futuro de Europa pasa por mantener un matrimonio exclusivamente heterosexual y una reproducción no asistida: «Es importante destacar que la vuelta a la reproducción natural es una causa nacional; y no es una causa nacional entre muchas, sino la causa nacional. Y también es una causa europea; no solo una causa europea entre muchas, sino la causa europea».

Sea cual sea la función del género en el imaginario de Orbán, representa y presagia un ataque tanto a la nación como a su versión nacionalista de la familia «natural». Al establecer vínculos y asociaciones entre nacionalismo, raza y género, Orbán sugiere que el futuro de Europa, y su legado de raza blanca, se ve amenazado no solo por quienes llegan del norte de África y Oriente Medio, sino también por una tasa de natalidad en descenso, que debe aumentar para mantener el ideal racial de una Europa blanca, y que debe rectificarse sobre la base exclusiva de la familia heterosexual y «natural». Solo la familia «natural» puede salvar la nación, mientras que el género y otras «ideologías» contrarias a ella representan la muerte potencial de la nación. Para hacer realidad este futuro, para salvar a Europa, la «familia» debe seguir siendo el primer eslabón de la comunidad «en el corazón de la juventud». No basta con aumentar el número de nacimientos; Hungría debe producir jóvenes que vean «la familia natural» como su núcleo social y que crezcan oponiéndose a «la ideología liberal». Limitar el matrimonio a dos heterosexuales de distinto sexo y rechazar la tecnología reproductiva en nombre de la unión «natural» tiene que ir acompañado de esfuerzos educativos que inculquen la primacía de esa forma de familia como natural y como europea. Y esa reproducción «natural», junto con una política antimigratoria, están al servicio de la versión supremacista blanca de Europa que él defiende. En julio de 2022, Orbán advirtió contra la «mezcla de razas», ya que, al parecer, el mestizaje destruye cualquier concepto legible de nación, lo que provocó la dimisión de uno de sus asesores, alegando el carácter «nazi» de su discurso racista.[38]

La oposición al género y la defensa de la familia (contra cualquier cosa que atente contra su heteronormatividad) y de la nación (contra cualquier cosa que atente contra su pureza racial) están ligadas a una eugenesia que pertenece a la historia y al presente del fascismo. El vínculo entre ambas se reitera en unas políticas conservadoras que se mueven a través de las fronteras nacionales, lo que sugiere que los designios nacionalistas dependen de la circulación transnacional de términos clave como «género», que van sumando eficacia a medida que viajan.

No es de extrañar que el Congreso Mundial de Familias, donde Orbán habló en 2017, mantuviera vínculos activos tanto con la campaña de Trump como con la de Ted Cruz en Estados Unidos en 2020. Y el 4 de agosto de 2022, Orbán se dirigió al comité de acción política del Partido Republicano, dejando claro que el peligro de la «ideología de género» debe recibir el mismo tratamiento que la amenaza de la migración no deseada: «En Hungría tuvimos que construir no solo un muro físico en nuestras fronteras y un muro financiero alrededor de nuestras familias, sino un muro legal alrededor de nuestros hijos para protegerlos de la ideología de género que los persigue». Tras esta afirmación declaró que los peores acontecimientos de la historia han sido causados por personas que «odian el cristianismo», poniendo como ejemplo a George Soros, contra quien los ataques antisemitas del Gobierno húngaro han sido frecuentes e inflexibles.

Las opiniones de Orbán resumen algunos de los principales elementos de la «ideología de género» en el contexto de Europa del Este: el género es algo que imponen a naciones como Hungría organizaciones internacionales o la Unión Europea (de lo que culpa a Obama); es un ataque a los valores nacionales y cristianos, que para él son lo mismo; perjudica a la infancia con su enseñanza; ataca a la familia «natural». Este cúmulo fantasmagórico de alegaciones lleva a pedir que la «ideología de género» sea bloqueada como lo es la inmigración, como también deben serlo la Unión Europea y las poderosas fuerzas «extranjeras», representadas por Soros y sus instituciones. Se deja entrever que Soros presumiblemente odia el cristianismo porque es judío, una suposición antisemita de primera. Como en otras fantasmagorías similares, también representa la amenaza del capitalismo para los valores familiares húngaros; Soros pasa por ser dueño de casi todo y su influencia en las universidades y en la «investigación» se considera abrumadora y casi imparable.

En su reunión anual celebrada en Tiflis en 2016, el Congreso Mundial de Familias realizó una serie de declaraciones oficiales que se hacen eco de las de Gobiernos de derechas y grupos religiosos de todo el mundo: «Los Gobiernos y las entidades transnacionales deben cesar toda propaganda a favor de la "teoría de género" y la "orientación sexual", que no tienen ninguna base en la realidad biológica»; «Decid a los tiranos de la tolerancia LGBT, a esta mafia color lavanda, a estos homofascistas, a estos radicales del arcoíris, que no vamos a aceptar su propaganda contraria a la religión y la civilización en nuestras naciones».[39]

De nuevo, encontramos elementos dispares y conflictivos unidos como en un sueño, pero no se trata de un sueño, sino del discurso oficial de poderosas instituciones transnacionales. La sintaxis de los sueños y la fantasía se ha transformado en la sintaxis incendiaria del discurso político agitador. Esta «teoría» del género es propaganda; esta petición de «tolerancia» es tiranía; el arcoíris, que suele significar los valores liberales de inclusión y diversidad, normalmente tachado de tibio y conformista, se inflama de repente como el estandarte de una organización mafiosa o como una forma nueva de fascismo. Sería demasiado fácil exponer simplemente la insensatez de las yuxtaposiciones, usar el sarcasmo o adoptar un aire de superioridad, pero sería una tontería no ver cómo el poder de la yuxtaposición funciona para crear cadenas de asociación, insinuaciones de complicidad y constelaciones retóricas con el poder de instaurar, cuando se cumplen determinadas condiciones, una «causa» de destrucción en el centro de una fantasmagoría psicosocial. Dado el poder de persuasión de este cúmulo sintáctico, cualquiera que se oponga a la tiranía se opondrá por igual al género y a las migraciones; cualquiera que se oponga a la muerte de la civilización se opondrá a ambos; cualquiera que se oponga a organizaciones criminales como la mafia verá que también están representadas de algún modo por el género y las migraciones. Estas cadenas asociativas no se desvanecen, sino que se condensan en un foco de peligro identificable que, según estos esquemas, solo puede evitarse poniendo en peligro a las personas trans y binarias, a las feministas, a los gais y las lesbianas y a las comunidades de migrantes. Este discurso, que pretende evitar el daño, hace un daño enorme, pero puede reivindicar que el daño que causa es una defensa contra otro daño. Desafortunadamente, esta tautología es tan vívida como eficaz y actúa como si fuera una forma de razonamiento. Las diversas comunidades vulnerables contra las que se dirige este razonamiento tan dañino se ven amenazadas por la exclusión y la criminalización, la patologización y la pérdida de libertades fundamentales, lo que incluye tanto la libertad reproductiva como la autodeterminación de género. Estas estrategias de limitación de los derechos forman parte de la historia del fascismo: intensifican la vulnerabilidad de las mismas comunidades falsamente consideradas responsables del estado precario del mundo. Identifican a esas comunidades como la «causa» de la destrucción para poder prometer que, al destruirlas, se desvanece la destrucción, aunque obviamente se intensifica. Insisten en que esas comunidades y sus demandas políticas son fuerzas destructivas, pero recurren a esas mismas fuerzas, salvo que las externalizan en el contrincante. Transforman el objeto de la destrucción en su causa, participando en una forma contemporánea de *rebranding* fascista.

Estas asociaciones están organizadas de manera que conserven su eficacia no solo para invocar temores existentes, sino para organizarlos y activarlos contra una serie de personas y políticas. La simplificación de los movimientos feminista y LGBTQIA+ como «género» permite condensar estas preocupaciones en una única «ideología» y crea la sensación de que existe un único enemigo, que puede y debe ser derrotado. Además del Congreso Mundial de Familias, otras organizaciones cristianas ponen en marcha alianzas contra el «género». En Estados Unidos, el exvicepresidente Mike Pence participó en la Values Voter Summit en septiembre de 2018, una reunión evangélica organizada por el Consejo de Investigación Familiar (un aliado del Congreso Mundial de Familias) inmediatamente después de una mesa redonda sobre «Cómo la ideología de género daña a la infancia», que buscaba defender la terapia de conversión gay y argumentar que nadie debería estar obligado a preparar un pastel de bodas para una pareja gay (una referencia a la decisión de la Corte Suprema *Masterpiece Cakeshop v. Comisión de Derechos Civiles de Colorado*, del 4 de junio de 2018).[40] En este contexto, Pence defendió las libertades religiosas, como forma indirecta de autorizar conductas homófobas y transfóbicas al afirmar que *no* discriminar es una restricción para las libertades religiosas de los cristianos. La obligación de discriminar se deriva, al parecer, del compromiso con la libertad religiosa, lo que sugiere que garantizar la libertad de discriminar es la señal definitiva de que la libertad religiosa está viva y goza de buena salud. Sin embargo, esta conclusión solo sería válida si la libertad religiosa fuera un valor superior a la igualdad social que la ley antidiscriminación pretende garantizar. Se afirma el carácter superior de la libertad religiosa, que consideran un derecho cristiano, y, de esta forma, el derecho a discriminar se defiende como una libertad consagrada y el cristianismo se afianza más firmemente como la religión cuyas libertades deben protegerse frente a las pretensiones de igualdad. Es significativo que el «género» también represente la igualdad en estos contextos, incluida la igualdad de derechos al matrimonio, la igualdad de derechos para formar parejas y desarrollar formas sociales al margen del mandato heteronormativo. Oponerse al género es oponerse a la igualdad, como se ha venido haciendo, de forma aparentemente impropia y escandalosa, con las mujeres, las lesbianas y los gais, las personas trans y todos aquellos que establecen sus lazos fuera de la heteronormatividad.

En 2010, monseñor Tony Anatrella, que facilitaría la intervención del Vaticano en la oferta curricular francesa sobre género unos años más tarde, actuó como portavoz del Vaticano y pidió a los obispos católicos de África que se opusieran a los diversos grupos de defensa de los derechos de gais y lesbianas patrocinados por las Naciones Unidas, la Unión Europea y otras organizaciones no gubernamentales. Como era previsible, el lenguaje que utilizó para el género en su discurso fue vibrante, plagado de contradicciones aparentemente estimulantes. Desde su punto de vista, quienes promueven ostensiblemente la «teoría del género», a la que comparaba con un «virus intelectual», abrazan una postura peligrosa como el marxismo, pero también, paradójicamente, una postura que podría conducir a un capitalismo desenfrenado si no es posible acabar con ella. La monolítica «teoría de género» también podría, o pretende, «desregular» el centro moral de lo humano y sumir el concepto mismo de lo humano en un desorden sin remedio. Mientras que los grupos evangélicos que se oponen al género no suelen invocar la idea católica de complementariedad, sí están de acuerdo en que la gama de derechos asociados tanto al feminismo como a los movimientos LGBTQIA+ son antinaturales y peligrosos para la infancia y para el orden moral, por lo que es necesario oponerse a ellos con vehemencia.

Anatrella no es el único actor religioso que intenta influir en las políticas y despertar el miedo en África. En 2009, el pastor evangélico Scott Lively, originario de Massachusetts, culminó años de campaña contra los entonces denominados derechos LGBT llamando a una «guerra» contra la igualdad. Aterrizó por primera vez en Uganda en 2002 y volvió en 2009 con varios líderes religiosos para pronunciar un discurso incendiario en el que comparó a los homosexuales con nazis y pedófilos. Human Rights Campaign informó de que Lively había responsabilizado a los derechos de los homosexuales de los genocidios nazi y ruandés. En 1995, publicó el libro revisionista *The Pink Swastika: Homosexuality in the Nazi Party*, donde sostenía que el Partido Nazi estaba plagado de homosexuales y que el carácter salvaje de los nazis podía relacionarse directamente con esta circunstancia.[41] En 2009, desarrolló esta causalidad espuria afirmando que ser gay en realidad era peor que ser nazi. Tras su reunión con líderes religiosos neopentecostales en Uganda, se empezaron a pedir castigos severos contra gais y lesbianas, lo que culminó en un proyecto de ley aprobado en 2014 que castigaba las relaciones sexuales entre dos personas del mismo sexo con penas que incluían la cadena perpetua.

Lively, por supuesto, no podría haber ejercido semejante influencia si las Iglesias neopentecostales no hubieran ocupado un lugar central en la vida de los ugandeses. A mediados de la década de 1980, esas iglesias adquirieron mayor importancia a medida que se retiraban los fondos públicos para sanidad y educación. La mayor influencia de los poderes eclesiásticos en la vida cotidiana se correspondía claramente con formas neoliberales de abandono social. Las iglesias neopentecostales, también conocidas como Born-Again o Balokole, predicaban tanto la prosperidad (y la ética empresarial) como los valores tradicionales africanos. Es contradictorio que los fondos destinados originalmente a la educación y al tratamiento del VIH/sida se reorientaran en 2004 a «campañas moralmente informadas» patrocinadas por organizaciones cristianas conservadoras.[42] La política formulada entonces por el presidente ugandés, Yoweri Museveni, se oponía a los preservativos, se negaba a ofrecer a la juventud información sobre la transmisión del VIH y, en general, proponía como única política pública la abstinencia antes del matrimonio.[43]

La influencia de las organizaciones cristianas estadounidenses profamilia se ha mantenido desde entonces gracias a las inversiones financieras estadounidenses en la infraestructura religiosa de la región. En 2005, George W. Bush destinó nada menos que ocho millones de dólares a programas dirigidos exclusivamente a fomentar la abstinencia en Uganda. La idea de que Uganda es la única responsable de dicha legislación debido a sus opiniones «retrógradas» sobre la sexualidad de gais y lesbianas queda refutada eficazmente por la documentación de redes de apoyo financiero e influencia religiosa procedentes de Estados Unidos. En 2004, Sexual Minorities Uganda (SMUG), con sede en Kampala, se constituyó como una organización comprometida con la defensa de los derechos LGBTI y con la oposición a la continua influencia de Scott Lively. En 2013, el Centro para el Derecho Constitucional de Nueva York se unió a SMUG para acusar a Lively de «crímenes contra la humanidad basados en la persecución» y trató de responsabilizar a Lively por su colaboración con la persecución generalizada de las personas LGBTQIA+ en Uganda. En junio de 2017, el Centro para el Derecho Constitucional y SMUG avanzaron en su caso conjunto.[44] Sin embargo, en el verano de 2022, SMUG fue disuelta por el Gobierno ugandés, acusada de no haberse registrado como ONG, a pesar de que ese mismo Gobierno le había negado el derecho a hacerlo.

Se podrían formular muchas tesis sobre el origen de esta legislación. Hay quien piensa que el origen está en las estrategias coloniales cristianas, pero eso solo es parcialmente correcto. También hay quien piensa que el nacionalismo desempeña un papel, algo que tiene sentido dado que Frank Mugisha, director ejecutivo de SMUG, afirmó que se acusaba a la comunidad LGBTQIA+ de ser «no ugandesa». La encarnizada legislación antigay aprobada en países como Uganda, como la ley contra la homosexualidad aprobada en abril de 2023, que castiga con la pena de muerte los actos de sodomía, solo puede entenderse recurriendo a la historia económica y colonial. Sin embargo, es fundamental para cualquier explicación el hecho de que las Iglesias hayan asumido la cobertura de servicios sociales que los Gobiernos, cada vez más neoliberales y escasos de fondos, iban abandonando. La Iglesia cubre las necesidades básicas y, al hacerlo, reorganiza la forma de entender la sexualidad y el género, imponiendo ciertos valores y creando ciertos espectros aterradores. En este contexto, las cuestiones morales relacionadas con la sexualidad y el género están vinculadas a la prestación de servicios sociales básicos, incluida la atención sanitaria; así se convierten en cuestión de vida o muerte no solo en Uganda, sino en un número cada vez mayor de regiones del mundo.

Lively no es más que un individuo y apenas ha actuado solo. Sus opiniones se ajustaban a la política de la Iglesia evangélica ultraconservadora y a sus vínculos actuales con diversos Gobiernos. Todos estos esfuerzos conjuntos, por así decirlo, han ayudado a fomentar y afianzar los ataques contra miembros de su comunidad. En general, ninguna comunidad se vuelve contra sí misma sin haber sido incitada a ello, sin estar convencida de que una parte de su gente representa una amenaza fatal para la comunidad misma. Al plantear así el problema, asumo que los grupos a los que va dirigido este ataque forman parte de hecho de la comunidad. El problema es más acuciante: ahora la comunidad está más estrechamente definida, dependiendo de las exclusiones y expulsiones para garantizar las fronteras de su autocomprensión. El enemigo interior es ahora el elemento extranjero que amenaza la comunidad desde dentro. Incitar a una comunidad a atacar a un segmento de su población depende de que se haga con eficacia, mediante una promesa que conjure la peligrosa fantasmagoría que es necesario castigar, expulsar o aniquilar. Así, la «incitación» a patologizar y criminalizar a los y las disidentes sexuales no es mera cháchara cultural, sino un discurso cargado de poder para regular la vida y la muerte, marcando diferencias entre la ciudadanía y la delincuencia. La fuerza prensil de una poderosa fantasía de daño y destrucción inminentes se convierte en uno de los mecanismos y medios a través de los cuales los ataques homófobos cotidianos se convierten en política de Estado. Y en violencia de Estado.

Después de que el Tribunal Constitucional de Uganda anulara la ley contra la homosexualidad propuesta en 2013, que incluía la pena de muerte como posible castigo por mantener relaciones sexuales con personas del mismo sexo, la cuestión se ha seguido debatiendo hasta que se aprobó la reforma de la ley en abril de 2023. En mayo de 2021, el presidente Museveni firmó una «ley de delitos sexuales» que incluía muchas disposiciones similares, junto con duros castigos para el trabajo sexual y los actos sexuales tanto de gais como de lesbianas, calificando la homosexualidad de «contraria al orden de la naturaleza». ¿Se trata de una perspectiva local o de algo importado a través de redes evangélicas transnacionales? Podría considerarse, con razón, una prolongación de la influencia colonial. La sexualidad de gais y lesbianas había sido ilegalizada por primera vez en Uganda durante la colonización británica, que finalizó en 1962. La influencia constante de la criminalización colonial de la sexualidad lesbiana y gay fue contrarrestada por el SMUG, que fue acusado, paradójicamente, de «imperialismo social». La sobria insistencia de Mugisha en que las personas LGBTQIA+ siempre han formado parte de la vida ugandesa apenas parece importar, ya que los efectos homófobos del colonialismo son defendidos por quienes afirman estar contrarrestando los efectos imperialistas que representan los esfuerzos a favor de los derechos humanos de lesbianas y gais. Un diputado ugandés del Partido del Movimiento de Resistencia Nacional, Fox Odoi-Oywelowo, apostó por la anulación de la ley de delitos sexuales, ya que, de mantenerse, se retirarían los fondos occidentales a Uganda.[45] Por desgracia, la más reciente ley contra la homosexualidad proponía castigos aún más severos, estableciendo que cualquiera que se identifique como «lesbiana, gay, transexual, queer o cualquier otra identidad sexual o de género contraria a las categorías binarias de masculino y femenino» puede ser condenado a diez años de cárcel. Tanto en Kenia como en Tanzania se ha promulgado una legislación similar en 2023.[46]

Dado que el dinero occidental ha fortalecido el movimiento antigay en Uganda, podemos ver cómo un país africano dependiente de la ayuda exterior y de la financiación religiosa es empujado y arrastrado por los proveedores de fondos, dejando su propia política ligada a las Iglesias occidentales, los Estados y el Banco Mundial, que amenazó con retirar su préstamo de noventa millones de dólares al país si negaba los derechos de lesbianas y gais. Podemos entender por qué algunos estudiosos sostienen que los conflictos de género y sexualidad en Uganda son «guerras por poderes» lanzadas por Estados occidentales.[47] Tener al Banco Mundial de su parte dificulta aún más las cosas, ya que el poder coercitivo de los organismos de crédito invariablemente fomenta la ira entre quienes están sumidos en la deuda o buscan formas de salir de la pobreza. También oculta el hecho de que las lesbianas y las demás mujeres, los gais, y las personas trans sufren de forma desproporcionada las economías de la deuda, como han demostrado claramente Verónica Gago y Luci Cavallero.[48]

La estructuración de Uganda como una economía de deuda no solo socava su autonomía, sino que convierte las cuestiones sociales en exigencias financieras, es decir, convierte la aceptación de políticas no discriminatorias en una condición previa de su plan de pago de la deuda. ¿En qué punto se puede distinguir correctamente entre la objeción a la sexualidad gay y lesbiana o a la identidad transexual y la objeción a ser sometido por los sistemas bancarios internacionales? El Banco Mundial no es el mensajero que necesitamos para transmitir la importancia de los derechos LGBTQIA+, pues el mensaje queda oscurecido por su portador. De la misma forma, los países que solicitan la entrada en la Unión Europea y en sus mercados también deben demostrar el cumplimiento de sus políticas antidiscriminatorias. La oposición al «género» surgida en países dependientes de la UE casi siempre pone de manifiesto una situación financiera de dependencia. El cumplimiento de las políticas antidiscriminatorias es una forma de coacción impuesta por los proveedores de fondos, lo que puede llevar a la percepción de que aceptar el «género» es una forma de coacción que linda con la extorsión. No habrá ingreso sin género; no habrá condonación de la deuda sin género. Sin duda, es difícil adoptar libremente una política, por razonable y acertada que sea, cuando se hace desde una posición de servidumbre por deudas o de dependencia financiera no deseada respecto a los agentes del poder financiero. Cualquier defensa de los derechos de género tiene que incluir una crítica de la integración de la perspectiva de género y de las formas en que el género ha sido utilizado como moneda de cambio por aquellas instituciones financieras que dicen defenderlo. Una vez que el género se identifica con los poderes financieros que imponen los derechos de género, deja de pertenecer a una lucha de izquierdas para criticar y desmantelar los poderes financieros y sus políticas de explotación y extractivismo. La defensa del género tiene que ir unida a la crítica de la coerción financiera si no queremos que el género quede identificado como uno de sus instrumentos.

De todo ello se deduce que la afirmación de los derechos de gais, lesbianas y transexuales y de las libertades reproductivas debe ir unida a una comprensión colectiva de lo correcto de esa posición. Y esos derechos y libertades deberían estar vinculados idealmente a una lucha anticolonial y antiimperialista que incluya la condonación de la deuda como reivindicación política central. Una de las razones por las que el Banco Mundial y la Unión Europea no pueden, ni deben, ser los representantes de la libertad y la igualdad de género es que el poder coercitivo de estas instituciones para producir y mantener la deuda, para estructurar el pago de la deuda con elevados tipos de interés, confunde explotación con libertad. La lucha por los derechos sexuales y de género tiene que estar integrada en la lucha contra la explotación, incluso contra el peonaje por deudas, si queremos que tenga algún sentido político como lucha emancipadora.

No hay que subestimar el circuito transnacional del movimiento contra la ideología de género. No solo surge en una región determinada, sino que enlaza activamente diferentes regiones, estableciéndose no solo como fenómeno localizado, sino como red en expansión. La Iglesia evangélica no siempre es el actor principal en África. Kapya Kaoma ha rastreado una relación ambivalente entre las Iglesias africanas y el Vaticano en materia de derechos de gais y lesbianas. La Iglesia católica romana de África se opone a la homosexualidad al mismo tiempo que ha venido reconociendo las relaciones entre personas del mismo sexo a lo largo de los siglos. La opinión del Vaticano de que el matrimonio y la sexualidad heterosexuales se ajustan a la doctrina de la «complementariedad» coincide parcialmente con diversas opiniones africanas sobre la procreación como objetivo último de las relaciones sexuales.[49] Y, sin embargo, las posiciones del Vaticano fueron adoptadas casi textualmente en 2016 en Kenia, en la Política Nacional de Promoción y Protección de la Familia antes mencionada. Este documento de políticas está plagado de referencias a la «ideología de género» entendida como una postura que erradica toda diferencia sexual y afirma formas de identidad personal que no se basan en «la diferencia biológica entre hombre y mujer». El documento prosigue reivindicando la familia heterosexual y su dignidad y entiende el «género» como un ataque al «orden moral».

No hay que perder de vista que la reunión en la que se redactó esta política estuvo patrocinada por el Congreso Mundial de Familias, la archidiócesis de Nairobi y también la Alianza Evangélica. Veremos que la objeción a la imposición colonial de normas de género en la región contrarresta la creciente influencia del Vaticano, que no pretende convertirse en la única autoridad cristiana, sino establecer alianzas interconfesionales para alterar las políticas estatales que se suponen independientes de la autoridad religiosa. Es paradójico que, según Kapya Kaoma y Petronella Chalwe,[50] en África se ha rechazado en gran medida el colonialismo, pero no siempre se ha rechazado el cristianismo. Por todo ello, la fuerza colonizadora constante de la Iglesia, ejemplificada por sus puntos de vista sobre «la familia natural», no siempre ha sido el centro de la crítica, aunque en los estudios de género de todo el continente sin duda lo ha sido.

El Vaticano y las iglesias evangélicas ayudaron a crear formas de comunicación transnacional entre regiones, pero no podían haber predicho cómo tomaría forma el mensaje antigénero en los lugares donde aterrizó. Por ejemplo, la influencia de Lively no se limitó a Uganda. Realizó una extensa gira por Rusia en 2006-2007, visitando, según dijo, más de cincuenta ciudades solo en Rusia, oponiéndose a los derechos de lesbianas y gais. También se atribuyó el mérito de la «ley de propaganda antigay», promulgada por Putin en 2013, que, entre otras cosas, denegaba la patria potestad a las parejas de gais y lesbianas en nombre de la protección de la infancia.[51] De hecho, es difícil saber en qué dirección va la influencia transnacional de la ideología: si Estados Unidos exportó la homofobia a través de las redes evangélicas, o si la organización CitizenGo, con sede en España, instiló la «ideología antigénero» a través de sus canales, o si el Vaticano exportó la ideología antigénero a América Latina, o qué papel han desempeñado las Iglesias ortodoxas griega y rusa en la formación y el fomento de sus propios movimientos, o cómo el servicio de la deuda obliga a los países a elegir entre la libertad económica y las normas sociales impuestas. Las redes van dibujando zonas de influencia que no siempre pueden atribuirse a una única causa y, como veremos, la postura contraria al género adopta varias formas que no siempre son coherentes entre sí. Tampoco hace falta que sean coherentes para ser eficaces... Dependiendo de las ansiedades que circulen en una región concreta, el género puede aparecer como marxista o capitalista, tiranía o libertad, fascista o totalitarista, una fuerza colonizadora o una migración no deseada. Es más, cuanto más contradictorio es el movimiento, más influyente ha demostrado ser su discurso.

Aunque este libro no puede abarcar todo el mundo, sí puede dar una pista de los caminos por los que transitan las versiones incendiarias del «género», mostrando cómo el término, la noción, es el depositario de ansiedades y temores contradictorios, cómo llega a ser considerado un germen de destrucción que, por lo tanto, debe ser destruido. Solo tratamos de dar una idea de sus contornos globales, sus argumentos básicos y sus formaciones fantasmagóricas, y de cómo se entrelaza todo ello. No existe una única dirección de influencia histórica o global. Sí, la Iglesia evangélica estadounidense tiene una enorme influencia en el extranjero, pero también la tienen el Vaticano, la ortodoxia rusa, diversas formaciones del cristianismo en Asia Oriental y África, y la versión de

Erdoğan de la política familiar islámica. Sería un error omitir el nacionalismo hindú de la lista, dado que muchos programas sobre estudios de género y feministas han sido privados de financiación bajo el régimen nacionalista hindú de Narendra Modi.[52] En todo el mundo, diversas formas de nacionalismo tratan de expulsar el género de la idea de nación, sugiriendo que la igualdad y la libertad reinaban antes de que esta «intrusión» hiciera parecer lo contrario. Como nos dice el nuevo presidente surcoreano, Yoon Suk Yeol, las mujeres nunca estuvieron descontentas con su subordinación; sus quejas contemporáneas contra la violencia, el acoso y la desigualdad salarial también vienen impuestas por un «afuera», barriendo de un plumazo un floreciente movimiento feminista coreano. Tras su elección, el Gobierno procedió, como era de esperar, a desmantelar el Ministerio de Igualdad de Género.[53]

En Taiwán, el movimiento contra la «ideología de género» surge de una formación religiosa compuesta por elementos confucianos y cristianos. Ha ido ganando fuerza a pesar de que muy pocos taiwaneses se identifican como cristianos. Su efecto en la política pública también permite ver cómo las opiniones religiosas van más allá del Gobierno, trayendo consigo aterradoras predicciones de catástrofes. Pei-Ru Liao señala que la campaña de Taiwán parece inspirarse en las campañas francesas, lo que demuestra la existencia de circuitos transnacionales. Al mismo tiempo, se está manipulando lo que él llama una amenaza de «apocalipsis confuciano».[54] Aunque la oposición a los derechos y las libertades de gais y lesbianas en Hong Kong,[55] Taiwán y Corea del Sur procede de protestantes de derechas, la oposición general se basa en diversas posturas religiosas. Es significativo que solo entre el 5 y el 6 por ciento de la población de Hong Kong y Taiwán sea cristiana, aunque en Corea del Sur se acerca al 30 por ciento. El confucianismo sigue siendo la religión mayoritaria en Corea del Sur, por lo que el cristianismo de derechas ha elaborado una interpretación de las enseñanzas confucianas acorde con versiones del cristianismo homófobo.[56] Las versiones del confucianismo que dan prioridad al orden jerárquico como condición de salud personal y política han sido un arma para el movimiento antigénero en Taiwán.

Si la sociedad está estructurada mediante jerarquías y polaridades, entonces la «sociedad» está siendo «destruida» por un grupo de élite de feministas y activistas LGBTQIA+. Que la sociedad sea destruida por un grupo de «élite» presupone que ese grupo de élite no es realmente parte de la sociedad, sino una importación. También podemos presuponer que los derechos por los que luchamos no son derechos básicos de los que actualmente carecemos, sino privilegios ejercidos por una élite que contaminarían y escindirían la sociedad entre élites y personas corrientes. Según Liao, las campañas de comunicación contra feministas y activistas LGBTQIA+ fusionan imágenes bíblicas del apocalipsis con discursos sobre las virtudes confucianas. Los «radicalismos» que suponen un peligro para esta formación religiosa amalgamada amenazan con el «desorden» e introducen una «cultura de la muerte».[57] Su objetivo último, insiste la propaganda, es destruir la familia y la institución del matrimonio. La configuración cultural de esta fuerza de destrucción no es la misma en el África Oriental y en Alabama; se combina con los temores locales, reconfigurando e invirtiendo las relaciones de desigualdad social, destilando, renombrando y activando el miedo a la influencia extranjera, incluso el miedo a unos poderes destructivos apocalípticos.

La idea de «emancipación sexual» se interpreta de formas que recuerdan los argumentos difundidos por la derecha evangélica en América Latina. La «emancipación sexual» que supuestamente se enseña en las escuelas es una artimaña mediante la cual se induce a los alumnos a cometer actos sexuales «perversos». Aunque el término inglés *gender* no está en el centro del debate en estos países, Liao sostiene que ha surgido un debate lingüístico y teológico sobre los términos *liang-xing* [兩性; «dos sexos»] y *xing-bie* [性別; «género»]. Liao explica que «el segundo se refiere a un significado más inclusivo del género que incluye identidades de género, atributos de género, orientaciones sexuales, etc., mientras que el primero se refiere a la dicotomía de masculino y femenino de forma estrecha y exclusiva». El primero de estos términos mantiene la jerarquía y la armonía atribuidas al confucianismo, mientras que *xing-bie* es un término foráneo que amenaza con destruir los preceptos del confucianismo que garantizan el orden social y mantienen a distancia el apocalipsis. El problema no es si el «sexo» es natural, sino que «la complementariedad de los sexos» (doctrina vaticana a la que nos seguiremos refiriendo en adelante) confluye con la idea de jerarquía de sexos del confucianismo. Se interpreta que esta última se basa en deberes familiares, formas de sumisión obligatoria, incluida la sumisión (armoniosa) de la esposa al esposo. La defensa de la identidad nacional taiwanesa funciona conjuntamente con esta amalgama religiosa en el llamamiento a una cruzada en defensa de los «valores familiares». Como en otras regiones, la ideología antigénero se hace eco del carácter global del movimiento, así como de su financiación a cargo de redes cristianas de Occidente (que, a su vez, son una amalgama de confesiones católicas, ortodoxas y evangélicas). Al mismo tiempo, esta versión de la ideología antigénero se combina con la política local, la tradición confuciana, la resistencia tanto a la China continental como a las imposiciones culturales occidentales, especialmente el individualismo, el capitalismo empresarial y los marcos de derechos humanos concebidos como imposiciones culturales de Occidente.

En los últimos años, la oposición al género se ha intensificado y extendido por toda Europa del Este, pero allí es la nación lo que se considera amenazado de destrucción. En junio de 2021, el Parlamento húngaro aprobó por mayoría abrumadora eliminar de las escuelas públicas toda enseñanza relacionada con «la homosexualidad y el cambio de género», asociando los derechos y la educación LGBTQIA+ con la pedofilia y la política cultural totalitaria. Está decisión llegó inmediatamente después de la retirada de la acreditación a dos programas de máster en estudios de género en 2018 (Universidad Centroeuropea y Universidad Eötvös Loránd). Los investigadores que se ocupan de migraciones y de la historia del Holocausto también se han visto amenazados. A finales de mayo de 2021, el Parlamento danés, tras unos años de intenso debate público, aprobó una resolución contra el «activismo excesivo» en círculos académicos, incluyendo en la lista de culpables los estudios de género, la teoría de la raza, los estudios poscoloniales y sobre las migraciones.[58] En diciembre de 2020 el Tribunal Supremo de Rumanía anuló una ley que prohibía la enseñanza de la «teoría de la identidad de género», pero el debate continúa.

En muchos países, los ataques a la «ideología de género» incluyen ataques al feminismo, especialmente a la libertad reproductiva, así como a los derechos de las personas trans, el matrimonio homosexual y la educación sexual. Por ejemplo, la retirada de Turquía del Convenio de Estambul en marzo de 2021 tuvo gran repercusión en la Unión Europea, ya que una de las principales objeciones turcas era la inclusión de protección para las niñas, los niños y las mujeres contra la violencia y este «problema» estaba relacionado con la palabra extranjera «género». El Convenio de Estambul, aprobado en mayo de 2011, es un tratado internacional para los miembros del Consejo de Europa. Proporciona un marco jurídico basado en los derechos humanos a través del cual garantiza los derechos de las mujeres contra la violencia y promueve la igualdad de género. El término «género» se utiliza dos veces: «violencia de género» se refiere a la violencia dirigida contra las mujeres e «igualdad de género» se refiere a la igualdad social, así como a las iniciativas educativas, legislativas y culturales en apoyo de dicha igualdad. El Convenio dio lugar a importantes políticas sociales en toda la Unión Europea, como la creación de líneas de atención telefónica para víctimas de violencia doméstica y la introducción de definiciones de violación basadas en el consentimiento, por ejemplo en Islandia, Grecia, Croacia, Malta, Dinamarca y Eslovenia.[59]

Según Amnistía Internacional, Turquía fue el primer país en firmar el tratado en 2011 y el primero en retirarse el 20 de marzo de 2021, alegando que este convenio amenaza «los valores sociales y familiares» y «normaliza la homosexualidad». Los mismos argumentos se han usado en Polonia y Hungría para hacer retroceder la protección jurídica de las mujeres y las personas lesbianas, gais y transexuales y en Bulgaria para negarse a firmar el tratado. En 2019, el partido Ley y Justicia de Polonia pidió que se crearan «zonas libres de LGTB» en las regiones del sureste, principalmente. En 2018, el Tribunal Constitucional de Bulgaria proclamó que el convenio es anticonstitucional porque va contra la percepción binaria del sexo, que debe considerarse una determinación que se adquiere al nacer. En 2020, el Parlamento húngaro alegó que el reconocimiento de haber sufrido violencia de género como motivo de concesión de asilo introduce un concepto que pone en peligro «las tradiciones y valores nacionales», sugiriendo que la violencia contra las mujeres es una práctica tradicional valiosa que debe protegerse de la injerencia internacional. Ucrania no aprobó el Convenio de Estambul hasta 2022, para posicionarse frente al ataque de Putin contra el género y «Gayropa», término que se asocia a las políticas de la UE contra la discriminación por motivos de género y sexualidad y a la influencia cultural europea en general.

La ideología antigénero en Polonia, que propala una serie de afirmaciones alarmistas y contradictorias, es muy similar. El instituto Ordo Iuris de Cultura Jurídica de Polonia, fundado en 2013 para promover un «tratado de derechos de la familia» que sustituya al Convenio de Estambul, se ha opuesto a la ideología LGTB y fue esencial para que el aborto se ilegalizara en ese país en 2021, incluso en los casos de embarazos que no pueden llegar a término. De hecho, en su opinión, las mujeres que se plantean abortar deberían ser recluidas en centros hospitalarios de salud mental. Ordo Iuris también fue responsable de elaborar una lista negra de docentes y personal investigador relacionados con los estudios de género en Polonia. Su página web alega, por un lado, que los movimientos feminista y LGBTQIA+ ocultan pretensiones marxistas. Por otro lado, afirman que «un cartel de multimillonarios y ONG financiadas por otros multimillonarios lleva tiempo intentando reescribir el concepto de derechos humanos para impulsar una agenda socioconstructivista radical».[60] Aquí, como en otras partes, las acusaciones de marxismo y de hipercapitalismo van de la mano sin contradicción aparente. No es que la gente no sea consciente de la contradicción y necesite ser iluminada; no, la contradicción en sí misma es lo que funciona, «emancipando» al pueblo de la tarea de desarrollar una posición racional, lo que abre un camino hacia el fascismo. Cuando se vive con miedo y alguien afirma que en realidad hay cosas peores a las que temer y que es posible identificar la fuente de este miedo y darle un nombre, ese nombre contiene y neutraliza las contradicciones, sirviendo como objeto de destrucción continua y definitiva, algo que debe ser desarraigado y expulsado.

Para algunas personas, lo importante es la nación, pero la familia es fundamental para la nación. Para otras, lo importante es la religión, pero el Estado se concibe como un Estado religioso, que no puede avanzar sin sus vínculos con la familia. Por mucho que a veces se tache al «género» de forma de libertad individual excesiva, una libertad que, según el Vaticano, debe ser controlada, la derecha religiosa pretende ampliar sus propias libertades, entendidas como una libertad religiosa que, como hemos visto, se basa en ser libres para discriminar. Las posturas antigénero no se posicionan en contra de la libertad, sino que pretenden restablecerla y ampliar sus pretensiones dentro de un marco religioso, preferiblemente respaldado por el Estado. Aparentemente, no deberíamos tener libertad para negar el carácter «natural» e inevitable del matrimonio heterosexual, ni para cambiar el sexo asignado al nacer, pero seguro que podemos negarnos a vender una tarta para el matrimonio de una pareja gay alegando que hacerlo compromete nuestra libertad religiosa.[61] ¡Larga vida a la libertad!

Aunque formulado en Estados Unidos, este argumento concreto se utiliza en toda Europa del Este y se ha convertido en la base de varias afirmaciones de que la enseñanza del «género» es una forma de discriminación religiosa, un ataque a las instituciones religiosas y a la libertad religiosa. Tener libertad para discriminar, para instituir la desigualdad social y económica, para negar derechos básicos, se justifica porque esa acusación «antidiscriminatoria» es aparentemente una artimaña. Así lo expresaba el Vaticano en 2019: «El concepto genérico de "no discriminación" esconde a menudo una ideología que niega tanto la diferencia como la reciprocidad natural que existe entre hombres y mujeres». Si hiciéramos ese mismo tipo de afirmación sobre la discriminación religiosa, no saldría bien parada. Imaginemos que las cosas fueran así: «El genérico "no discriminación" esconde a menudo una ideología que *niega las muchas diferencias que existen* entre hombres y mujeres y *más allá de ese esquema binario*». Esta afirmación no tendría cabida en el marco del Vaticano, que conoce la naturaleza de antemano y no se molesta en explorar su complejidad.

Sería más fácil si pudiéramos descartar tales afirmaciones como posiciones de extrema derecha, pero son contradictorias por una razón: en algunos casos son respuestas equivocadas o prepolíticas al neoliberalismo, a los poderes de las instituciones financieras mundiales, a la herencia perpetuada del poder colonial. Si estos poderes fueran identificados correctamente, en lugar de condensarlos en la fantasía psicosocial del «género», las cosas podrían ser diferentes. Las investigadoras Agnieszka Graff y Elżbieta Korolczuk han argumentado que el movimiento es una respuesta claramente conservadora al neoliberalismo, es decir, un fortalecimiento de la Iglesia y la familia tras la destrucción de los servicios sociales en una economía cada vez más privatizada.[62] Sin embargo, hay quien afirma que la Unión Europea y el Convenio de Estambul articularon normas que se convirtieron en obligatorias para sus miembros potenciales y que representaban «valores liberales». La posibilidad de obtener préstamos, de participar en transacciones de mercado, dependía del cumplimiento de tales normas, y los líderes estatales como Erdoğan y Orbán declararon que se trataba de una imposición inaceptable de valores culturales extranjeros. Al parecer, no importaba que un número significativo de personas de su propio país estuvieran de acuerdo con esos criterios, ya que también podían ser interpretados como occidentalizados o contaminados por valores o por ideologías extranjeras. La Unión Europea explicó sus propias prácticas como parte de un proceso de «europeización»[63] que incluía leyes para prevenir y eliminar la discriminación contra las mujeres, para proteger a las mujeres contra la violencia doméstica y para aceptar y promover los derechos de las personas LGBTIA+. Cualquier país que quisiera comerciar con la Unión Europea tenía que aceptar regirse por estas leyes, que en los últimos trece años se han asociado cada vez más a los derechos humanos. Al mismo tiempo, según Maryna Shevtsova, investigadora feminista de Eslovenia, los antiguos Estados soviéticos reaccionaron contra las formas de laicismo que les había impuesto el régimen soviético y la Iglesia ortodoxa cristiana adquirió cada vez más importancia como socia del poder estatal.[64]

En Georgia y Ucrania, según Shevtsova, las Iglesias ortodoxas tuvieron que decidir hasta qué punto se acercarían a la Iglesia ortodoxa rusa, incluso cuando perseguían la posibilidad de ingresar en la UE y en la OTAN. De ahí que la europeización de los derechos LGBTI se convirtiera en una cuestión geopolítica. Cuando Rusia se anexionó Crimea en 2014 y reforzó su presencia en Donbás (Ucrania), trató con más fervor de contraponer los valores familiares cristianos ortodoxos a las normas europeas, centrándose en la forma «natural» de la familia, la condición «natural» de la heterosexualidad y la inmutabilidad de la asignación de sexo. «Gayropa» era el término que Putin utilizaba para describir un conjunto de leyes contra la discriminación y la violencia que se entendían como la imposición de la «ideología de género». Las Iglesias de regiones que buscan una mayor autonomía respecto a Rusia, como Georgia y Ucrania, se vieron en un aprieto tras declarar su independencia a principios de la década de 1990. Podían seguir lo que Nikita Sleptcov llama un «heteronacionalismo conservador» prescrito por el Patriarcado de Moscú o encontrar un terreno común con las normas europeas sobre género y sexualidad. El género se convirtió en un término que, para algunos, representaba la amenaza de destruir la identidad nacional precisamente en un momento en que las identidades nacionales se afirmaban frente al antiguo régimen soviético. De hecho, las Iglesias ortodoxas adquirieron una importancia creciente en las últimas décadas, emergiendo como «símbolo de una nueva identidad nacional».[65] Por un lado, era imposible que se opusieran a los valores tradicionales. Por otro lado, su independencia dependía paradójicamente de los lazos con Europa, que exigía cambios en sus estructuras jurídicas, cambios que lograron en diversos grados (a veces solo simbólicamente, sin intención de aplicarlos, a veces solo de forma selectiva, lo que en Europa del Este se denomina «europeización selectiva»). Podrían comprometerse a no discriminar, por ejemplo, pero limitar el compromiso al mero nivel de símbolo, que solo se cumpla parcialmente o que no se cumpla deliberadamente.

Aunque este libro no puede ofrecer una historia completa del movimiento antigénero, es importante que hablemos de esta historia reciente para ver cómo ese cúmulo fantasmagórico que se hace pasar por «género» ha llegado a habitar la argumentación y la retórica de las políticas oficiales de la Iglesia y del Estado, políticas que tienen enormes consecuencias en la vida de las mujeres y de las personas trans y no binarias de todo el mundo, y también la de quienes viven bajo regímenes cada vez más autoritarios. Por esta razón, nos centraremos con más detalle en los puntos de vista vaticanos, tratando de comprender cómo la representación fantaseada que condiciona el movimiento de la ideología antigénero se filtra en los argumentos, endurece las regulaciones sociales y políticas e incluso aparece como una demostración y defensa de la racionalidad.

CAPÍTULO 2

El punto de vista del Vaticano

Hay muchos ejemplos de la influencia de la Iglesia evangélica conservadora en el movimiento contra la ideología de género, que es amplia y constante, pero podría decirse que en el principio de todo está el Vaticano. Como mencioné en el capítulo anterior, en mayo de 2004, un año antes de ser nombrado papa, Joseph Ratzinger dirigía la Congregación para la Doctrina de la Fe y escribió una misiva que tuvo amplia difusión entre todos los obispos de la Iglesia católica. En el documento, distinguía entre dos tendencias dominantes a la hora de afrontar la «cuestión femenina». La primera subrayaba la subordinación de la mujer, pero la segunda negaba las diferencias entre hombres y mujeres, «consideradas como simple efecto de un condicionamiento histórico y cultural». Se esforzaba por explicar la diferencia entre sexo y género, según este confuso relato sobre la persona humana: «La diferencia corpórea, llamada sexo, se minimiza, mientras la dimensión estrictamente cultural, llamada género, queda subrayada al máximo y considerada primaria».

Aunque Ratzinger entiende que esta distinción pretende conseguir una mayor igualdad y liberar a la mujer de los condicionamientos biológicos, advierte contra los peligros que supone. En su opinión, «ha inspirado de hecho ideologías que promueven el cuestionamiento de la familia a causa de su índole natural biparental, esto es, compuesta de padre y madre, la equiparación de la homosexualidad a la heterosexualidad y un modelo nuevo de sexualidad polimorfa». Especula que la teoría del género a la que se opone es un intento «de la persona humana de liberarse de sus condicionamientos biológicos». En su opinión, el «determinismo biológico» consiste en unos atributos biológicos que se definen por su carácter inmutable. Si las personas fueran libres de «configurarse según sus propios deseos», argumentaba, su esencia quedaría destruida.

Para Ratzinger, el género, interpretado como un ejercicio desviado o excesivo de la libertad, se convierte en la libertad de destruir la esencia del ser humano. Dice enfrentarse a una perspectiva que afirma que el género es un efecto histórico o cultural y no una ley natural entendida como mandato de sexo binario. Ahora bien, si solo fuera un efecto de la historia, ¿en qué sentido podría representar una libertad personal excesiva? Como no nos da ninguna referencia a los textos en los que basa su opinión, no tenemos forma de juzgar si representa correctamente o no la teoría que tiene en mente. Sin embargo, parece oponerse al hecho de que el género es un efecto cultural, precisamente porque, entendido como sexo, pertenece a un orden divino y está constituido (o creado) exclusivamente por Dios. La idea de una autodeterminación prefigura un ejercicio potencialmente peligroso de la libertad humana que es, para el Vaticano, una forma de arrebatar unos poderes de creación que solo pertenecen a Dios. De hecho, siendo papa Benedicto lo dice en su mensaje a la Curia romana en la Navidad de 2008: «Lo que con frecuencia se expresa y entiende con el término género se reduce en definitiva a la autoemancipación del hombre de la creación y del Creador».

Ya en 1995, los representantes del Vaticano en la Conferencia sobre la Mujer de Pekín reprocharon a la «agenda de género» un individualismo exagerado».[1] El lugar adecuado para la «creación» en el mundo humano es la reproducción sexual dentro del contexto del matrimonio heterosexual. Como señala Mary Anne Case en sus estudios consagrados a las opiniones del Vaticano sobre el género, Ratzinger ya estaba preocupado en 1985 por el riesgo de que las diferencias entre los sexos parecieran intercambiables si lo que él llamaba feministas radicales se salían con la suya: «¿Hombre? ¿Mujer? Son preguntas que para algunos ahora se consideran obsoletas, sin sentido, cuando no racistas».[2] Para Ratzinger, la versión del «feminismo radical» que tenía en mente en aquel momento era tan problemática como una doctrina específica del humanismo que trivializa la diferencia entre hombre y mujer cuando, en su opinión, el ser humano se *define* por esta misma polaridad. Sin esta distinción y la correspondiente complementariedad, «lo humano» se derrumbaría. Aunque en círculos progresistas se suele considerar al papa Francisco más progresista que a Ratzinger, como hemos visto, el papa actual ha amplificado la retórica de Ratzinger, comparando el poder destructivo del género con el «nazismo» (haciéndose eco de Lively) y la «guerra nuclear».

Es significativo que la doctrina de la «complementariedad» no solo establece que lo humano se define por el hombre y la mujer, y que esta división es obra de Dios, sino que además reivindica que el matrimonio debe estar restringido a los heterosexuales. Algunos teólogos han cuestionado si esta doctrina de la complementariedad tiene siquiera una base histórica y han argumentado con persuasión que la «complementariedad» surge en la doctrina de la Iglesia en la segunda mitad del siglo XX en respuesta a los movimientos feministas y de lesbianas y gais.[3]

En 2014, el papa Francisco dejó claro que la «complementariedad» era esencial para la preservación de la familia y el matrimonio como vínculo distintivo y exclusivo entre hombre y mujer. Aunque rechazó la idea de un «modelo único y estático» heterosexual, elogió el matrimonio heterosexual como «algo bello». La familia, entendida como una prerrogativa heterosexual, es «el lugar principal en el que empezamos a "respirar" valores e ideales» y, sin embargo, prosigue el papa:

> Esta revolución en las costumbres y en la moral ha enarbolado con frecuencia la «bandera de la libertad», pero en realidad ha traído devastación espiritual y material a innumerables seres humanos, especialmente a los más vulnerables. Es cada vez más evidente que la decadencia de la cultura del matrimonio está asociada a un aumento de pobreza y a una serie de numerosos otros problemas sociales que azotan de forma desproporcionada a las mujeres, los niños y los ancianos. Que son siempre quienes sufren más en esta crisis.

Este es solo uno de los muchos casos en los que el papa invocó estratégicamente la retórica izquierdista para argumentar en contra de las familias monoparentales y recompuestas, las familias o los individuos que hacen uso de las tecnologías reproductivas, el derecho al aborto, el matrimonio de lesbianas y gais y el parentesco no binario. En el mismo discurso de 2014, se refirió a que «la crisis de la familia» había producido una crisis ecológica humana. Con estas observaciones, reiteró que «la familia es el fundamento de la convivencia y una garantía contra la fragmentación social» y que la juventud debe ser protegida de «la mentalidad nociva de lo temporal», sugiriendo que habría que disuadir de las relaciones sexuales de corta duración o del sexo ocasional. Sus reflexiones concluyeron con la presentación de su propia noción «ecológica», remontándose a la ley natural y aliándose con ideas anteriores sobre la «antropología» que sustenta el catolicismo, es decir, la idea de que el ser humano ha sido creado como hombre y mujer y que la autodeterminación es, por tanto, un error peligroso. Terminó con una advertencia:

> No debemos caer en la trampa de que nos encierren en conceptos ideológicos. La familia es una realidad antropológica, y, en consecuencia, una realidad social, de cultura, etc. No podemos calificarla con conceptos de naturaleza ideológica que tienen fuerza solo en un momento de la historia y después decaen. No se puede hablar hoy de *familia conservadora* o de *familia progresista*: la familia es la fami-

lia. No os dejéis calificar por este o por otros conceptos de naturaleza ideológica. La familia tiene una fuerza en sí misma.[4]

Este esfuerzo por anular cualquier calificación sobre la familia está al servicio del propósito de mantener la familia dentro de una forma única y aceptable. Cualquier intento de reconfigurar la familia o avanzar hacia formas de parentesco no identificadas como familia se descarta por «ideológico». Sin embargo, la práctica de *descartar posibilidades alternativas de parentesco cuando ya existen* es sin duda una maniobra ideológica. ¿Cómo si no establecer una única forma social como universal y necesaria? La forma de argumentar es simplemente afirmar la autoidentidad de la familia, un movimiento tautológico que pretende descartar toda variación cultural e histórica. «La familia es la familia» pretende afirmar algo obvio, pero es una forma de cerrar posibilidades alternativas que ya se dan en el mundo.

Afirmar lo que se considera obvio es una forma de rechazar significados controvertidos. En el caso de la familia, es una forma de afirmar una forma social como la única inteligible. Si la respuesta queer o feminista consiste en afirmar que en realidad existen numerosas formas de organizar el parentesco, la solución es calificar de «ideológica» la mera descripción de una complejidad existente, una variación histórica, lo que quiere decir que es falsa, que nace de una convicción errónea y que no corresponde a ninguna realidad conocida. Y, sin embargo, desde la perspectiva de la complejidad existente, se afirma que sí: el parentesco adopta diversas formas y las buenas son las que proporcionan relaciones solidarias de cuidado y las malas son las que exprimen la vida y la esperanza de quienes más merecen un buen cuidado.

En la insistencia en la forma familiar organizada a través del matrimonio heterosexual monógamo se trasluce la convicción de que no es la única forma y las denuncias y acusaciones de ideología no son más que una manera de mantener un cariz de inevitabilidad y corrección en una forma social determinada. Para el

Vaticano, el matrimonio heterosexual y la reproducción son un rasgo definitivo de lo humano, lo que implica que quienes no se comprometen dentro de esa forma social se están desviando de la idea de lo humano en sí. Al promover la definición de lo humano como algo basado en la polaridad heterosexual y la idea de la familia heteronormativa, el Vaticano también está defendiendo una noción «ecológica» de la realidad, arraigada en un relato doctrinal específico de la naturaleza y sus leyes. En junio de 2019, la Congregación para la Educación Católica del Vaticano publicó «Varón y mujer los creó: para una vía de diálogo sobre la cuestión del género en la educación».[5] Rechazando la idea de que el género pueda disociarse del sexo biológico, el documento proclamaba que la identidad transexual aniquilaba el concepto de naturaleza.[6] Este documento es significativo porque se envió a más de seis mil doscientas escuelas católicas de Estados Unidos. Es curioso que el documento haga una distinción entre dos usos del término «género» que, en principio, parece indicar un movimiento en la dirección de la apertura mental. Este es el párrafo clave en el que se hace esta distinción:

> Si queremos abordar la cuestión de la teoría del género por la vía del diálogo, es fundamental tener presente la distinción entre ideología de género, por un lado, y el campo de investigación sobre el género que han emprendido las ciencias humanas, por otro lado.[7]

Si bien las ideologías de género pretenden responder, como ha indicado el papa Francisco, «a lo que a veces son aspiraciones comprensibles», también quieren «afirmarse como absolutas e incuestionables, dictando incluso cómo deben ser educados los niños», lo que impide el diálogo. «No faltan las investigaciones sobre el género que intentan profundizar adecuadamente en el modo en el que se vive en diferentes culturas la diferencia sexual entre hombre y mujer. En relación con estas investigaciones es posible abrirse a escuchar, razonar y proponer».[8] Por un lado, el

Vaticano interpreta y restablece la doctrina. Por otro lado, asocia el parentesco queer y la reflexión sobre las formas adecuadas de educar en acuerdos de parentesco no tradicionales con la dictadura y la destrucción de la naturaleza. De repente, el género se asocia al auge de las dictaduras (la mayoría de las cuales no permiten la autodeterminación de género y el sexo de gais y lesbianas) y a la destrucción climática. El resultado es que solo la doctrina de la Iglesia preservará tanto la democracia como la Tierra. No es una argumentación, sino una yuxtaposición de una serie de temores divergentes (dictaduras y destrucción del planeta), y se da a entender que el género es, si no la causa de ambos, al menos uno de sus instrumentos más potentes.

La postura que defiende el Vaticano suena razonable. Al fin y al cabo, el papa está diciendo ahora que hay un enfoque del género que él considera aceptable. Sin embargo, la distinción que se establece entre enfoques de género acordes con el dogma y dictatoriales resulta ser, en el mejor de los casos, inestable. Para la Iglesia, determinados enfoques son buenos porque están en consonancia con el dogma cristiano sobre cómo debe definirse lo humano. Estas posiciones intelectuales que, en opinión de la Iglesia, pertenecen legítimamente a las ciencias «humanas» (entendidas como la expresión de la definición de lo humano por la que aboga el catolicismo) se ven desmentidas por el hecho de que se está elaborando y aplicando un conjunto de preceptos. El dogma que define qué es humano resulta ser diferente de las versiones «dictatoriales» del género que no aceptan la idea de lo humano definida por el género binario. El precepto del primer caso se contrapone a la supuesta dictadura del segundo y la línea que separa a ambos parece desvanecerse. Además, el feminismo «dictatorial» es en sí mismo una construcción que subsume los temores sobre la dictadura y la tiranía en el término «género», que de hecho se utiliza en gran medida para *expandir* las reivindicaciones de libertad e igualdad. No es de extrañar que nos dé vueltas la cabeza. Si seguimos este razonamiento retórico, el género es un poder dictatorial que adoctrinará a la infancia y, al mismo tiempo, destruirá la naturaleza. Y aunque la «naturaleza» en la que piensa el Vaticano es la ley natural que estableció géneros binarios y complementarios destinados a unirse en matrimonio heterosexual, en la que la sexualidad es puramente reproductiva, la «naturaleza» de repente se convierte en la Tierra, y en lugar de referirse a las industrias y los Gobiernos comprometidos con el extractivismo y el petróleo, o la minería de combustibles fósiles en general, el responsable de la aniquilación de la naturaleza es el «género».

El Vaticano tiene razón al suponer que dentro del feminismo abundan los debates en torno al sexo y al género, y más adelante los tendremos en cuenta cuando nos ocupemos del relato científico sobre la determinación del sexo y la crítica del dimorfismo sexual. Aunque algunas teorías feministas insisten, por supuesto, en las diferencias biológicas entre los dos sexos (y, entre ellas, las «críticas con el género»), sus ideas sobre la biología y la naturaleza tienden a ser diferentes de las del Vaticano. Incluso para las teorías feministas que sostienen que la diferencia sexual es un marco crucial para nuestra forma de entender el lenguaje, la historia y la psique, eso no incluye ningún tipo de adhesión al carácter natural, es decir, dado por Dios, de la diferencia sexual, ni una defensa de la unión de «complementarios» o del creacionismo que subyace en la idea del Vaticano sobre hombres y mujeres.[9] Si Dios creó al hombre y a la mujer, y si lo humano viene solo en esas dos formas, y si la reproducción sexual sin asistencia entre hombres y mujeres ha sido creada por Dios como el único medio por el cual los humanos pueden venir al mundo, entonces las enseñanzas son claras: sus seguidores deben oponerse al aborto y a la anticoncepción, al sexo gay y lésbico, al matrimonio gay y lésbico, a la identidad transgénero e incluso a la identidad intersexual. Tanto «transgénero» como «intersexual» se consideran conceptos ficticios. Así el Vaticano se posiciona simultáneamente contra la investigación científica y contra la teoría de género en lo que se refiere a las categorías sexuales. Limita lo que puede considerarse «verdad» a lo que parece compatible con su propia doctrina.

En el documento de 2019 antes citado, el Vaticano rechaza términos como «intersexual» por considerarlos ficticios, al tiempo que se compadece de quienes padecen tal condición. No tolera ninguna excepción al régimen binario: ni las hormonas, ni los cromosomas, ni las características primarias o secundarias; la «diferencia» entre los sexos que propugna se deriva de la doctrina de la complementariedad que, a su vez, sirve de base para una oposición política al matrimonio y los derechos reproductivos de gais y lesbianas, así como de intersexuales y transexuales. De hecho, la doctrina de la complementariedad está vinculada a la doctrina del Vaticano sobre la creación divina que, a su vez, constituye la base de su oposición al derecho al aborto. El Vaticano no aporta prueba alguna de que los niños y las niñas estén siendo «adoctrinados» por dictadores de género, pero esta fantasía está al servicio de un propósito, dado que el Vaticano considera que su doctrina está siendo amenazada por una teoría que no puede menos de considerar una doctrina rival. La difusión del documento de 2019 en más de seis mil escuelas católicas, solo en Estados Unidos, sugiere que el dogma de la Iglesia debe ser inculcado a la juventud, que su ideología debe sustituir a la supuesta ideología de la «teoría del género». Aunque no se trata de un enfoque dictatorial de la educación, sí es un marco único que se presenta como la única verdad posible. Por un lado, se opone al adoctrinamiento percibido (o proyectado) por parte de los llamados ideólogos del género. Por otra parte, quiere que su propia autoridad sea inculcada en las mentes de niños y niñas. Por lo tanto, suponiendo que alguna autoridad calará en esas mentes y las llenará de creencias, se propone ser la única autorizada para hacerlo.

Defender que las aulas son lugares donde se debe buscar abiertamente la verdad significaría negarse a aceptar de antemano cualquier doctrina. A veces se considera aquí y allá que un llamamiento a valorar la investigación abierta es «relativismo», pero cuando la única alternativa al «relativismo» es el dogma, entonces la imposición del dogma se convierte en sí misma en un movimiento ideológico. Impide el pensamiento y el debate, tratando de hacer que ciertas palabras y ciertos temas no puedan ser objeto de discusión. Y si nos preocupamos por la verdad y creemos que la investigación abierta es la mejor manera de averiguar lo que es verdad, cualquier táctica que suprima la investigación abierta se convierte en una barrera para la búsqueda de la verdad. Para algunos será obvio, pero para otros vale la pena repetirlo: la estrategia del Vaticano para desacreditar su doctrina rival como ideología dictatorial consiste en hacer que su *propia* doctrina aparezca como la única verdad autorizada. Sin necesidad de darle la vuelta a la acusación, es patente que el espectro de la dictadura de género se contrarresta con un autoritarismo eclesiástico que se anuncia como el poder que puede impedir que la dictadura se apodere de las mentes infantiles.

Podríamos considerar que la doctrina del Vaticano es simplemente errónea y tratar de demostrar por qué sus premisas no son válidas. No debemos renunciar a disputar las posiciones con las que no estamos de acuerdo, pero ese enfoque no es lo bastante fuerte como para derrotar el poder del fantasma de género que pone en circulación el Vaticano. Hay quien alega que la «ideología de género» va contra una antropología aristotélica y tomista, una idea del «hombre» que es universal, inmutable y que forma parte de la revelación divina.[10] Daniel P. Horan sostiene que la Iglesia católica debe abandonar la «pseudociencia del siglo XIII» que subyace en sus opiniones sobre el género y revisar lo que la Congregación para la Educación Católica denomina su antropología cristiana, es decir, su compromiso de considerar al ser humano como compuesto de una dualidad esencial y complementaria, el hombre y la mujer. Como hemos visto, el principio fundamental del catolicismo cuestionado por el «género» en su opinión es la doctrina de la complementariedad. El problema no es solo que la peligrosa versión de la «teoría de género» niegue una diferencia natural (es decir, dada por Dios) entre los sexos, sino que niega también la «reciprocidad natural que existe entre hombres y mujeres».[11] El documento de 2019 deja claro que esta versión errónea de la «teoría de género» se distingue de la que reivindica la diferencia natural (complementaria) entre los sexos. Además, esta versión errónea considera que «la identidad sexual y la familia están sujetas a la misma "liquidez" y "fluidez" que caracterizan otros aspectos de la cultura posmoderna, a menudo fundadas en un mero concepto confuso de libertad perteneciente al ámbito de los sentimientos y los deseos...».[12]

Por tanto, para el Vaticano es posible considerar las diferentes formas en las que lo que considera masculino y femenino se vive e interpreta en diversos contextos culturales. Este tipo de indagación potencia lo que denomina «comprensión» en las ciencias humanas. Sin embargo, las categorías mismas de varón y mujer nunca pueden considerarse variables, no porque las ciencias biológicas hayan establecido firmemente esa condición, sino porque la doctrina de la Iglesia exige tanto la complementariedad como la jerarquía, los papeles distintivos de la mujer y el varón en la familia y en la vida pública, la organización claramente heteronormativa de la familia y el carácter divinamente ordenado de la reproducción heterosexual dentro del matrimonio como continuación de los poderes creadores de la divinidad. La reciente distinción del Vaticano entre feminismos buenos y malos lleva implícita la idea de que algunos han recurrido al género de forma «ideológica» o falsa, mientras que otros han seguido afincados en unas ciencias humanas en las que lo humano se define por la complementariedad.

La postura del Vaticano ha sido activamente amplificada por autores que, desde las posiciones de la Iglesia en materia de género, han publicado una serie de textos en varios idiomas que luego han ido circulando por diversas conferencias episcopales y que han llegado a tener una influencia muy conservadora en las políticas públicas, especialmente en lo que se refiere a derechos legales, no solo relacionados con la orientación sexual y la identidad de género, sino también en relación con la política educativa, en particular la enseñanza en las escuelas primarias y secundarias. Dale O'Leary, que en 1995 hizo sonar la alarma de que el «género» era malo para las mujeres, influyó especialmente en el Vaticano, como también lo hizo Mary Ann Glendon, cuando intervino en nombre de la Santa Sede en 1995 en la Cuarta Conferencia Mundial sobre la Mujer de las Naciones Unidas y dio a conocer su oposición a *Roe contra Wade** que, en su opinión, estaba en el origen de un «holocausto abortivo».[13] Otras figuras clave son Marguerite Peeters y Michel Schooyans en Bélgica, Gabriele Kuby en Alemania, Dariusz Oko en Polonia y el sacerdote católico lacaniano Tony Anatrella, ya mencionado.[14]

No hay que subestimar la influencia de estas críticas contra el género como destructor del ser humano, la familia, la nación y el orden natural dado por Dios, incluso en regiones donde las políticas progresistas contrarias a estas ideas han logrado claros avances. Argentina, país de origen del papa, es el país con las leyes más progresistas en materia de libertad de género, que permiten a cualquier persona optar por el cambio de sexo si así lo desea, sin necesidad de obtener autorización médica o psicológica. Como reacción a la progresista Ley de Identidad de Género, aprobada en 2012, el libro de Jorge Scala *La ideología de género,* publicado dos años antes, empezó a circular ampliamente entre las comunidades cristianas, tanto católicas como evangélicas, en España, Argentina y otros países latinoamericanos y también en Portugal (en su versión portuguesa). Publicado originalmente por la editorial Sekotia, que patrocina trabajos que desacreditan el cambio climático e informes revisionistas sobre la España de Franco, el libro de

* La sentencia *Roe contra Wade* es una decisión histórica del Tribunal Supremo de Estados Unidos de 1973 que establecía el derecho constitucional al aborto en todo el país. En 2022 fue anulada con motivo de otra sentencia (*Dobbs contra Jackson Women's Health*) alegando que la Constitución no hace ninguna referencia al aborto ni protege este derecho de forma implícita. *(N. de la t.)*

Scala sentó las bases de una campaña internacional: la «ideología de género» es una ideología totalitaria, tiene poder para destruir la familia y la nación y su presencia en las escuelas es nada menos que adoctrinamiento. Ya en 2005, Scala afirmó en Perú que la ideología de género promueve una idea de «autonomía absoluta» y pretende que el género podría «construirse» sin tener en cuenta ninguno de los límites impuestos por la biología, considerando la biología tal y como la define la Iglesia católica. Se opuso a la idea de que el matrimonio heterosexual fuera una opción sexual entre tantas, considerando que, si la ideología de género se sale con la suya, el valor del matrimonio sería similar al del concubinato, las uniones homosexuales, la poligamia o la pederastia.

En este ejemplo, la negación del carácter exclusivo del matrimonio heterosexual se considera relacionada con el abuso sexual a menores. Solo la unión heterosexual puede evitar que la sexualidad adulta se convierta en una amenaza para la infancia. Y así, si el matrimonio heterosexual deja de ser la única forma social posible para la sexualidad, las opciones que se presentan son aterradoras. El matrimonio homosexual se convierte en el equivalente moral de la pederastia. Esta supresión de cualquier distinción moral entre ambas cosas no se explica por el movimiento a favor del matrimonio homosexual, sino más bien por el tipo de relativismo moral que surge una vez que el matrimonio heterosexual deja de ser la única opción. Abiertas las compuertas, se refuerza una fantasía psicosocial estratificada. De esa misma lógica nace la opinión de que la ideología de género promueve la pedofilia, o incluso *es* pedofilia. En opinión de Scala, el género es una ideología que, como otras ideologías políticas del siglo XX, está en el origen de una destrucción mundial. Al llamarla ideología y asimilarla a otras ideologías consideradas destructivas, el género se convierte a su vez en una ideología destructiva. Se trata de una lógica asociativa, pero no de un argumento demostrable. Al igual que Gabriele Kuby en Alemania, Scala sostiene que la ideología de género solo puede alcanzar sus fines si se impone de forma totalitaria. Aquí la «ideología» parece ser a la vez un punto de vista político, un movimiento social, el resurgimiento de viejos totalitarismos bajo una nueva forma. Considera que los tres ámbitos en los que se está produciendo esta perspectiva totalitaria son los medios de comunicación de masas, la educación reglada y las nuevas normas jurídicas. Opina que la situación es urgente, pues debe intensificarse la oposición vehemente ya que, si no se destruye el género, el totalitarismo vencerá y los niños serán los más perjudicados. Se va desatando así un frenesí a través de vínculos asociativos que componen una fantasía que debe ser destruida, ya que ejerce el poder del totalitarismo y se convertirá en totalitaria si no se le planta cara.

Podemos ver en sus formas furtivas y también en sus formas manifiestas cómo se va construyendo una poderosa fantasía, pero la secuencia que expone Scala tiende a desactivar su propio argumento. Si el matrimonio heterosexual es la única forma que debe adoptar la sexualidad, podemos deducir que todas las demás formas son aberrantes y no normativas. El matrimonio entre gais y lesbianas se convierte en el equivalente de la pederastia o la pedofilia y, desde el punto de vista moral, ambas conductas están igualmente alejadas de la norma del matrimonio heterosexual. Es irrelevante para él que el movimiento de lesbianas y gais se oponga a los abusos sexuales a menores y que, de hecho, sea la Iglesia católica la que se encuentra en riesgo de quiebra tras pagar las indemnizaciones a todos los menores de los que ha abusado durante décadas.[15] Atormentada por sus propios abusos a menores, la Iglesia los externaliza, atribuyéndolos a las minorías sexuales y de género que, en su mayor parte, han reflexionado detenidamente sobre el problema del consentimiento, han defendido las acciones de las personas adultas que consienten dentro de la ley y han luchado calle a calle por las libertades sociales. La Iglesia no es consciente de que ha perdido toda legitimación para este tipo de alegaciones. Comete un error moral de grandes proporciones al proyectar y externalizar el espectro de su propia historia de abusos sobre las minorías sexuales y de género, como forma de responsabilizar a otros colectivos de sus propias fechorías.

Cabe destacar que el argumento de la Iglesia contra el relativismo introduce una dimensión de fantasía en el curso de su argumentación, apoyándose en figuras terroríficas para defender sus argumentos, o más bien para producir el efecto que persiguen. La lógica cede rápidamente ante la retórica incendiaria. Si solo hay una forma moral para la sexualidad, y es la sexualidad conyugal heterosexual, y si algunas personas afirman que hay alternativas igualmente posibles y valiosas, es porque esas personas son relativistas. Y, en esta condición, se niegan a hacer distinciones morales o, mejor dicho, no pueden hacerlas, ya que aparentemente no tienen una brújula moral sólida y, por lo tanto, no pueden condenar el daño. Por lo visto, para estas personas vale todo: la pedofilia, el abuso de menores, el adoctrinamiento de la juventud. No importa que las organizaciones de lesbianas, gais y bisexuales aborrezcan en general el abuso y la pederastia, pues han sido sus víctimas con frecuencia; no importa que el consentimiento sexual sea fundamental para la ética queer; no importa que la pornografía infantil sea una forma terrible de explotación. A nadie, de ninguna edad, se le debe inculcar una doctrina contra su voluntad. Sin embargo, ninguno de estos claros principios éticos es concebible para Scala, que sostiene que gais y lesbianas, dada su forma de sexualidad, no tienen categoría moral ni capacidad de juicio moral. Que algunas personas sostengan que hay más de una forma de organizar la sexualidad y las relaciones de pareja y de parentesco las hace culpables de relativismo amoral (o «posmodernismo») o de ruina moral, o representantes y adalides del nihilismo, sin ir más lejos.

Sin embargo, los movimientos feministas y LGBTQIA+ y los movimientos contra el racismo y el colonialismo comparten la convicción de que la violencia y la explotación no han sido reconocidas ni reparadas durante siglos con la plena complicidad de las autoridades civiles y religiosas, lo que muestra, sin duda alguna, que dichos movimientos mantienen fuertes compromisos normativos y sus juicios morales son siempre firmes. Esto debería ser obvio para cualquiera que preste atención a este tipo de movimientos, pero no lo es. Entre las normas que comparten estos movimientos están: el derecho a un mundo habitable, a amar y vivir y respirar; a la atención sanitaria, la vivienda y la subsistencia; a no sufrir amenazas de violencia, encarcelamiento y expolio, por nombrar solo unos cuantos. También se oponen a ciertas «distinciones morales», por considerarlas injustas, como la afirmación de que el matrimonio heterosexual es mejor que otras formas de intimidad sexual o parentesco, o que el mestizaje amenaza los fundamentos de la nación: sí, quienes pertenecen a esos movimientos distinguen entre formas de organizar la vida sexual que son dignas de afirmación y las que claramente merecen condena porque son coercitivas o violentas o hacen daño. La capacidad, que todo el mundo debería tener, de hacer tales distinciones no exige realmente que aceptemos que solo hay una forma sexual digna, que se llama matrimonio heterosexual. Sin embargo, Scala piensa que sin un compromiso con un orden moral anclado en la superioridad y el valor exclusivo del matrimonio y la reproducción heteronormativos no hay juicios morales posibles y solo puede llegar el nihilismo. ¿Es cierto este argumento, o se trata más bien de una especie de secuencia onírica que difunde para conjurar un peligro potencial que teme y que cree que todo el mundo debería temer? En su opinión, compartida ahora por muchos, con la pérdida del matrimonio y la reproducción heteronormativos como formas sociales exclusivas se abre la caja de Pandora, surgen formas sexuales caóticas y peligrosas, lo que pone a los niños y las niñas en gran peligro. Aunque siempre se han dado abusos infantiles e incesto en las «familias tradicionales», las pruebas en contra no parecen lo bastante sólidas como para erradicar esta fantasía. Hemos pasado de un debate sobre la moralidad a un conjunto de alucinaciones. Y hemos visto cómo argumentos defendidos en nombre de la moralidad acaban en un llamamiento a despojar de sus derechos básicos a las minorías de género y sexuales. Realmente, nos enfrentamos a un sadismo moral de carácter alucinatorio.

Cuando afirmamos que determinadas formas de género y de sexualidad son válidas, no hay nada que lleve a la conclusión de que no se pueden emitir juicios sobre formas nocivas de sexualidad. Algunas formas no son perjudiciales y otras claramente sí lo son. Por lo general, decimos que hay varios tipos de actos buenos y malos, formas de ser bueno o de no serlo; normalmente, nos vemos abocados a definir unos criterios que muestren cómo distinguimos unos actos de otros. Hay diferentes formas de amar y de hacer daño, pero poner restricciones a las formas de amar de otras personas, si no hacen daño, es en sí mismo perjudicial. Sin duda, podemos discrepar sobre lo que significa «hacer daño», pero entonces ese debate se debe mantener de forma abierta, en lugar de darlo por zanjado. Si no hay debate es porque el dogma excluye el debate. El dogma o quizá la ideología. ¿Cuál es realmente la diferencia? ¿Cómo debemos proceder cuando se rechaza un argumento moral razonable alegando una especie de alarmismo moralmente justo? Tenemos que desenmascarar el fantasma y el mecanismo de su reproducción para revelar las formas en que los que se oponen al feminismo y a los derechos y libertades LGBTQIA+ externalizan el daño que están haciendo para poder seguir haciendo daño impunemente.

Quienes han vivido los numerosísimos años de denuncias de abusos a menores por parte de la Iglesia no dejan de recurrir a esa misma Iglesia cuando afirman que la «ideología de género» es perjudicial para la infancia. ¿Dónde está la pedofilia aquí, me pregunto, si tratamos todo esto como un escenario de fantasía? En este enfrentamiento entre la Iglesia y el feminismo y los derechos LGBTQIA+, ¿dónde están realmente los abusos a menores? En Francia, en los últimos setenta años, unos trescientos treinta mil menores sufrieron abusos sexuales por parte de sacerdotes. ¿Por qué estos datos no aparecen en ninguna parte cuando se dice que la ideología de género conduce a la pedofilia? ¿Es acaso porque esa acusación borra toda responsabilidad por el daño causado a los niños al proyectarlo hacia otro lugar? ¿Acaso las descabelladas afirmaciones contra el «género» pretenden desviar la atención de las acusaciones reales y ampliamente documentadas contra la Iglesia?

El sacerdote francés que he mencionado anteriormente, Tony Anatrella, ha sido acusado de múltiples delitos de abusos y agresiones sexuales en 2021 por ofrecerse a «curar» homosexuales manteniendo relaciones sexuales con ellos.[16] Las denuncias presentadas contra él en varias parroquias y ante varios obispos quedaron sin respuesta y solo ahora, décadas después de los presuntos abusos, está siendo juzgado por el sistema interno de la Iglesia.[17] La larga lista de acusaciones de pederastia contra sacerdotes de la Iglesia católica ilustra con brutal claridad cómo los ataques contra la sexualidad o el matrimonio abierto y consentido de gais y lesbianas están auspiciados por instituciones religiosas que practican con menores formas de coacción sexual gravemente perjudiciales y que luego se apresuran a negar el inmenso daño que han causado. Quizá, esas caricaturas negativas de gais y lesbianas (incluidos los progenitores que los apoyan, o que son ellos mismos queer) que se alega que son nocivos para la infancia podrían interpretarse como una proyección y una forma de negar la brutal explotación sexual de menores llevada a cabo por la Iglesia católica. Si nos tuviéramos que preguntar dónde está el daño causado a la infancia en esta intensificación de la guerra contra las personas LGBTQIA+, quizá la respuesta esté en el daño que cometen quienes afirman que están acabando con él. Al convertir a las personas queer en chivos expiatorios, la Iglesia proyecta y niega el daño que ha causado a tantos niños y niñas, cuya reparación sigue todavía pendiente, así como el daño que sigue causando a adolescentes queer de todo el mundo.

Podemos ver cómo la proyección y la negación estructuran esta historia de acusación y complicidad. Las leyes y las políticas basadas en la idea de que es perjudicial para la infancia exponerla a relatos afirmativos de la vida de gais y lesbianas tienen como única finalidad hacer daño. Estos discursos moralizantes contra el daño permiten su perpetuación, especialmente para jóvenes que intentan encontrar su camino con el género y la sexualidad. La ley contra la propaganda gay, aprobada hace casi una década en Rusia, incluía la prohibición de mostrar a menores o difundir entre ellos cualquier relato positivo de relaciones sexuales «no tradicionales» incluidos los derechos reproductivos de lesbianas y gais, al considerarlos «propagandísticos». El resultado ha sido una censura generalizada de películas, anuncios y literatura, el cierre de organizaciones activistas y el éxodo de muchas personas de la comunidad queer. En 2021 se aprobó una legislación similar en Hungría y, en el momento de escribir estas líneas, los adeptos de Orbán han presentado en la vecina Rumanía un proyecto de ley que prohibiría cualquier debate sobre «propaganda gay» en las escuelas, en nombre de la prevención del abuso a menores y de la promoción de los derechos de la infancia.[18] Esta propuesta incluye limitar todas las formas de educación sexual en las escuelas, especialmente cuando se trata de explicar la homosexualidad o la reasignación de sexo. Esto último se considera una «mentira» propagada por un «ataque de la ideología de género» de base occidental contra la familia tradicional.[19] Las recientes iniciativas estadounidenses para «salvar» a menores de la exposición a sus fantasías de género o a la sexualidad gay y lesbiana (y también a la bisexualidad), que actualmente se están implantando en Wyoming y Florida, por ejemplo, se basan en un discurso que ha estado circulando en las Iglesias católica y evangélicas a través de congresos y redes durante algún tiempo y que cuenta con el apoyo financiero de una serie de personas adineradas y organizaciones conservadoras, muchas de las cuales están protegidas del escrutinio público en virtud de la legislación fiscal estadounidense.[20]

Cuando un programa educativo fomenta una visión compleja de la sexualidad humana, e incluso enseña que las vidas de gais y lesbianas merece respeto y dignidad, que esas vidas son merecedoras de reconocimiento y afirmación, no se puede deducir de ello que se está enseñando a los niños y las niñas a ser gais. Solo quiere decir que se les presenta una línea de pensamiento sobre las formas de vivir la vida sexual y se fomenta que intenten encontrar su propio deseo. Para poder pensar en la vida de gais y lesbianas es necesario, como mínimo, saber y valorar que hay personas en la sociedad que viven dignamente vidas descritas en esos términos. Bien puede ayudar a dignificar esas vidas, que no es lo mismo que hacerse gay o lesbiana o que te enseñen que lo correcto es seguir una trayectoria sexual unívoca. Pensemos en todas las vidas que consideramos dignas sin vivirlas en nuestra piel. Si no fuéramos capaces de tal distinción, entonces las únicas vidas dignas serían las que reflejaran la nuestra, una manifestación de narcisismo, supremacía y arrogancia cultural que niega la conexión ética con la diferencia.

Si crecemos como heterosexuales que consideran su propia sexualidad como la única posible, la vida de gais y lesbianas se convierte en algo impensable, aberrante, monstruoso incluso. Sin embargo, el miedo a ese monstruo se convierte en un componente de la propia vida psíquica: lo inconcebible al acecho de lo concebible.[21] Vivimos la única sexualidad posible, lo que quiere decir que otras formas son desterradas del pensamiento rumbo a esa región donde crecen los sueños y las pesadillas. Ser incapaces de concebir siquiera el parentesco queer, las vidas sexuales y formas de intimidad de gais y lesbianas, la vida trans, significa que es algo que debe ser expulsado, o negado, pero algo que retornará a través de las fantasías que organizan y amenazan las convicciones conscientes. Al fin y al cabo, lo «impensable» tiene que seguir siendo impensable y eso requiere un trabajo psíquico continuo. Cuando aparece, cuando lo podemos concebir, tiene que volver al terreno de lo impensable, lo que requiere un mecanismo que impida que se convierta en algo demasiado real. Quienes pretenden hacer impensable la vida queer, de hecho, ya la han pensado y por esta razón sus esfuerzos son siempre densos y repetitivos.

Quienes se oponen a una educación sexual que tenga estos objetivos asumen, con un fervor desmentido por una especie de terror sexual, que las personas que pueden concebir una forma de vida determinada como posible o valiosa participarán inevitablemente de esa forma de vida. Si puedes concebir una vida gay, lésbica o sadomasoquista, serás sin duda abducido por esa identidad. La única forma de no hacerlo es que se mantengan en el terreno de lo impensable.[22] Toda esta economía psíquica está organizada por una forma deliberada de ignorancia. La opinión más extrema de este tipo sostiene que los niños y las niñas que aprenden la palabra «gay» se volverán homosexuales, como si la propia palabra abriera mágicamente la puerta a una sexualidad y a una práctica sexual determinadas. ¡Es mucho poder para una palabra! La mera exposición a su influjo equivale a acoso y adoctrinamiento, como si un brote incoercible del inconsciente se apoderara de esas vidas, despojándolas de juicio y sentido común. El carácter «viral» del género afirmado por sus oponentes representa una fantasía de poder contagioso; si la palabra te toca, entrará en tus células y empezará a replicarse hasta que te haya abducido totalmente.

Por medio de este tipo de argumentos se produce un deslizamiento, lo que Lacan llama *glissement*. ¿Y podemos considerarlos argumentos? ¿O bien debemos ver el modo en que la sintaxis de la fantasía gobierna y hace descarrilar la ilación de un argumento? Según este punto de vista, afirmar la sexualidad gay y lesbiana es convertirse en gay o lesbiana. Tener conocimientos sobre este tema te infecta y te transforma sin remedio. Decir que hay más de una forma de vivir la sexualidad es decir que toda forma de conducta sexual está permitida, incluidas las más dañinas (por ejemplo, las que ha perpetrado la propia Iglesia católica). Ninguna de estas conclusiones se desprende de sus premisas y, sin embargo, el «deslizamiento» entre premisa y conclusión hace que parezca que el resultado del matrimonio de gais y lesbianas, la sexualidad fuera de las relaciones heterosexuales conyugales y la educación en sexualidad humana conducen al abuso de menores más nefasto.

Tendemos a creer que no es necesario decir que la juventud queer y feminista es la más perjudicada por su privación legal de derechos y su vilipendio público. Sin embargo, al parecer sí es necesario. Decir lo obvio tiene que complementarse con otro tipo de crítica cuando el sentido opuesto a lo obvio se hace con el poder y hace desaparecer todo vestigio de este mismo carácter opuesto. Las leyes que pretenden privar a la juventud *queer*, trans y feminista (es posible ser las tres cosas al mismo tiempo) de una educación, las leyes que pretenden prohibir cualquier comprensión crítica de la raza y del racismo en la educación, privan a la juventud, especialmente a la juventud feminista, *queer* y trans, de la posibilidad de comprender el mundo. Estos controles legales del pensamiento son perjudiciales, intensifican la marginación y socavan la posibilidad misma de tener una vida digna de ser vivida. El daño que causan estas leyes se basa en la presunción de que evitan un daño. Se trata de una coartada moral, una inversión que permite que florezca el sadismo moral. Este daño se causa cultivando una perspectiva imaginaria sobre cómo se produce el daño y quién lo está provocando. Esta escena imaginaria produce un desplazamiento del daño real causado, lo prolonga y lo justifica, ya que, si la fuente de ese daño se ha proyectado de forma efectiva sobre una fuente exterior (se ha «externalizado»), la destrucción de esa fuente exterior mantiene viva la acción destructiva y la intensifica. Enseñar sobre el género se considera abuso de menores, defender el derecho al aborto se equipara a defender el asesinato, garantizar el derecho a la reasignación de género es un ataque contra la Iglesia, la nación y la familia: todas estas afirmaciones dependen de una forma histérica de entender el abuso, el ataque y el asesinato, que puede desplazarse y condensarse en figuras, palabras y fantasías cargadas de un poder enorme. La ley puede ser abusiva cuando considera abuso todo lo que la contradiga, la ley puede ser una agresión contra la vida cuando imagina que las vidas afectadas atentan contra la familia; la ley puede incluso asesinar, o dejar morir, cuando decide que determinadas vidas son tan corrosivas o destructivas que está justificado exponerlas sin protección a una violencia letal.

CAPÍTULO 3

Ataques actuales contra el género en Estados Unidos

Censura y recorte de derechos

Durante años, solo he conocido movimientos contra la ideología de género fuera de Estados Unidos. Parecía una objeción a un término inglés que no tenía cabida en ningún otro idioma, un término que no solo era difícil de traducir, sino que era culpable de romper las reglas gramaticales de los idiomas en los que se iba asentando: una figura para lo que no puede, ni debe, ser asimilado. A veces se consideraba una imposición cultural, incluso imperialista, que suscitaba una serie de inquietudes (algunas de ellas legítimas) sobre la influencia cultural y económica de Estados Unidos o, en algunos lugares, la influencia de Europa Occidental. Pensaba, ingenuamente, que el movimiento de ideología antigénero no tenía cabida en Estados Unidos porque el término «género» tenía un uso más o menos normalizado en la anglosfera.[1] Claro que había debates en el mundo académico entre los que preferían hablar de diferencias sexuales y los que preferían hablar de género. Y hubo polémicas públicas sobre el género: personas trans que utilizan el baño que prefieren usar y obtienen derechos legales de reconocimiento, asistencia sanitaria accesible y adecuada y práctica deportiva desde uno u otro género. Sin embargo, algo ha cambiado en los últimos años. En 2020, Human Rights Campaign informó de que durante la legislatura se habían presentado setenta y nueve proyectos de ley dirigidos contra las personas trans. Ahora son muchísimos más. En los primeros seis meses de 2023, fueron más de cuatrocientos, dirigidos contra las personas LGBTQIA+, pero sobre todo trans, especialmente jóvenes, y en la mayoría de ellos se puede encontrar el uso de las expresiones «género» e «ideología de género».[2]

En Estados Unidos ha habido mucho debate sobre el género en las últimas décadas, pero el término en sí nunca se había considerado un gran problema. Al fin y al cabo, tenía una función usual y a la mayoría de la gente no le parecía que representara una ideología peligrosa. Empezó convirtiéndose en un problema enorme para el movimiento internacional contra la ideología de género en el contexto de los debates sobre la identidad transgénero cuando los grupos evangélicos empezaron a entrar en el tema. En 2019, la Conferencia Episcopal de Estados Unidos recopiló todos los pronunciamientos papales sobre el género y publicó una guía didáctica en la que advertía de los peligros de incluir sexo y género en la educación.[3] Estos debates posteriores se centraron en la cuestión de si las personas trans debían poder utilizar los baños que correspondían al género que habían elegido. El problema volvió a surgir en el debate sobre si las mujeres trans podían competir en deportes femeninos y, en caso afirmativo, en qué condiciones. Apareció de nuevo al plantearse si los menores transexuales deben recibir atención sanitaria y recursos comunitarios para cualquier tipo de transición.[4]

La privación de asistencia sanitaria y de educación son formas aterradoras de privación de derechos que se están imponiendo en cada vez más ciudades y estados de Estados Unidos. Por un lado, parece que se da a los menores demasiada libertad para aprender, para decidir su propio destino. Por otro lado, aparentemente son víctimas de adoctrinamiento y habría que devolverles la libertad de pensamiento por la vía legislativa. La escalada de propuestas legislativas de la derecha pretende establecer lo que se puede y no se puede enseñar, lo cual implica que se va asentando una policía del pensamiento respaldada por el Estado, enfrentada a la «ideología de género» y concebida como una forma de conversión forzosa. Si ya parece difícil distinguir entre una supuesta ideología que se considera adoctrinamiento y una forma de limitar lo que los menores pueden leer (y pensar) y el tipo de asistencia sanitaria que pueden recibir, ¿dónde está realmente el adoctrinamiento? ¿El problema es que los menores son demasiado libres para pensar e imaginar? ¿Será que se presupone que si leen sobre algo se *convertirán* en eso? ¿Qué extraños poderes se atribuyen a la lectura y a los libros? La censura desmiente así su creencia en el desmesurado poder transitivo de las palabras que teme: aparentemente son demasiado excitantes y transformadoras como para dejar que se acerquen a la infancia. Las propias palabras se consideran tácitamente como manipuladoras y acosadoras, razón por la cual deben eliminarse de las aulas para frustrar su grandísimo efecto destructivo. Los temores se avivan para que los despidos resulten aceptables; para limitar lo que se puede decir, mostrar, oír y enseñar; para estigmatizar a profesores, administradores y artistas que se atreven a abordar cuestiones que se consideran peligrosas. Puede que estas acciones no sean fascismo en toda regla, pero constituyen claros elementos de fascismo que no auguran nada bueno para el futuro si no les hacemos frente.

Recordemos que ciertas palabras se imaginan tan poderosas que solo la censura parece capaz de privarlas de su poder. Una situación desesperada, sin duda, para quienes viven atemorizados por los textos, la palabra, las imágenes y las representaciones, por ejemplo las actuaciones de *drags*. Y, sin embargo, las prácticas censoras atribuyen a las palabras, los textos y las actuaciones más poder del que podrían tener en sí mismas. Lo ideal sería que el aprendizaje de palabras como «gay», «lesbiana», «trans», incluso «género» plantearan preguntas inofensivas para la juventud como ¿qué significan?, ¿es una oportunidad para contar algunas historias, aportar información y acabar con prejuicios infundados? Abrir la mente a las posibilidades vitales contemporáneas es una forma de conocer este mundo en el que vivimos. No hace falta vivir de ninguna forma para aprender lo que la gente hace; adquirir conocimientos sobre un modo de vida no significa que debamos hacerlo nuestro. Son cosas que deberían estar suficientemente claras, pero las formas básicas de claridad se desvanecen rápidamente a medida que surgen oportunidades para avivar pasiones dirigidas a consolidar los poderes autoritarios.

De la misma forma, lo ideal sería que la asistencia sanitaria fuera un servicio para aliviar formas de sufrimiento. La privación de asistencia sanitaria abandona a las personas a sus problemas sin posibilidad de recurso. Por supuesto, hay que debatir seriamente qué tipo de asistencia es aconsejable para los menores y a qué edades, pero, para que este debate sea posible, debe estar circunscrito al ámbito de la legalidad. Si se prohíbe la mera perspectiva de una atención sanitaria que afirme el género, nadie puede decidir qué forma es la mejor para un menor determinado a una edad determinada. Tenemos que mantener abierto ese debate para garantizar que la atención sanitaria esté al servicio del bienestar y del crecimiento de la infancia.

La censura y el abandono, al igual que el estigma y la vergüenza, pasan a primer plano. En Tennessee, el esfuerzo por evitar que los menores sepan de las drags, por su carácter «lascivo»,[5] o lean libros con personas o temas gais o lésbicos, está muy lejos de ser furtivo. Estas políticas salpican a todos los medios de comunicación, sembrando miedo, indignación y odio. Las prohibiciones son actos públicos que repiten y reproducen el contenido prohibido de forma elaborada, funcionando como censura, pero también como retórica pública incendiaria. En manos de políticos como Ron DeSantis en Florida, los esfuerzos para destruir los planes de estudio en las escuelas, para despedir docentes que enseñan sobre la vida gay y lésbica, para negar asistencia sanitaria de afirmación de género a jóvenes trans pasan a ser una forma de unir pasiones y odio, alistar una proporción del público cada vez mayor en una formación política de derechas basada en el odio justo y la «preocupación por la infancia». El objetivo de este tipo de prohibiciones no es solo galvanizar a las bases, sino producir una forma de apoyo popular impulsada por la pasión por el poder autoritario. A la luz de las escenas fantasmagóricas que se desarrollan en tales manifestaciones públicas, cabría preguntarse: ¿será que los docentes y el personal sanitario están «alistando» a la juventud en una ideología *woke* y de género, o es la plétora de prohibiciones y esfuerzos legislativos contra el feminismo, los estudios raciales y los temas LGBTQIA+ lo que constituye un instrumento de reclutamiento para la derecha?

Florida prohibió la asistencia sanitaria de afirmación de género para menores en febrero de 2023, y muchos estados han ido detrás.[6] En marzo de 2023, la asamblea legislativa de Florida presentó proyectos de ley que obligarían a que los pronombres y nombres utilizados en la escuela se correspondieran con los géneros y nombres asignados al nacer, afirmando que «el sexo es un rasgo biológico inmutable» y prohibiendo incluir cualquier material sobre género y orientación sexual antes del octavo grado. Los libros sobre el tema de la «homosexualidad» están siendo prohibidos en las escuelas por quienes temen que esta «perversión» ponga en tela de juicio la doctrina religiosa o se normalice, o que los niños y las niñas sean adoctrinados por estos libros. Por supuesto, los libros feministas, los que hablan de la raza, la historia de la esclavitud o incluso los libros sobre el Holocausto (*Maus* de Spiegelman) son objeto de campañas de censura en un panorama político cada vez más antiintelectual y autoritario en Estados Unidos.

La educación a todos los niveles está sufriendo una avalancha de amenazas, proyectos de ley y denuncias públicas. En Florida, la ley sobre educación superior propuesta en 2023 otorgaba al Gobierno estatal poder para ordenar, en las universidades financiadas por el Estado, el cierre de programas o departamentos consagrados a la teoría crítica de la raza, los estudios de género y la interseccionalidad. Este proyecto de ley, aprobado y promovido por el gobernador DeSantis, cuyas ambiciones electorales, sí tienen éxito, podrían lograr que estas políticas alcanzaran el nivel federal, amplía su decisión anterior de copar la junta de fideicomisarios del New College con colegas conservadores para acabar con su «ideología *woke*». Un proyecto de ley presentado en Wyoming en 2022 ya pedía la retirada de la financiación a los estudios de género y sobre la mujer en la Universidad de Wyoming alegando que el programa carece de perspectiva académica, es tendencioso y tiene fundamentos «ideológicos». En este caso, parece que se estuviera enseñando al alumnado a adoptar un punto de vista político o que los progenitores temieran que esas criaturas impresionables acepten como cierto lo que le digan unos docentes que defienden la justicia social. Un proyecto de ley anterior presentado en Oklahoma en diciembre de 2021 afirma que exponer al estudiantado a temas como la raza, el género y la sexualidad es una forma de adoctrinamiento. El lenguaje que había circulado una década antes en América Latina vuelve ahora a Estados Unidos a través de un movimiento conservador que se alimenta de los miedos instigados por la Iglesia evangélica.

La noción de que basta con estar expuesto a una idea para ser adoctrinado por ella supone pasar rápidamente y sin fisuras del pensamiento a la convicción, obviando todo tipo de razonamiento y evaluación. Las mentes juveniles aparecen en estos casos como totalmente permeables o receptivas, sin defensa alguna ante un poder agresivo, como si exponerse a una palabra o a un pensamiento fuera una forma de penetración forzosa. De este modo, las acusaciones de adoctrinamiento y pederastia se mezclan en una potente alucinación de maltrato a la infancia. Por supuesto, podríamos responder pacientemente y demostrar que así no funciona la educación: aprendemos cosas sobre ideas, consideramos lo que significan y luego se nos pide que aportemos ideas propias sobre si una idea es correcta o cuál es la mejor manera de interpretarla. Es lo que se llama pensar dentro del aula. Verse privado de conocimiento y de la ocasión de pensar de forma individual es un daño importante que sufre la juventud cuando se le niega el derecho al conocimiento sobre sí misma y sobre su mundo.

No es solo que haya una negación respecto a lo que ocurre realmente en los entornos educativos por parte de los movimientos que rechazan ese supuesto adoctrinamiento. De hecho, saben perfectamente que desarrollar el juicio autónomo es un objetivo educativo y tienen más miedo de ese potencial, de esa libertad para pensar, que del adoctrinamiento. Quienes defienden la censura, quienes plantean alegatos ideológicos y acusaciones de *wokismo*, solo quieren mantener el control doctrinal en la educación, a menudo haciéndose los portavoces de los derechos de la familia a intervenir en la educación pública. La acusación de adoctrinamiento es una práctica confesional furtiva. Lo que desean es sofocar el pensamiento crítico en nombre de la doctrina y, mediante una proyección que no se reconoce como confesional, suponen que sus adversarios desean lo mismo. Para las familias, las escuelas y los parlamentos que pretenden censurar otras ideas para que no se extiendan, sus propias ideas son las únicas que deben aceptarse de forma acrítica como verdaderas. A la inversa, imaginan que el discurso abierto sobre las ideas que se fomenta en entornos educativos sigue su misma lógica. Si consideramos que las ideas son fenómenos contagiosos y que las mentes jóvenes son irremediablemente influenciables, pensar en una idea significa aceptarla en su totalidad, dejarse arrollar por ella, ser atravesados o vencidos por su poder.

El paso de la idea a la mente, sus estructuras de creencias y de acciones, se imagina como un movimiento sin obstáculos. Por lo tanto, la censura *no* se considera un perjuicio para las personas privadas de educación, especialmente de educación sexual, sino que es el remedio para ese daño, la forma de detenerlo. El daño que causa la censura se justifica por el daño imaginario que pretende atajar. Esto significa que, si queremos que la educación se mantenga libre del control ideológico que representa la censura, tendremos que aprender sobre las formas en que funciona la censura y el miedo que trata de avivar, para poder desmantelar el fantasma que crea, e incluso revertir el daño que pueda causar.

La educación se percibe como un adoctrinamiento incesante, que sugiere que incluso los debates «abiertos» son meras formas de ejercer un control sobre el pensamiento. Para estos censores debatir significa aprobar, naturalizar e incluso promover reivindicaciones políticas asociadas a los conceptos en cuestión. Cuando se prohíbe mencionar el género o la orientación sexual en las escuelas primarias, el objetivo no es solo impedir que se acepte la diversidad de género y de sexualidad, sino hacer que esos pensamientos sean indecibles, ilegibles e impensables. Decir que la diversidad existe es, según esta lógica, poner en marcha un proceso pernicioso. Sin embargo, las cosas solo podrían ser así si las palabras en cuestión tuvieran poder para llevar a cabo una conversión total y absoluta. Es irónico (e importante desde el punto de vista estratégico) que cada vez que un censor enumera los términos que no deben ser mencionados o pensados en realidad está incorporando esos términos al lenguaje y el pensamiento, y aviva así una fantasía pública y hace que la gente se sume a su causa. ¿Cómo puede un legislador prohibir un término que él mismo no puede pronunciar? El censor se ahoga en su propio discurso, escupiendo las palabras condenadas, y, sin embargo, esa rabia se convierte en ley. La rabia se transmite al dar publicidad a la prohibición, argumentando, por así decirlo, que el odio es la forma moral de sentir y que los grandes poderes autoritarios son los únicos que pueden llevar a cabo ese proyecto de sadismo moral.

Solo hay que considerar el lenguaje de uno de estos proyectos legislativos para comprender cómo el terror y la ansiedad confluyen en argumentos inicuos y fantasías terroríficas. Al mismo tiempo, se convierten en formas de avivar pasiones fascistas que acaban despojando a la gente de derechos básicos y dañando vidas y medios de subsistencia. En diciembre de 2021, Rob Standridge, senador por el estado de Oklahoma, presentó un proyecto de ley que ofrece esta justificación para censurar y retirar financiación.

> En Estados Unidos tenemos la bendición de que todas las personas tienen acceso a la educación pública gratuita y además libertad para cursar estudios superiores si así lo desean. El propósito de nuestro sistema educativo común es enseñar al alumnado matemáticas, historia, ciencias y otras áreas básicas de aprendizaje, que posteriormente se ampliarán en la universidad a medida que se van eligiendo los campos de interés... Nuestro sistema educativo no es el lugar adecuado para dar lecciones morales, que deberían dejarse en manos de las familias. Por desgracia, cada vez hay más escuelas que intentan adoctrinar al alumnado exponiéndolo a programas y cursos sobre género, identidad sexual y racial. Mis proyectos de ley garantizarán que este tipo de lecciones se queden en casa y no entren en las aulas.

El proyecto de ley de Standridge, registrado en el Senado con el número 114, «prohíbe a los distritos escolares públicos, las escuelas públicas concertadas y las bibliotecas escolares públicas tener o promover libros que aborden el estudio del sexo, las preferencias sexuales, la actividad sexual, la perversión sexual, las clasificaciones basadas en el sexo, la identidad sexual, la identidad de género, o libros que incluyan contenidos de naturaleza sexual que un padre o tutor legal razonable querría conocer o aprobar antes de que su hijo estuviera expuesto a ellos». Aunque el proyecto de ley pretende claramente aumentar el control de los progenitores sobre lo que se enseña en las aulas, también acepta lo que aprobarían progenitores o tutores «razonables», dando a entender que hay otro tipo de progenitores y tutores que no lo son, que podrían ser incluso un peligro. Al igual que la legislación que exige que las familias que buscan atención sanitaria para jóvenes trans sean denunciadas a los servicios sociales, este proyecto de ley también divide el mundo parental en progenitores debidamente protectores y progenitores que ponen en peligro a sus hijos e hijas, al límite del abuso, al dejar que lean material que los censores aborrecen, o bien proporcionándoles atención sanitaria que proteja su desarrollo. La asociación de la educación sexual con el abuso infantil transmite a este debate público grandes dosis de miedo y ansiedad moral, que se suman a la fantasía que supone el «género» o el «sexo». Cualquier menor que esté «expuesto» a literatura que hable de la vida o la familia de lesbianas y gais, de sexualidad o del acoso a menores de género no binario está en peligro por culpa de esa literatura y de cualquier debate sobre el tema. Del mismo modo que enseñar a los jóvenes sobre la vida LGBTQIA+, o bien organizar atención sanitaria para los menores trans, se considera un abuso, estar expuesto a literatura sobre estos temas es como estar expuesto a pornografía o exhibicionismo en el patio del recreo; otro ejemplo de la proyección fantasiosa que aviva el miedo y el odio como pasiones políticas esenciales. Las diferencias tienden a difuminarse a medida que se impone un pánico sexual en toda regla. Una escena sexual constituye el telón de fondo de la lectura, el pensamiento y el habla, como si el propio cuerpo estuviera habitado por las ideas que aprenden niños y niñas. Criaturas jóvenes e ingenuas son penetradas contra su voluntad por ideas sobre la sexualidad, que se transmutan en vectores de abuso. El problema no es tanto que cualquier menor lea sobre la sexualidad gay y se convierta en homosexual. Más bien podemos decir que las personas que critican la educación sexual están atrapadas en una fantasía en la que unos textos violan y acosan a los niños y las niñas que los leen. También en este caso, las acusaciones de adoctrinamiento y pederastia tienden a difuminarse sobre la base de la creencia aterrorizada de que asimilar una idea es ser objeto de una penetración no deseada. La fantasía está desbocada y la pornografía que destila, por así decirlo, está siendo fabricada con fines de captación.

La educación sexual suele incluir debates sobre ética sexual, condiciones de consentimiento, aprender cuándo y por qué decir «sí» y «no». También suele incluir una comprensión de la sexualidad humana que, en una situación ideal, ayuda a los y las jóvenes a entender lo que ocurre con su cuerpo y a plantearse formas de deseo y placer que no causan daño y de las que nunca deberían avergonzarse. Al considerar lo que significa tener un género y qué posibilidades existen de tener otro diferente, lo ideal es que los programas de educación sexual fomenten la reflexión informada, la toma de decisiones éticas y el sentido de la autonomía corporal. La perspectiva de una penetración no deseada es aterradora para cualquiera y, si se produce, solo debe darse con la condición del deseo y el consentimiento. El feminismo está en la vanguardia de la oposición a violaciones y agresiones; los movimientos LGBTQIA+ siempre han luchado contra el acoso y la violencia. Y, sin embargo, en esta transfiguración de fantasía, el cuerpo es penetrado por estas «ideologías» como si quienes más nos han enseñado sobre el consentimiento y la autonomía sexual estuvieran violando ambos principios con sus enseñanzas.

El 22 de febrero de 2022, el gobernador Greg Abbott emitió una declaración dirigida al Departamento de Servicios Familiares y de Protección de Texas en la que calificaba las consultas de confirmación de género para jóvenes como una forma de «abuso» y ordenaba a las autoridades estatales que investigaran a las familias para proteger a los menores de mayores daños. Exigió que los profesionales sanitarios denunciaran a los progenitores que solicitaran asistencia médica para sus hijos e hijas en transición. Sigue sin estar claro cuál puede ser la situación legal de estas directrices, dado que la asamblea legislativa del estado se había negado a aprobar el proyecto de ley SB 1646 solo unos meses antes de definir la asistencia médica para la transición de género como una forma de maltrato infantil. En el momento de escribir estas líneas, se han presentado más de cien proyectos de ley sobre asistencia médica en al menos treinta estados.

En 2022, en Estados Unidos han aumentado los esfuerzos legislativos para prohibir las referencias al género y a la sexualidad en las escuelas. El cataclismo de *Roe contra Wade* en junio de 2022 ha sido un revulsivo para estos movimientos y, en cierta medida, se basa en un vocabulario similar. Los que se oponen a una educación sexual que incluya el «género» o se oponen a términos como «gay y lesbiana» se basan en una caricatura de la educación sexual como forma de maltrato infantil, o una forma de seducción o un esfuerzo por forzar la homosexualidad, o incluso la transexualidad, en menores. Los «derechos parentales sobre la educación», promulgados por el gobernador de Florida Ron DeSantis en marzo de 2022, que entraron en vigor el 1 de julio del mismo año, establecen que la instrucción en el aula «sobre orientación sexual o identidad de género no es posible entre el jardín de infancia y el tercer grado». En la defensa de su iniciativa, culpó a la «ideología de género *woke*» de introducir esos temas en la enseñanza primaria. En abril de 2022, más de una docena de asambleas legislativas estatales aprobaron leyes similares, conocidas como proyectos de ley «No digas gay». Inmediatamente después de cada promulgación, el profesorado implicado en educación sexual y de género de todo el país empezó a recibir amenazas de muerte y se empezaron a producir despidos. También recibieron el calificativo de *groomers*, es decir, personas que preparan a menores para que mantengan relaciones sexuales con personas adultas, o abiertamente de pedófilos.[7] Y en muchas regiones del país, las escuelas que ofrecen asesoramiento a estudiantes que desean cambiar de sexo deben ser denunciadas por perjudicar a la juventud. La respuesta por parte de las organizaciones LGBTQIA+ a esta situación y a las directrices del gobernador Abbott para investigar a las familias que facilitaron atención médica para la afirmación de género a sus hijos e hijas ha sido muy fuerte, incluyendo una demanda de ochenta páginas contra Abbott de Lambda Legal y la Unión Estadounidense por las Libertades Civiles (ACLU) que solo tuvo un éxito parcial en sus esfuerzos por mitigar los efectos de esta política. Sí que consiguió detener la denuncia contra una familia con un hijo trans, pero no logró que la sentencia se pudiera aplicar a todos los casos de este tipo.

¿En qué sentido, si es que hay alguno, ofrecer asistencia sanitaria a menores es *abusivo*? *Abuse* en inglés es una palabra fuerte. Abbott explota los intensos sentimientos de rabia y horror que alimentan el rechazo moral del abuso de menores al afirmar que las ideologías progresistas son «abusivas», y al describir del mismo modo la asistencia sanitaria para jóvenes trans y no binarios y la literatura infantil que retrata una versión afirmativa de la vida gay, lesbiana, bisexual o trans. Un argumento que el Proyecto Trevor[8] ha esgrimido acertadamente es que negar a los y las menores el acceso a materiales que les permitan comprender el espectro del género, o cómo se produce el acoso homófobo en el patio del recreo o en el aula, produce aislamiento y estigmatización para los niños y niñas de género no binario y trans, algo que tradicionalmente se asocia a la depresión y al suicidio. Los priva de los conocimientos y habilidades necesarios para desenvolverse en este mundo. En esta situación, censurar el debate sobre la sexualidad, el género y las múltiples formas de vivir estas situaciones funciona como una forma de destrucción, estrangulando la vida y la voz de menores que necesitan saber que pueden vivir y estar bien, que pueden hablar y recibir atención.

En Alabama, decenas de organizaciones médicas, entre ellas la Asociación de Psiquiatras Estadounidense y la Asociación de Médicos Estadounidense, se han opuesto a una ley (SB 184), vigente desde el 8 de mayo de 2022, que penaliza la atención sanitaria para la afirmación de género a menores transexuales durante la infancia y la adolescencia y que conlleva penas de hasta diez años de prisión para el personal sanitario que la preste. La ley pretende amalgamar el sexo biológico y la personalidad, dando a entender que la personalidad es una cuestión de biología y que se define en el momento de la concepción. El argumento apunta simultáneamente contra los derechos de las personas transexuales y contra el derecho al aborto. Las asociaciones médicas que se oponen a esta ley detallan las consecuencias perjudiciales de lo que el mundo médico denomina «disforia de género», incluidas las elevadas tasas de suicidio entre adolescentes que no tienen acceso a tratamiento. La ley de Alabama predice erróneamente que el sexo que se asigna al nacer resultará ser el que se afirme con el tiempo, pero las asociaciones médicas afirman en su informe «Amicus Brief» que esta predicción es puramente especulativa y carece de base médica alguna y que, de hecho, suele ocurrir lo contrario en personas trans. Las organizaciones médicas que se oponen a esta ley dejan claro que el tratamiento, incluido el tratamiento hormonal, puede salvar vidas y que «no sería ético prescindir de cuidados potencialmente vitales para pacientes con cualquier otra afección médica grave».[9]

Al igual que en los casos en los que se niega el derecho al aborto alegando que la vida del feto tiene prioridad, podemos ver cómo se sacrifica la vida de jóvenes trans mediante leyes que les niegan atención médica. Atribuir al feto la condición de persona menoscaba la libertad, o incluso la vida misma, de la persona obligada a llevar ese feto a término. Sobre la base de esta última afirmación, se niega asistencia sanitaria a todas las personas embarazadas. En el caso de jóvenes trans, el sexo original de una persona prevalece sobre cualquier percepción de sexo o de género que pueda tener posteriormente, por lo que tanto la reasignación de sexo como la atención sanitaria se deniegan por las mismas razones. Feministas y personas trans y no binarias tienen motivos de sobra para analizar lo que está ocurriendo con las leyes que castigan a quienes prestan asistencia sanitaria para salvar vidas, ya que los argumentos que se utilizan en ambos casos están interconectados.

Al restringir la asistencia sanitaria, el Estado amplía su poder y su margen de acción, restringiendo la autonomía corporal y las libertades básicas en nombre de la protección del feto, en caso del aborto, o de la persona joven vulnerable, en caso de la reasignación de sexo. Al mismo tiempo, se introduce un claro principio de desigualdad, ya que la denegación de asistencia sanitaria en ambos casos también subordina a las personas al poder del Estado. Se trata de grupos que no pueden elegir, a los que no se debe permitir elegir, cuya libertad ha sido anulada por el Estado, lo que significa no solo que las personas se dividen entre las que pueden y las que no pueden ejercer la libertad, sino que el Estado debe tener mayores poderes para tomar esa decisión demográfica. Además, el Estado se inmiscuye sin consentimiento en la vida del cuerpo, con el propósito de limitar su propia capacidad de consentimiento. A la luz de esta fantasía que hemos estado analizando, ¿no será razonable preguntarse de quién son los límites corporales que se están violando y asediando, qué crueldad farisaica permite esta expansión de los poderes del Estado para decidir qué cuerpos vivirán en libertad y cuáles no?

A los y las menores gais, lesbianas y transexuales que carecen de una educación sobre sexo, género y sexualidad que reconozca y afirme su vida en un mundo homófobo y transfóbico solo les queda una educación heteronormativa y además obligatoria. Los niños y las niñas deben comprender que los roles de género afirmados no son necesariamente los que asumirán o los que serán sostenibles en su vida futura. Eso puede significar un cambio de sexo, pero también redefinir lo que significa ser chico o chica o encontrar un vocabulario que vaya más allá de lo binario. Se podría dar la vuelta al argumento para decir que criminalizar la educación sexual es una exacción consecuente en sí misma, el verdadero instrumento del abuso. Sin embargo, tal vez ahora mismo el término «abuso» se use de forma excesiva, lo que requeriría alguna matización.[10] Repitamos que la acusación de abuso explota el horror moral ante el abuso de menores cuando ese horror debería permanecer exactamente donde le corresponde, es decir, con la infancia maltratada, mutilada o abandonada, o privada de medios para vivir, de manos de adultos e instituciones responsables de esas lesiones y pérdidas. Se causa un grave daño a los niños a los que se niega educación y cuidados. Este tipo de privación causa un daño psíquico, abocándolos a una situación en la que la vida misma se convierte en una forma de maltrato de la que deben escapar. Si un menor no binario o trans intenta vivir, si una niña a la que se asignó un sexo masculino al nacer intenta cambiar las expectativas de género que se tienen de ella, si un niño al que se le asignó un sexo femenino al nacer intenta afirmarse, y no existe un lenguaje o una comunidad en la que estas vidas se puedan afirmar, se convierten en residuos expulsados de la comunidad humana y su sexualidad y su género se convierten en algo indecible. La heteronormatividad se convierte en obligatoria, respaldada por la ley o la doctrina, conformando el horizonte de lo expresable, los límites de lo imaginable... y de lo vivible. Así pues, la cuestión es cómo afirmar la vida en comunidad de forma que se dé valor y apoyo a todos los que intentan respirar, amar y moverse sin miedo a la violencia. Por cierto, ¿dónde está la militancia «provida» en esta historia? Un Estado que priva a la infancia transexual de reconocimiento y atención sanitaria no está afirmando la vida de nadie.

El ataque a la ideología de género utiliza argumentos que afectan a un amplio abanico de personas y sus formas de desfigurar y censurar van parejas al ataque a lo que se conoce como teoría crítica de la raza. Esta expresión también condensa en sus fantasías un poder destructivo que solo puede ser frenado mediante una expansión inmediata de los poderes del Estado. En Estados Unidos y el Reino Unido, la oposición a la teoría crítica de la raza suele centrarse en la expresión «racismo sistémico». Si el racismo en Estados Unidos es sistémico, o la historia del Imperio en el Reino Unido es una historia de racismo, si el racismo se prolonga en ambos contextos en las políticas de inmigración que dan un trato preferente a los blancos y rechazan sistemáticamente a las personas racializadas, entonces el racismo ha cambiado ciertamente de forma, pero estuvo ahí desde un principio... y sigue estando ahí. Se atribuye a la teoría crítica de la raza la idea de que Estados Unidos es, desde sus orígenes, una sociedad racista, lo que se remonta tanto al genocidio de los pueblos indígenas como a la institución de la esclavitud. Esta idea también se describe como «adoctrinamiento». De ella parece deducirse una afirmación incendiaria: Estados Unidos «es» racista y ese «es» se toma como una afirmación exhaustiva, esto es, Estados Unidos (o el Reino Unido) es racista y no es más que racista en todos los aspectos y a lo largo de su historia y su presente. Hay diferentes formas de entender esta afirmación, una de las cuales es la siguiente: Estados Unidos nunca ha estado libre de racismo y debemos luchar por que llegue el día en que por fin lo esté. Esta afirmación es correcta y razonable. Podemos fijarnos en las tasas de morbilidad y mortalidad en Estados Unidos para documentar con bastante claridad que las personas negras y de piel oscura han tenido menos acceso a una atención sanitaria decente que los blancos, han sido más a menudo objeto de violencia policial y han sido encarceladas en una proporción mayor.[11] Esta afirmación está sin duda bien documentada.[12]

La prohibición de la teoría crítica de la raza a menudo da una vuelta de tuerca a las leyes antidiscriminación para justificar la censura, argumentando que los blancos no deben ser acusados de racismo por ser blancos, ni deben responder por delitos cometidos por blancos de generaciones anteriores. Sin embargo, los ataques a la teoría crítica de la raza parten de la base de que «crítica» quiere decir «destrucción» y «raza» es un ataque a gran escala a la nación en su conjunto, como si estuviéramos hablando de un riesgo para la seguridad nacional. Tendríamos que preguntarnos algunas cosas como ¿qué nación está siendo agredida? ¿Quiénes fueron agredidos en tiempos con la esclavitud y ahora mismo en las calles, en el metro, en la cárcel? ¿Esa misma destrucción ha cambiado de nombre, ha sido redefinida, en el giro reaccionario que dota a una teoría jurídica de semejante poder destructivo? Se considera que la expresión «teoría crítica de la raza», investida de un enorme poder, está librando una guerra, lo que hace que, en Estados Unidos, esté actualmente prohibida en los planes de estudio de al menos siete estados en el momento de escribir este libro, y podría estarlo pronto en dieciséis estados más.[13] Tiene su lógica que algunos de esos mismos organizadores de derechas de Estados Unidos que se han manifestado en contra de la teoría crítica de la raza también apunten contra la enseñanza de la «teoría de género» y la «teoría queer» en las escuelas.

Do No Harm («No hagas daño»), un grupo sin ánimo de lucro que se opone a la atención sanitaria a menores trans, está financiando grupos de presión en varios estados como Kansas, Misuri, Tennessee y Florida, para ayudar a aprobar proyectos de ley que impidan el acceso a la atención sanitaria.[14] Este grupo pretende «proteger a la infancia de la ideología de género extremista» apoyando los esfuerzos para restringir el acceso de jóvenes trans a la atención sanitaria. Sin embargo, este grupo comenzó su andadura oponiéndose a la teoría crítica de la raza en la contratación y en la educación en las facultades de Medicina. Su sitio web ofrece un conjunto de enlaces que presentan una serie de movimientos sociales y teorías académicas como peligrosas: «El mismo movimiento radical que está detrás de la teoría crítica de la raza en las aulas y de las campañas para privar de financiación a la policía está atacando a la sanidad, pero casi nadie lo sabe».

Parte de la oposición busca equivalencias alucinatorias todavía mayores, tratando de despertar pasiones populares para oponerse a la sexualidad y a los estudios raciales en la enseñanza. Christopher Rufo, asociado al Instituto Manhattan de Investigación Política, ha instigado varias campañas que acusan a las escuelas primarias de enseñar sadomasoquismo, una acusación descabellada que refleja más una fantasía frenética que cualquier tendencia pedagógica que pudiera existir.[15] Su inclinación por reavivar las pasiones antiacadémicas de los movimientos de derechas se basa en un reajuste radical de ambos conjuntos de argumentos para cargarlos de fantasías incendiarias. La oposición de Rufo a la teoría crítica de la raza no logra ni siquiera situar esta teoría dentro de los estudios negros y del feminismo negro y, aparentemente, es incapaz de diferenciar paradigmas tan diferentes como los de Angela Davis y Kimberlé Crenshaw, por ejemplo, ya que considera que la teoría crítica de la raza viene a ser cualquier cosa vagamente relacionada con estudios sobre la raza. Ninguno de sus seguidores está interesado por la distinción entre el pensamiento feminista negro en relación con el marxismo o en una perspectiva crítica sobre cómo puede reivindicarse más plenamente la igualdad dentro y fuera de un tribunal de justicia. En realidad, el contenido real de la educación sexual o de la teoría crítica de la raza no viene al caso, ya que se trata de reducir todas las posturas a una misma acusación: «Tu país es racista» o «Deberías hacerte gay o cambiar de género». Se fantasea con un tipo de pedagogía que solo se interesa por hacer que las personas blancas se sientan incómodas o por una conversión de la juventud a la homosexualidad y la transexualidad. Se imagina como una pedagogía de la condena o la aprobación moral y, por lo tanto, no alcanza los objetivos más generales de los estudios sobre raza y género. Una cosa es condenar todas las formas de racismo, lo que sin duda es correcto, y otra comprender cómo funciona el racismo, cuáles son sus diversas formas y cuáles han sido las respuestas y resistencias al racismo a lo largo del tiempo. ¿Sabemos, por ejemplo, qué entendemos por raza? ¿Cómo surgieron estas categorías y con qué fin? De la misma forma, el género no es más que un punto de referencia teórico dentro de los estudios feministas y queer y existen diversas interpretaciones de lo que significa, tanto histórica como teóricamente. En otras palabras, se trata de proyectos de conocimiento que se plantean preguntas abiertas, ya que los campos académicos como este se basan en problemáticas, no en dogmas, que es una de las razones por las que sigue siendo tan importante defender la libertad académica.[16]

No es fácil definir el sentido de la palabra «crítica» en la teoría crítica de la raza o incluso en los estudios de género vinculados a esta teoría crítica. La crítica no es ni denuncia ni oposición absoluta, es una indagación sobre el grado de posibilidad de determinados conceptos que, bien se han dado por sentados sin más trámite, bien han adquirido significados que los sobredeterminan. La idea de la crítica es abrir la reflexión para que pueda entablarse un análisis más histórico y estructural del lugar que ocupan el género y la raza en la sociedad, incluidas las formas inevitables y significativas en que ambas categorías están entrelazadas. Y, sin embargo, en la animadversión contra la teoría crítica de la raza se imagina que esta metodología abarca todos los escritos sobre la raza que deploran el racismo o todos los escritos sobre la raza que intentan comprender cómo se han generado la raza y el racismo desde el punto de vista histórico y económico.[17] Se entiende que esta línea de pensamiento se centra exclusivamente en atacar a la raza blanca, aunque su clave esté sin duda en las diversas formas en que la supremacía blanca se ha reproducido en casi todos los aspectos de la vida social y económica a lo largo de los siglos. Una teoría, una metodología dedicada a lograr la igualdad racial, se transfigura en una maquinaria de guerra que debe ser destruida porque es necesario proteger a la raza blanca (o su pretensión de supremacía) de estos ataques. ¿Podría ser que empuje a la raza blanca a sentirse mal por el color de su piel, lo que daña su autoestima, o es más probable que se le esté pidiendo una contribución al esfuerzo de contrarrestar y desmantelar la supremacía blanca? La pérdida de esa supremacía que se considera una conquista es lo que no quiere condenar la resistencia blanca a la teoría crítica de la raza. Y sin embargo debe hacerlo, y esperamos que lo haga pronto.

¿Está la infancia en peligro a causa de la teoría crítica de la raza o a causa de lo que la teoría crítica de la raza ha acabado representando? ¿No será más bien que una serie de estudios raciales que tratan de iluminar el largo y doloroso camino hacia una sólida igualdad racial en Estados Unidos está desmantelando esa presuposición sobre la supremacía blanca? Si pertenecer a la raza blanca es ser supremacista, entonces la crítica de la supremacía blanca se convertirá en oposición a todas las personas de raza blanca. En lugar de abordar los problemas que se plantean, como por qué se ha aceptado la supremacía racial durante tanto tiempo o qué formas sigue adoptando, con el fin de reflexionar con mayor claridad sobre lo que podría ser una igualdad radical, la respuesta contra la teoría crítica de la raza es aferrarse a la blancura de la piel como si fuera una identidad herida.[18] Así, la resistencia a lo que se denomina teoría crítica de la raza es en sí misma una resistencia a perder esa supremacía, a renunciar a ella, a desmontarla y a abrazar la nueva idea de vivir en comunidad sobre una base de igualdad radical. Se acusa a la teoría *woke* de abarcar tanto la teoría crítica de la raza como la ideología de género, y los ataques contra el *wokismo* están movidos por la fantasía psicosocial de que la pérdida de los órdenes sociales patriarcales, heteronormativos y de supremacía blanca es algo insoportable, como una muerte social e incluso como un peligro físico. Estas fantasías aparentemente peligrosas, que actualmente se reagrupan dentro de la calificación de *wokismo*, se representan como agentes de maltrato y destrucción, recogen el género, la raza y la sexualidad como versiones diferentes de este peligro ostensible. Y, una vez que han echado raíces en esa fantasía como actores peligrosos, es un imperativo detenerlos por todos los medios posibles, incluidos los violentos. Esta retórica anti-*woke* es un ataque contra la educación y la sanidad, avivado moralmente por la oposición al «adoctrinamiento» que alegan, pero acaba imponiendo una doctrina que priva a la juventud de conocimientos y de atención sanitaria y reproduce la supremacía blanca al apropiarse de la legislación antidiscriminatoria y del victimismo blanco para sus propios fines destructivos. ¿Quién está perjudicando a quién en esta situación? ¿Cómo se está poniendo la «moralidad» al servicio del sadismo político, silenciando y subordinando a quienes buscan una voz de igualdad y de libertad? Si el «amor» se ha reducido a la heterosexualidad obligatoria y el odio ha propagado distorsiones de su propia cosecha para justificar ataques incendiarios contra el pensamiento crítico, los movimientos sociales por la libertad y la justicia, los estudios de género y raza y la libertad académica, y todos los que buscan vivir y respirar en libertad e igualdad sufren en mayor medida al ser trasformados en fuerzas demoníacas y peligrosas. El ataque no solo va dirigido contra los principios de libertad e igualdad, sino contra todas las personas que necesitan esos principios para vivir.[19]

CAPÍTULO 4

Trump, el sexo y el Tribunal Supremo

Puede parecer que el análisis hasta ahora no ha abordado una cuestión clave en gran parte de la ansiedad pública que despierta el género, a saber, si el sexo debe entenderse como algo inmutable o no. ¿Acaso el problema del género no consiste en que se impone un artificio a una realidad material, sustituyendo algo duradero y persistente por una falsedad? De hecho, el término «género» no niega la materialidad del cuerpo, simplemente se pregunta cómo se enmarca, a través de qué medios se presenta y cómo esa forma de presentarse afecta a lo que entendemos sobre él. Declarar que el sexo es inmutable requiere algún esfuerzo. ¿Se sabe que es inmutable sin que se haya demostrado que lo es? ¿Quién lo decide, a través de qué conjunto histórico de protocolos y con qué fin? Debería ser bastante fácil determinar la realidad del sexo, pues para muchos pertenece al rango de lo evidente. Sin embargo, como ya debería estar claro a estas alturas, la gente no siempre comparte qué es y qué no es evidente. Si se quiere establecer una realidad única, habría que descartar el resto de las versiones, negando un conjunto cambiante y discutido de criterios que aparecen dentro de la propia historia de la ciencia.

En las últimas semanas de su presidencia, Donald Trump trató de conseguir que el Departamento de Salud y Servicios Humanos de Estados Unidos definiera el sexo como una característica inmutable de la persona, es decir, hombre o mujer, sobre la base de sus genitales y tal y como ha sido asignado al nacer. Su objetivo no era establecer la «realidad» por encima y en contra de una construcción artificial. Lo que pretendía era reducir el alcance de la discriminación por razón de sexo que determina la ley, de modo que las personas trans no pudieran alegar, en virtud del Título VII de la ley de derechos civiles de 1964, una discriminación por razones de sexo como condición adquirida. Si el sexo se asigna exclusivamente al nacer, o se determina en función de los genitales que tiene (o ha tenido) cada persona, entonces las personas trans no podrían argumentar fácilmente que cualquier discriminación que hayan sufrido como transexuales tuvo lugar por razones de sexo. El propio Trump fue más allá al pretender que el género debía entenderse exclusivamente como «sexo», y que una condición biológica inmutable era todo lo que se necesitaba para determinar el «sexo» ante la ley.[1]

El viernes 12 de junio de 2020, el Departamento de Salud y Servicios Sociales de Estados Unidos anunció que ahora, y en el futuro, se basaría en un concepto restringido de *sexo* para evaluar todos los casos de discriminación, eliminando la posibilidad de que las personas trans, intersexuales, lesbianas y gais pudieran recurrir a la legislación antidiscriminatoria existente basada en el sexo. Curiosamente, el Gobierno de Estados Unidos avanzó dos criterios: los genitales y el lenguaje sencillo (*plain speaking*). Una de las características de este leguaje sencillo es que no requiere explicaciones adicionales. Es de suponer que todo el mundo lo entiende. Sin embargo, si eso fuera cierto, no habría razón para darle un estatus jurídico particular y tachar otras formas de hablar de confusas y oscurantistas, como han hecho muchos críticos del género. En las directrices propuestas no quedaba claro si los genitales como rasgo definitorio tendrían prioridad sobre el lenguaje sencillo o si el lenguaje sencillo es la forma de definir los genitales, pero se supone que ambos criterios funcionan de consuno de alguna forma no especificada. Si partimos de la base de que no existen contradicciones entre ambos criterios, podemos presumir que «el significado llano de la palabra "sexo" como masculino o femenino» se corresponde con la idea de sexo determinado por los genitales. Con estas directrices léxicas, el Gobierno pretendía descartar la posibilidad de que el sexo, tanto si se interpreta desde el punto de vista legal como social, pudiera cambiar con el tiempo, o que un término como género pudiera ser una forma de marcar la diferencia entre un sexo asignado y un sentido permanente de identidad de género.

La decisión del Gobierno llegó en el momento oportuno, pero no dio en el blanco. Su objetivo era influir en las deliberaciones de la sentencia del Tribunal Supremo *Bostock contra el condado de Clayton*, un caso que determinaría si la ley de derechos civiles de 1964 podía proteger a gais, lesbianas y transexuales de la discriminación por razón de sexo. Aunque Trump confiaba sin duda en la fidelidad de sus jueces recientemente designados, no todos ellos actuaron como esperaba. Finalmente, la Administración Trump descartó los méritos de su política y desistió de aplicarla. Todos sus esfuerzos por redefinir el género como sexo y por afianzar el significado del sexo recurriendo a los genitales y al lenguaje sencillo pretendían impedir que varias categorías de personas pudieran buscar protección contra la homofobia o la transfobia. Lo que no quedó claro es si el Gobierno pensaba que esas personas debían seguir desprotegidas frente a la discriminación o simplemente debían encontrar otros medios legales o no legales para sacar adelante sus reivindicaciones. ¿Estaba dando a entender el Gobierno que quienes discriminan son libres de hacerlo y que lo que otras personas llaman discriminación en realidad es un caso legítimo de libertad de expresión? Lo que resultó evidente es que el desafío de Trump a las reivindicaciones legales progresistas por parte de la comunidad LGBTQIA+ buscaba mantener el control de las definiciones. ¿Qué es el sexo? ¿Qué es el género? La estrategia estaba clara: no puede haber discriminación por razón de sexo si el sexo se define de tal manera que las personas trans, no binarias, lesbianas, gais o intersexuales no quedan cubiertas por esa definición.

Se suponía que la libertad de discriminar estaba garantizada por la afirmación oficial de que el género no es más que sexo. Si la demanda hubiera prosperado, no habría necesidad de género y habría libertad para discriminar a quienes se apartan de la asignación original de género. La Administración Trump dio carta blanca a los intolerantes al afirmar que las prácticas homófobas y transfóbicas podían prosperar sin esperar intervención de la ley y que quienes eran blanco de tales prácticas no solo estaban inermes frente a quienes actuaban contra ellos, a menudo de forma violenta, sino que el Gobierno los dejaba desprotegidos frente a la discriminación. Las personas LGBTQIA+ no debían gozar de igual protección ante la ley porque, bueno, no eran realmente iguales y no se identificaban mediante términos que pudieran entender las personas que hablaban de forma sencilla. No hacían falta nuevas palabras ni una nueva terminología: solo hablar de forma sencilla. Y, sin embargo, la política estatal tiene la llave de lo que es hablar de forma sencilla. Cabe preguntarse si ese discurso de Estado está expresado de forma sencilla. ¿Qué es lo que se ataca: el discurso teórico o los nuevos términos que definen la identidad y la expresión del género? ¿No residirá el problema en que las nuevas formas de hablar, incluidas las nuevas formas de autodefinición de género, se utilizan con más frecuencia y están entrando en el lenguaje corriente, incluso desafiando su gramática, como vemos con la creciente circulación de pronombres no binarios (*they* en inglés, «elle» en español)? Si crece la aceptación de este tipo de prácticas lingüísticas, cambiarán los contornos del lenguaje sencillo e incluso podrán llegar a aceptarse en determinados círculos como lenguaje sencillo. Lo que se considera sencillez puede variar desde el punto de vista geográfico e histórico, por lo que nada de esto debería sorprendernos.

El problema no es tanto la propia idiosincrasia de Trump (algo sobre lo que se especula constantemente), sino lo que atrae a sus bases durante un año electoral. Si lo que busca es captar a los conservadores cristianos, imitar los dictámenes del Vaticano probablemente sea una táctica inteligente. Trump intentó apelar a las ansiedades y los temores de quienes desean que el sexo suplante al género, quienes quieren un mundo en el que la asignación primigenia del sexo sea la única, siempre que se base en una diferencia genital perceptible. Apelar a este tipo de temores significa también despertar otros que están latentes y crear temores nuevos sobre los usos que definen el carácter presuntamente binario e inmutable del sexo entendido como algo determinado por la biología. Trump se ha esforzado por avivar esos temores, creando una situación en la que es posible aglutinarlos e intensificarlos. Para aferrarse al mundo que conoció, o para vivir en una fantasía de su propia cosecha, la derecha debe reducir el género al sexo y erradicar cualquier posible diferencia entre ambos. Para Trump no se trataba de una cuestión teórica sobre la distinción entre sexo y género, sino de un movimiento retórico destinado a garantizar un orden sexual mundial que refuerce el patriarcado y la heteronormatividad y que se organice de acuerdo con la lógica de la raza blanca. Hacía como si se colocara del lado de la ciencia, pero la maniobra en realidad pretendía aleccionar a sus bases cristianas. Muy oportunamente, la derecha evangélica ve el sexo como parte de un orden natural (es decir, ciencia) que fue creado por Dios con un propósito (teología), por lo que nadie tiene realmente por qué elegir entre ambos. Estas políticas también pretendían privar a las personas del derecho a solicitar la reasignación de sexo, incluso cuando todos los indicios apuntaban a esa opción como la única humanamente posible. Pretendían socavar las diferentes autodefiniciones de sexo en nombre de una «inmutabilidad» libremente basada en modelos religiosos, biológicos y lingüísticos contradictorios, sin tomarse la molestia de conciliarlos. Sus bases apenas le pidieron cuentas por su incoherencia, ya que no importa a través de qué medios se consiga la negación de derechos, siempre y cuando se consiga.

Para disgusto de Trump, la sentencia *Bostock contra Clayton* se resolvió en otra dirección, apoyándose en un modelo diferente de lenguaje que confirmaba la posibilidad de autodefinición en materia de sexo. El juez Neil Gorsuch y el presidente del Tribunal Supremo, el juez John Roberts, que estaban muy lejos de ser los miembros más progresistas del tribunal, rechazaron el punto de vista del Gobierno. Uno de los argumentos esgrimidos por Gorsuch fue que perder un empleo por declarar o mostrar atracción por alguien del mismo sexo es sin duda discriminatorio, ya que presumiblemente nadie pierde su empleo por sentir atracción por alguien del sexo opuesto. De hecho, los argumentos del *caso Bostock*, que garantizaron los derechos de las personas trans, lesbianas y gais a presentar reclamaciones sobre la base jurídica de la discriminación por razón de sexo, dejaron claro que lo importante no era garantizar el significado de «sexo» , sino determinar cómo el «sexo» se convierte en un factor de trato discriminatorio en el lugar de trabajo.[2]

Dentro del discurso ordinario, incluso sin salir de un lenguaje sencillo, podemos pensar que la discriminación por razón de sexo es una forma de discriminación basada en el propio sexo. Alguien determina qué sexo tienes y luego te discrimina en función de esa determinación. Sin embargo, no es así. Que la discriminación se base en el sexo significa que alguien toma ese sexo como punto de referencia para tomar decisiones y que el sexo desempeña un papel en esa decisión. Es muy posible que alguien esté presuponiendo cosas sobre el sexo sin saber de qué sexo se trata: en las conductas discriminatorias suelen prevalecer las interpretaciones prejuiciosas. Si una empresa trata a alguien sobre la base de presuposiciones sobre el sexo de esa persona y decide que debe cobrar menos que otras o que debe quedar excluida de ciertos puestos, importa menos que esas presuposiciones sobre el sexo sean erróneas que el hecho de que esas presuposiciones o prejuicios hayan desempeñado un papel en el trato desigual. Las acciones de la empresa convierten el sexo en un elemento clave de una decisión relacionada con el empleo que produce como consecuencia un trato desigual. No importa si tiene razón o no sobre el sexo de una persona: la mayoría de las acciones discriminatorias de este tipo hacen presunciones falsas sobre el sexo, la forma en que aparecerá una persona a la que se le ha asignado un sexo determinado o los límites y propensiones que muestra. En este caso, el sexo no funciona como un hecho establecido, sino como un componente clave del trato discriminatorio. Se trata de averiguar qué papel ocupa el sexo en un trato determinado, cómo surge el sexo en medio de una decisión que perpetúa la desigualdad. No es necesario estar de acuerdo en la definición de sexo para reconocer una discriminación por razones de sexo. Solo necesitamos saber cómo se invoca el sexo y qué papel ocupa en determinados tipos de acciones discriminatorias: cómo las interpretaciones prejuiciosas conducen a conductas discriminatorias.

Es significativo que las presuposiciones sobre el sexo que se hacen en los actos de discriminación sexual sean generalmente falsas. Suelen ser estereotipos y falacias que se interponen en unas relaciones laborales justas o en el trato que recibe una persona. No solo se trata de que esas decisiones estén guiadas por estereotipos, lo cierto es que las referencias al sexo, por muy ciertas o falsas que sean, no pueden tener cabida en ellas. La decisión del Tribunal Supremo se basa en un historial de jurisprudencia sobre discriminación sexual que se centra menos en una ontología del sexo que en el modo en que las suposiciones sobre el sexo influyen en decisiones que perpetúan la desigualdad.[3] Efectivamente, el Tribunal pide que permitamos que nuestra forma de hablar sobre la discriminación sexual influya en el discurso ordinario sobre el sexo y lo reoriente, impugnando implícitamente el argumento del «lenguaje sencillo» que planteaban los servicios sociales de salud de Trump:

> Las empresas afirman que en el habla corriente no se considera que la discriminación por homosexualidad y transexualidad sea una discriminación por razones de sexo. Si un amigo (y no un juez) les pregunta sobre el porqué del despido, la respuesta será probablemente que por ser homosexuales o transexuales, no por razones de sexo.

Otra cita:

> Dado que la discriminación basada en la homosexualidad o la transexualidad requiere que una empresa haya tratado intencionadamente a un empleado o empleada de forma diferente debido a su supuesto sexo, una empresa que penaliza intencionadamente a un trabajador por ser homosexual o transexual también infringe el Título VII [...]. Si una empresa discrimina por estos motivos pretende ineludiblemente basarse en el sexo en su toma de decisiones.

Efectivamente, el acto de discriminación ni siquiera depende de que la empresa conozca el sexo del empleado o la empleada en cuestión, sino únicamente de que se demuestre que ha tomado decisiones laborales basándose en criterios relativos al sexo, es decir, presuponiendo lo que un sexo determinado puede hacer o es capaz de hacer. Decir que estos criterios están «basados» en el sexo no significa que se deriven del sexo, sino que se derivan de ideas (prejuicios o convenciones) sobre qué aspecto debe tener el sexo, lo que se cree que el sexo implica sobre la capacidad para realizar un trabajo, qué valores se atribuyen al trabajo cuando lo realiza una mujer o un hombre. Las normas basadas en el sexo no fundamentan ni justifican una alegación de discriminación: son el problema que pretende abordar la legislación sobre discriminación por razones de sexo. No pueden influir en las decisiones de contratación o de promoción. Este tipo de normas están plagadas de expectativas sobre apariencia, autodefinición y capacidad que no deberían desempeñar ningún papel en las decisiones y en el trato en materia de empleo. El Tribunal Supremo es muy claro a este respecto: «Al establecer intencionadamente una norma que hace que la contratación gire en torno al sexo, el empresario vulnera la ley, independientemente de lo que pueda saber o no sobre los solicitantes de empleo».[4] En otras palabras, cómo definamos nuestro propio sexo es irrelevante, lo que importa es el funcionamiento del «sexo» de una forma regular o sujeta a normas, en una situación en la que las normas son injustas y reafirman de hecho los prejuicios.

Las tendencias feministas que niegan el género y piden una vuelta al sexo no solo apuntalan los argumentos trumpianos y vaticanos, sino que malinterpretan el funcionamiento de la discriminación sexual. No es necesario establecer una definición única y permanente del sexo para determinar la existencia de discriminación por razón de sexo, por los motivos expuestos anteriormente. De hecho, si asumimos que la referencia al sexo está envuelta en normas y convenciones sobre lo que debe ser el sexo, qué límites implica, qué formas de apariencia deben acompañar al sexo, el sexo ya está dando paso al género. Si el sexo se enmarca dentro de unas normas culturales, entonces ya es género. No se trata de que sea falso o artificial, sino de que se pone al servicio de uno u otro poder. La afirmación de que el sexo es inmutable presupone un marco religioso y lingüístico para pensar sobre el sexo. Allá donde exista un marco de este tipo, estamos hablando de género. Decir que existe una construcción cultural del sexo no significa que la cultura genere el sexo a partir de la nada; significa que la cuestión del sexo se está enmarcando de una determinada manera y con un propósito político determinado. Incluso en la afirmación de que el sexo es sexo, o la familia es la familia, es necesario demostrar por qué tienen sentido estas tautologías o por qué no son posibles otras formas. De lo contrario, estaríamos frente a un dogma. De hecho, suena como el redoble de tambores de una guerra cultural cuya intensidad se deriva de los temores sexuales y la ansiedad sobre la estabilidad del sexo. O tal vez sea exactamente lo contrario: reavivar los temores básicos sobre la estabilidad del sexo provoca, excita y galvaniza a quienes de repente sienten miedo de que su sexo pueda cambiar, de que se lo puedan quitar, o de que todo lo que han asociado con la estabilidad de su propia asignación de sexo pueda ponerse en tela de juicio. El esfuerzo frenético por estabilizar el orden sexual por la vía jurídica responde así al llamamiento del Estado a ilegalizar la reasignación de sexo. El Estado recibe poderes extraordinarios para restablecer el orden sexual, pero fue el Estado de Trump, ahora revivido por DeSantis, el que provocó la aterradora perspectiva de que el sexo fuera repentinamente arrebatado o convertido en algo contingente, todo ello con el objetivo de mejorar sus propios poderes para mantener el «género» dentro de los marcos patriarcales y heteronormativos. Desde esta perspectiva, las personas trans no pueden sufrir discriminación por razones de sexo, porque no son discriminadas por el sexo que se les asignó al nacer.

Es sorprendente que el Tribunal Supremo rechazara la legislación de Trump y decidiera que las personas trans, así como las lesbianas y los gais, eran discriminadas por razones de sexo. En la parte B de la sentencia *Bostock* el lenguaje es a la vez enfático e inequívoco en cuanto a la justificación de las demandas de discriminación de trans, lesbianas y gais alegando «discriminación por razones de sexo»:

> La homosexualidad o la transexualidad de una persona no son relevantes para las decisiones de tipo laboral. Y esto es así porque es imposible discriminar a una persona por ser homosexual o transexual sin discriminarla por razones de sexo. Pensemos, por ejemplo, en una empresa con dos personas en plantilla, ambas atraídas por los hombres. Estas dos personas, a juicio de la empresa, son materialmente idénticas en todos los aspectos, salvo que una es un hombre y otra es una mujer. Si la empresa despide al varón sin más mo-

tivo que el hecho de que se sienta atraído por los hombres, lo está discriminando por rasgos o acciones que tolera en su colega mujer.[5]

Por supuesto, sería posible argumentar que la discriminación por razones de sexo es diferente de la discriminación por razones de orientación sexual (que es el lenguaje que tiende a utilizar la ley), pero esta decisión se refería a si sería procedente ampliar o no la protección que ya ofrece el Título VII, que prohíbe la discriminación por razones de sexo. Para ello, nos pide que hagamos un ejercicio hipotético. Supongamos que a una empresa le parece bien que un hombre se sienta atraído por una mujer, pero no le parece bien que una mujer se sienta atraída por una mujer, y pretende que su plantilla se ajuste a esa idea; claramente está seleccionando una característica de la mujer (a saber, su deseo sexual) como motivo de descalificación, lo que constituye un claro acto de discriminación. Si su sexo hubiera sido diferente, no la habría discriminado, ya que, dentro de la lógica limitada de esta decisión jurídica, presumiblemente sería un hombre. Por tanto, esta discriminación es «por razones de sexo». Puede que algunas personas gais y lesbianas quieran saber qué características anatómicas pueden esperar en un encuentro sexual, eso tiene sentido. Sin embargo, la anatomía por sí sola no determina el sexo de una persona, como puede atestiguar cualquiera que haya participado en la diferenciación de atletas intersexuales y trans en competiciones deportivas. Además, el hecho de que alguien tenga unas características anatómicas en lugar de otras no garantiza en absoluto que un gay o una lesbiana sientan deseo por esa persona, aunque algunos homófobos imaginen que esas características son suficientes para el deseo.

Varios de estos argumentos públicos se desarrollan en un temible mundo de fantasía. Por ejemplo, una de las razones por las que algunos ejércitos prohíben que se alisten homosexuales es porque imaginan que las personas homosexuales serán una amenaza para las heterosexuales en los vestuarios, perturbando una cohesión de grupo que depende de la represión del deseo homosexual.[6] Se esgrimen argumentos similares en relación con las personas trans en el ejército.[7] Estos argumentos van en paralelo al temor que propagan personajes como J. K. Rowling al alegar que una mujer trans es una amenaza, por definición, para las mujeres a las que se ha asignado un sexo femenino al nacer. ¿Contra qué se dirige el miedo codificado y avivado por estas políticas? En ambos casos el problema no es «el sexo», sino la temible fantasía en la que se interpreta ese sexo o, mejor dicho, la temible forma en que ese sexo *se construye*. Esa interpretación basada en el miedo injustificado no debería tener cabida en las decisiones laborales o políticas y, si la tiene, es una forma de discriminación. Muy pocas personas que discriminan por razones de sexo ven o conocen la anatomía, la composición hormonal o genética de la persona a la que discriminan. Pueden tener alguna idea al respecto, pero, cuando esas ideas se incorporan a sus decisiones sobre cómo tratar a esa persona de forma discriminatoria, no cabe duda de que el papel del sexo es importante. ¿Qué versión del sexo? En contra de las expectativas de la gente común y del lenguaje llano, el sexo de una persona no siempre puede discernirse a partir de su apariencia superficial. La apariencia superficial, lo que algunos llaman apariencia de género, tiene una historia, se percibe dentro de marcos que anticipan activamente la estructura y la forma de lo que vemos. También perturban y ponen en tela de juicio los marcos epistémicos algunos movimientos feministas y LGBTQIA+ que están en el punto de mira de los movimientos antigénero. Cuando se trata de sexo, no hay forma de aceptar o negar algunos de estos elementos imposibles de medir: lo que mostramos de nuestra realidad y la forma en que la percibimos pueden ser dos cosas completamente diferentes, que a su vez pueden diferir de cómo nos ven desde fuera, y cómo nos ven desde fuera puede cambiar en función del contexto cultural, incluyendo contextos médicos o escolares, la calle, el bar...

Sin embargo, en esta parte de la sentencia, el lenguaje del Tribunal hace explícito que el sexo de un individuo puede cambiar y que una discriminación que haga referencia a ese cambio es en sí misma discriminación por razón de sexo. El Tribunal también afirma que el sexo no puede definirse exclusivamente en función del sexo asignado al nacer, que es un proceso que está sujeto a posibles cambios. En el siguiente pasaje aclara que el sexo asignado o identificado al nacer no es la totalidad del sexo, ya que una persona puede alterar esa identificación:

> Por ejemplo, supongamos una empresa que despide a una persona transexual identificada como varón al nacer, pero que ahora se identifica como mujer. Si la empresa elige a una persona idéntica, pero que fue identificada como mujer al nacer, está penalizando intencionadamente a una persona identificada como varón al nacer por rasgos o acciones que tolera en una persona que fue identificada como mujer al nacer. Una vez más el sexo de esa persona desempeña un papel inequívoco e inadmisible en la decisión de despido.[8]

El Tribunal deja claro en este pasaje que para las personas transexuales puede haber dos momentos de identificación: el primero es el momento en el que se identifica el sexo al nacer y el segundo, la forma en que se asume el sexo como autoidentificación con el tiempo. Es significativo que ambos se consideren parte del «sexo», en igualdad de condiciones, incluso. En otras palabras, el sexo no se determina de forma definitiva o irreversible al nacer. La decisión mayoritaria lo expresa así:

> Al discriminar a las personas transexuales, la empresa discrimina inevitablemente a las personas con un sexo identificado al nacer y otro asumido en la actualidad. Se mire como se mire, la empresa se niega intencionadamente a contratar aspirantes teniendo en cuenta el sexo de la persona en cuestión, aunque nunca llegue a conocer su sexo.[9]

En este caso, el Tribunal asume que el sexo asignado al nacer, la «identificación» del sexo llevada a cabo por las autoridades médicas o jurídicas, no siempre es el mismo que el sexo con el que una persona se llega a identificar activamente con el tiempo. Frente a una idea puntual e intemporal de «sexo», el Tribunal nos pide que consideremos esa categoría en el transcurso de una trayectoria vital. El «sexo» parece tener una vida temporal sujeta a cambios. Existe la identificación del sexo al principio de la vida, realizada inevitablemente por terceras personas. Y a partir de ese punto, se va creando una autoidentificación que puede prolongar, negar o invertir esa identificación original. Cuando tratamos de determinar qué es el sexo, tenemos que enmarcar la cuestión en el tiempo y desde al menos dos perspectivas diferentes: cómo se identifica un cuerpo a través de las categorías disponibles al nacer y cómo esa persona puede identificarse dentro de esas categorías (o, añadiría yo, fuera de ellas, a través de otras posibles nomenclaturas que van más allá de las habituales).

Por una parte, el Tribunal parece tener claro que no necesitamos determinar de una vez por todas el sexo de la persona que sufre discriminación, ni siquiera comprender las identidades sociales en las que está inmersa conscientemente. Basta con tener en cuenta el papel claramente censurable del «sexo» en las decisiones de contratación y despido. Por otra parte, el Tribunal está proponiendo una teoría secundaria del sexo, una condición previa para cualquier otra investigación: cualquier consideración sobre el sexo tiene que preguntarse primero cómo ha sido identificada una persona (y, quizá, por parte de quién), y cómo esa persona llega a identificarse a sí misma con el tiempo. Se abre así una brecha entre la identificación original y la identificación con el paso del tiempo. Esta brecha es un rasgo constitutivo del hecho de tener un género.

Esta trayectoria temporal de una vida no solo es válida para las personas trans, sino quizá también para lo que podríamos llamar más ampliamente «formación de género».[10] No hay garantía alguna de que la categoría inscrita al nacer en los formularios legales sea la que perdure en el tiempo, ni de que las expectativas generadas en ese momento se lleguen a cumplir. Esa brecha que se puede abrir significa que no hay garantías de que la primera asignación se mantenga a lo largo del tiempo y es algo que debe tenerse en cuenta a lo largo de toda la vida del género. La asignación de sexo no es tanto un acto puntual como una historia social que puede o no reproducirse de forma idéntica a lo largo del tiempo. Cuando alguien recibe un trato discriminatorio porque el sexo asignado al nacer no se corresponde con el sexo con el que se identifica en el presente, eso también constituye discriminación por razones de sexo. La brecha entre ambas asignaciones no se reconoce efectivamente como algo que marca la formación del género como tal. Al menos así es como lo veo yo. El Tribunal no es tan ambicioso, pero se opone a las interpretaciones biológicas reduccionistas del sexo que propuso Trump, dejando claro que el sexo no puede determinarse exclusivamente por los genitales o los límites que marca el lenguaje corriente.

El Tribunal Supremo no implanta un marco teórico que relacione la «homosexualidad» y la «transexualidad» con la «discriminación por razones de sexo», pero sí señala que la discriminación por las dos primeras razones debe relacionarse con la discriminación por razones de sexo.[11] La sentencia no cuestiona cómo procede el lenguaje ordinario en tales casos, sino cómo debe funcionar el lenguaje jurídico. El Tribunal argumenta que «al discriminar a las personas transexuales, la empresa discrimina inevitablemente a las personas con un sexo identificado al nacer y otro asumido en la actualidad. Se mire como se mire, la empresa se niega intencionadamente a contratar aspirantes en función del sexo que tengan, aunque nunca llegue a conocer realmente su sexo».[12]

El esfuerzo de Trump por definir el sexo basándose en la biología y la anatomía también fue rechazado por la redacción de *Nature,* cuya declaración, publicada el 30 de octubre de 2018, dejó claro que la definición propuesta por Trump carecía de cualquier base científica.[13] Dijeron lo siguiente de su propuesta:

> [...] una idea terrible que debería desaparecer. No tiene fundamento científico y echaría por tierra décadas de progreso en la comprensión del sexo (una clasificación basada en características corporales internas y externas) y el género (una construcción social relacionada con diferencias biológicas pero también arraigada en la cultura, las normas sociales y el comportamiento individual). Peor incluso: socavaría los esfuerzos para reducir la discriminación contra las personas transgénero y las que no entran en las categorías binarias de hombre o mujer.

Tiene sentido preguntarse por qué los jueces Roberts y Gorsuch podrían estar a favor de la extensión de la protección contra la discriminación sexual a gais, lesbianas y personas trans incluso cuando habían votado a favor de privar a las mujeres y a las personas embarazadas del derecho al aborto cuando el Tribunal revocó la sentencia *Roe contra Wade*. El primer caso se refiere a la igualdad de trato; el segundo, al derecho a la intimidad y al interés del Estado en restringir libertades reproductivas que antes estaban protegidas. La sentencia del Tribunal en el caso *Dobbs contra Jackson Women's Health Organization* deja claro que el Estado tiene más derechos sobre el embarazo que una mujer o, de hecho, que cualquier otra persona que quiera interrumpir un embarazo mediante un aborto. También aparece aquí una libertad excesiva que debe ser limitada, algo que ya era el objetivo del movimiento antigénero, haciéndose eco de la convicción de las iglesias católica y evangélica de que el derecho al aborto, al igual que los derechos de las personas trans y el derecho de gais y lesbianas a contraer matrimonio, son formas falsas, ilegítimas o excesivas de libertad que deben ser restringidas por el Estado y su autoridad implícitamente patriarcal. El lenguaje de la sentencia solo insinúa la influencia de la crítica religiosa de la «ideología de género», pero es algo que queda muy claro, muy especialmente en el voto particular del juez Clarence Thomas.

Thomas advirtió que la anulación de *Roe contra Wade* solo era la primera de otras sentencias por venir, y que las decisiones clave del Tribunal Supremo basadas en la doctrina de la intimidad introducida por el caso *Griswold contra Connecticut* (1965) serían ahora susceptibles de anulación: esas sentencias garantizaban el matrimonio homosexual, el derecho a acceder a la anticoncepción y a recibir asesoramiento médico al respecto, y el fin del castigo penal para quienes practicaran lo que la ley llamaba «sodomía».[14] El eslogan que circula ahora por las redes sociales, y del que se ha hecho eco recientemente el gobernador de California, Gavin Newsom, advierte contra el plan de Thomas: «¡Ahora vendrán a por ti!». Temeroso de que la decisión en el caso *Dobbs* sea solo la primera de las que se pueden esperar de un Tribunal Supremo de derechas, el Congreso de Estados Unidos aprobó con bastante rapidez un proyecto de ley que protege el matrimonio homosexual, aunque de momento ese derecho no esté en peligro. La mayoría sostuvo que esta sentencia amplía e intensifica el «interés del Estado» por el feto, anulando cualquier derecho que una persona embarazada tenga a su propia libertad e integridad corporal. El poder del Estado sobre las mujeres, su sexualidad y su libertad y su derecho a la atención sanitaria se ha convertido de esta forma en algo aterrador y grotesco. Cuando el juez Thomas recomendó que el Tribunal «reconsidere todos los precedentes sobre el derecho a la protección fundamental (*substantive due process*), incluyendo *Griswold contra Connecticut*, *Lawrence contra Texas* y *Obergefell contra Hodges,* afirmaba que es adecuado que ciertas libertades, como el derecho a dar y recibir asesoramiento sobre opciones reproductivas (*Griswold*), el derecho a practicar la sodomía (*Lawrence*) o los derechos relacionados con el matrimonio homosexual (*Obergefell*), puedan ser limitadas o restringidas por el poder estatal.

El *substantive due process* se define en las enmiendas Quinta y Decimocuarta de la Constitución de Estados Unidos y alude a determinadas libertades que no deben ser vulneradas por ninguna autoridad estatal. En general se consideran de naturaleza privada o personal, o bien pertenecientes al marco de la libertad de los individuos. Aunque la sodomía, el aborto y el control de la natalidad no se mencionan en la Constitución, han sido consideradas actividades protegidas por tribunales que han aplicado a esos casos ese principio, precisamente porque se trata de actividades personales y privadas, pertenecientes al ámbito de la libertad individual. Que el juez Samuel Alito afirme que no puede encontrar el término «aborto» en la Constitución o que el juez Thomas alegue que ninguno de estos derechos puede encontrarse en ella es una forma de rechazar la aplicación de derechos abstractos a cuestiones sociales concretas que la Constitución no previó, ni podía prever, en sus formas actuales. Por un lado, los conservadores se han convertido en activistas, tratando de frustrar o de promover determinadas plataformas políticas. Por otro, persiguen sus objetivos a través de una literalidad alucinante, que funcionó relativamente bien en el caso *Bostock* respecto a los derechos de transexuales, gais y lesbianas, pero que en el caso *Dobbs* fue letal para la libertad reproductiva.

Una razón para no descartar la amenaza que planea en la opinión de Thomas como voz solitaria divergente es que el Tribunal ya lleva tiempo enviando señales contradictorias sobre sus intenciones. Los movimientos de defensa de los derechos reproductivos viven esta amenaza desde hace años; simplemente ahora Thomas ha asumido el relevo que le dio la Iglesia evangélica conservadora.

Planned Parenthood contra Casey (1992) afirmó el principio básico sentado en *Roe contra Wade* de que las mujeres tienen derecho a tomar sus propias decisiones en materia de aborto sin intervención del Estado y sostuvo que los estados no pueden prohibir el aborto antes del momento en que el feto puede sobrevivir fuera del útero, aproximadamente a las veintitrés semanas de embarazo. En esa sentencia de 1992, el Tribunal reafirmó los principios básicos de *Roe contra Wade,* pero puso en duda su legalidad. El Tribunal hizo saber claramente que no estaba dispuesto a tomar una «decisión impopular» como la anulación de *Roe contra Wade*, aunque sí ponía en duda su conclusión clave de que el aborto está justificado por las cláusulas de derecho a la protección fundamental (*Due Process Clause*). No reconocían que la «libertad» de las mujeres (las comillas son de Alito) para interrumpir el embarazo debiera estar protegida frente a los poderes del Estado y afirmaron que el interés del Estado en la protección de la vida del feto era legítimo. El Tribunal se negó a actuar sobre la base de sus conclusiones en aquel caso treinta años antes, pero su comentario seguramente fue el anticipo de lo que los conservadores llaman ahora una decisión más «valiente» en el caso *Dobbs*, al derogar *Roe contra Wade*.

Si el juez Thomas se sale con la suya, y si habla abiertamente de unos objetivos conservadores que nadie ha reclamado todavía como propios, varios movimientos sociales verán anulados a nivel federal algunos derechos indispensables y duramente conquistados. Los derechos de igualdad, libertad y justicia siguen siendo derechos abstractos hasta que se ponen en práctica en circunstancias históricas concretas, por la necesidad de asumir e incorporar nuevas realidades sociales a lo largo del tiempo. Cuando nos preguntamos si el derecho a ser libre incluye el derecho a casarse libremente con alguien del mismo sexo y respondemos afirmativamente estamos ampliando y expandiendo nuestra idea de la libertad. Por ejemplo, al repasar la historia de la emancipación de la esclavitud, en general los estudios afirman que las ideas de libertad anteriores a la emancipación estaban restringidas a la burguesía blanca y esclavista, sobre la base de una desigualdad racial generalizada. Con el tiempo, fue necesario revisar el planteamiento. Afortunadamente, nuestras ideas de libertad han cambiado y corresponde a los tribunales reconsiderar y reformular la libertad en respuesta a los desafíos históricos legítimos que han puesto de manifiesto las desigualdades y las carencias anteriores de libertad.[15] En *Obergefell contra Hodges,* el Tribunal afirma que los derechos fundamentales no emergen exclusivamente de «fuentes antiguas», sino que deben considerarse a la luz de la evolución de las normas sociales. La historia incide invariablemente en los procesos de toma de decisiones. La decisión crucial que estableció el derecho al matrimonio entre homosexuales advertía del peligro de basar la legislación en prácticas tradicionales, de modo que se prohibiera a las parejas no tradicionales exigir la igualdad de derechos. Aquí, como en otros lugares, los conservadores han cuestionado si las nuevas libertades se pueden realmente considerar «libertad». Y estamos viendo cómo el Tribunal Supremo, el instrumento judicial más poderoso de Estados Unidos, hace valer ahora los intereses del Estado en las decisiones relacionadas con la reproducción por encima de cualquier reivindicación de las mujeres y de las personas embarazadas.

Alito pone «libertad» entre comillas, dando a entender que cualquier reivindicación de libertad que apoye el derecho al aborto es una libertad falsa. Se trata de una libertad de pacotilla, una noción falsa de libertad, que invocan las mujeres y todas las personas embarazadas sin el menor derecho a hacerlo. Hay que impedir que ejerzan esta forma excesiva y peligrosa de libertad y conseguirlo es precisamente responsabilidad del Tribunal. Hemos visto cómo la libertad ha sido escarnecida y denostada por el Vaticano en relación con formas de género que van más allá de lo binario, cómo la libertad académica ha sido denostada como dogmática (más bien ha sido dogmáticamente denostada) y cómo la libertad de determinar una nueva asignación de sexo se considera algo inconsecuente y excesivo. Con la revocación de *Roe contra Wade,* lo que se está negando, explícita y parcialmente, es la libertad de determinar un futuro reproductivo. En estos tiempos, es importante ser conscientes de que las luchas por la libertad están siendo degradadas y destruidas por quienes pretenden aumentar los poderes del Estado, alentados y ayudados por esas proclamas que acusan a las libertades colectivas que tratan de actualizar más radicalmente la democracia de ser un peligro para la sociedad, lo que los compele a recortar esa libertad, o «libertad», con medidas cada vez más autoritarias. ¿Por qué da tanto miedo la libertad? ¿Es realmente ese el problema? O, más bien, ¿cómo hemos llegado al punto de que la libertad parezca tan aterradora que la gente anhele un régimen autoritario?

Podemos analizar cada uno de estos problemas por separado, y hay buenas razones para hacerlo. Los debates sobre el aborto y la asignación de sexo son diferentes, como también lo son la discriminación sexual y el control estatal de la educación. Sin embargo, los argumentos contra el aborto pueden utilizarse contra cualquier decisión que asuma que los nuevos derechos surgen de las nuevas condiciones sociales relativas a la sexualidad, el género, la asociación íntima y la libertad reproductiva. La cuestión no es que la derecha vaya primero contra el aborto, luego contra el matrimonio homosexual y finalmente contra la anticoncepción. No, el marco jurídico que está surgiendo se dirige contra la idea misma de *nuevas* configuraciones históricas de libertad (e igualdad) y pretende que la libertad quede restringida al servicio de la restauración de un orden patriarcal respaldado por la ley federal, pero también al servicio de los mercados financieros y de la religión. El vilipendio de las mujeres que intentan abortar, acusándolas de maltratadoras y asesinas, se hace eco de los ataques contra la educación sexual en estados como Florida, Texas y Oklahoma, donde docentes que tratan en las aulas temas como el género o la sexualidad son víctimas de acusaciones de maltrato, o familias que buscan atención sanitaria para sus hijos o hijas trans serán denunciadas a las autoridades gubernamentales por causarles daño. En cada uno de estos casos, el «interés del Estado» se amplía a medida que se erradican las libertades fundamentales, las que pertenecen a las mujeres, a las personas trans o queer, a quienes se dedican a la docencia y a la investigación, a las personas que se ocupan de legislar y gobernar y que trabajan por ampliar las libertades sociales y la igualdad. Al expandirse y considerarse prioritario, el interés del Estado se convierte en otra forma de autoritarismo emergente que, en estos casos concretos, se alimenta de la descripción de las luchas por la libertad como lugares peligrosos y, más concretamente, como una amenaza para la infancia.

Si pensamos que los ataques contra el género son obra de un movimiento unitario, no estamos teniendo en cuenta que las «normas basadas en el sexo» siguen siendo formas de normatividad de género. Sí, el Tribunal Supremo tenía razón al entender que la discriminación por razones de sexo puede afectar, con razón, a las mujeres de sexo femenino asignado al nacer, a los hombres que son feminizados en el trabajo y sufren en consecuencia (*Oncale contra Sundowner*) y a las personas trans que han reasignado su sexo y han sufrido discriminación como consecuencia de ello. Sin embargo, ampliar lo que legalmente se considera discriminación sexual no es lo mismo que ampliar lo que se considera libertad. La lucha por el reconocimiento de las libertades colectivas, incluidas las que garantizan la justicia reproductiva y racial, la igualdad de género y la libertad de género, está siendo activamente desmantelada por el Estado, que asume un mayor control policial y de seguridad sobre los movimientos de población, ya sea el paso de migrantes o la reunión de personas en las calles. A medida que el Tribunal Supremo se burla de la «libertad» de las mujeres, también amplía la libertad de expresión de las empresas, como ha demostrado Wendy Brown.[16] Una vez que comprendamos estas tendencias, viendo cómo se transfiguran, degradan y niegan las luchas colectivas, no tiene sentido separar las luchas de las personas trans y no binarias de la lucha del feminismo y por los derechos de las mujeres a la igualdad social y económica, así como los derechos de todas las personas embarazadas a ser atendidas por los servicios gubernamentales sin sufrir restricciones paternalistas del Estado sobre sus libertades. Una alianza contra un poder cada vez más autoritario es también una crítica de su paternalismo, que despoja a las mujeres de su libertad y a las personas trans de su facultad de autodefinición y de sus derechos a los recursos educativos y a la atención sanitaria, y priva de apoyo psicológico y médico a las personas que sufren la imposición de normas de género no deseadas y coercitivas.

Y, sin embargo, solo pueden acabar con estas libertades básicas demonizando el ejercicio mismo de la libertad, ridiculizando los nuevos usos del lenguaje para facilitar la libertad y la expresión de género, suprimiendo una atención sanitaria que permita a las personas trans vivir y respirar sin miedo en las calles y en las instituciones de las que dependen, ya sean educativas, religiosas o médicas. No servirá de nada dispersarnos en nuestros rincones identitarios aferrándonos a unos objetivos a expensas de otros. Es el momento de aliarnos en torno a ejes muy distintos de los que nos ha preparado la derecha. Eso significa que el feminismo debe unirse a las personas trans; que los defensores del matrimonio homosexual deben unirse a quienes luchan por bares y espacios comunitarios no binarios y trans; que la salud reproductiva esté en todos los programas para todo tipo de mujeres, hombres y personas no binarias, al igual que la protección contra la violencia de género y sexual. Y además todo será inútil si no somos capaces de ver que los más afectados por estas nuevas formas de privación de derechos son las personas pobres racializadas en los lugares despojados de libertad, es decir, donde el aborto ha sido convertido en delito.

Los poderes autoritarios del presente dependen de la intensificación de las pasiones, atizando el miedo y convirtiéndolo en odio, moralizando el sadismo y presentando sus propias formas de destrucción como promesas de redención. Si la derecha despierta pasiones, incluidas formas que considera legítimas de odio, para consolidar y exteriorizar las amenazas que suponen el género y la raza, ¿dónde vamos a encontrar unas pasiones que movilicen a la izquierda? A menudo nos horrorizamos cuando las mayorías electorales llevan al poder a los más autoritarios, cuando el fascismo se convierte en una postura aceptable y los nazis ganan escaños en los parlamentos de las naciones europeas. El autoritario que consigue una mayoría electoral avivando el miedo a la «invasión» cultural o al «terrorismo» puede ser elegido precisamente porque defiende un poder brutal y un nacionalismo inflexible. Sabemos cómo desmontar sus argumentos y desenmascarar su retórica, pero ¿a qué pasiones apelamos y cómo abordaremos los miedos que la derecha provoca y pone al descubierto? ¿Cuáles son, a fin de cuentas, las pasiones que podrían aglutinar a los movimientos a los que nos dirigimos con mayor eficacia de la que hemos obtenido hasta ahora? Si no conseguimos unirnos y promover perspectivas más convincentes del mundo en el que queremos vivir, estaremos perdidos. Para hacerlo, necesitamos saber por qué luchamos, no solo contra qué luchamos. Y si caemos en una guerra intestina, justo cuando la solidaridad es más necesaria que nunca, estamos desperdiciando la oportunidad de formar nuevas solidaridades para hacer frente a los desafíos de las estructuras autoritarias y las pasiones fascistas. La solidaridad exige asumir antagonismos que no siempre se pueden resolver, aceptar su carácter irresoluble y seguir luchando contra aquellas formas de poder (capitalista, racista, patriarcal, transfóbico) que niegan nuestras vidas y libertades fundamentales, que nos despojan de un plumazo del lenguaje, del deseo y de la capacidad de respirar y movernos. Incluso si no podemos dejar de lado nuestras diferencias, deberíamos cargar con ellas y seguir debatiendo mientras forjamos una solidaridad para el futuro, pues sin duda una de las tareas más urgentes es discernir e intensificar los poderes de coalición para garantizar formas de libertad e igualdad indispensables para cualquier democracia futura que se precie. No tiene sentido mimetizarnos con la transfobia de la derecha en nombre del feminismo para alimentar esa fantasía todavía más, ya que lo que ahora necesitamos es una alianza que reconozca y refuerce las interdependencias sin las cuales no podemos vivir. Frente a la pasión autoritaria, quizá podríamos levantar la bandera de otro deseo: el de la libertad y la igualdad, y hacerlo con pasión suficiente para seguir en la lucha.

CAPÍTULO 5

Feminismo transexcluyente y cuestiones de sexo en el Reino Unido

¿Hasta qué punto es crítico el feminismo crítico con el género?

Sería un error suponer que los movimientos contra la ideología de género han adoptado una forma única que se reproduce en diferentes regiones y países. Aunque algunas redes religiosas digitales pueden conectar distintas regiones, la forma y el objetivo de los movimientos antigénero difieren según procedan de la Iglesia católica, la Iglesia ortodoxa rusa, las redes políticas de la Iglesia evangélica en Estados Unidos o las iglesias pentecostales de África. También encontramos objeciones al género en los Estados musulmanes y también en contextos laicos. En el Reino Unido, la aparición de feministas que se oponen al «género» (casi una contradicción en sus términos) ha complicado cualquier esfuerzo por entender el movimiento antigénero como un movimiento religioso conservador, aunque la voluntad de algunas tendencias feministas de mantener alianzas con las fuerzas de la derecha en este tema parece fuera de toda duda. El debate entre las corrientes feministas que se autodenominan «críticas con el género» y las que insisten en que las alianzas feministas deben incluir a las personas trans y no binarias se ha convertido en un intenso conflicto público, acompañado de acoso, campañas de censura y denuncias de entornos laborales hostiles. El futuro de algunos departamentos universitarios está en entredicho, ya que los administradores tienen que atender a grupos autoproclamados feministas que argumentan contra la «ideología de género» en los planes de estudios, frente a los que defienden sus métodos, su pedagogía y su investigación ante un enemigo que, obviamente, debería ser un aliado.

Por doloroso que resulte saber que hay feministas que citan y validan de buen grado las caricaturas derechistas sobre los estudios de género, tanto dentro de la universidad como en los medios de comunicación, merece la pena reflexionar sobre las razones de que algunas diferencias obvias las hayan conducido a estas alianzas. La diferencia entre los dos bandos parece girar en torno a la cuestión de a quién puede considerarse mujer o hombre, pero también a lo que llaman la «cuestión» del sexo, un término que siempre saca a relucir los temas relacionados con el cuerpo y los problemas que plantea. Aunque las personas contrarias al género dentro del feminismo no suelen ser materialistas en el sentido marxista, se imponen con argumentos positivistas, insistiendo en que quienes defienden la idea de «género» niegan la realidad material del sexo.

Así pues, se plantean dos cuestiones cruciales sobre el feminismo. En primer lugar, ¿es la política feminista una política de alianzas? Al fin y al cabo, pocas corrientes feministas se concentran únicamente en el género, ya que, desde un principio, consideran que esta categoría está imbricada con relaciones de raza, clase, posición geopolítica, edad, capacidad, religión e historia. Todas estas cuestiones confluyen en el género, afectando a la materialidad del cuerpo e incluso a su inteligibilidad. Quienes aceptan el feminismo como una política de alianzas no solo defienden a las mujeres, sino que se oponen a todas las formas de opresión conexas, afirmando que las mujeres negras y de piel oscura viven en la intersección de varias opresiones, que las mujeres a menudo sufren discriminación económica y pobreza, que su situación tiene que enmarcarse en referencia a las desigualdades hemisféricas, al deterioro o a la ausencia de unas condiciones dignas de trabajo y de atención sanitaria y a la exposición a diferentes modalidades de violencia o prescindibilidad.

Las feministas que pretenden socavar el género atacan de forma deliberada o no algunas alianzas de las que el feminismo es parte integrante, incluida una política de izquierdas más amplia que mantiene como prioridades luchar contra la opresión de género y la explotación del trabajo de las mujeres, y defender la justicia sexual. Las historias extraordinarias del feminismo socialista y del feminismo negro en el Reino Unido son borradas por las feministas antigénero para centrarse en una única cuestión: por qué importa el sexo. Desgraciadamente para estas personas contrarias al género, la misma formulación que se supone que envía un mensaje unívoco, a saber, «el sexo es una realidad material», está inevitablemente ligada a otra cuestión: ¿por qué esta insistencia en el sexo tiene ahora tanta importancia? Pretenden disociar el sexo y el sentido político del sexo, y lo hacen por razones políticas, por lo que no es de extrañar que haya que preguntarse justamente: ¿cuál es la función política de tanta insistencia en este tema en este preciso momento?

Para comprender por qué el debate es tan incendiario en el Reino Unido, hay que entender la forma en que el género y los estudios de género se caricaturizan y por qué los esfuerzos académicos por desenmascarar la caricatura como falsa se consideran irrelevantes con tanta frecuencia. Paradójicamente, la oposición al género como construcción social se basa en una elaboración del género que puede considerarse no solo falsa, sino hostil e incendiaria.

Mientras que en otras regiones del mundo se están formando fuertes coaliciones, como «Ni una menos» en Argentina, que incluye grupos trans, feministas y LGBTQIA+ que se oponen al racismo, al extractivismo y a las estructuras capitalistas de la deuda, el terror financiero[1] y la desigualdad económica, la situación en el Reino Unido ejemplifica una división y una oposición radicales, que llegan a implicar un intento de cerrar los programas de estudios de género y de asociar a las personas que trabajan en este campo con el maltrato. Las razones de esta división son muchas, pero el propio Gobierno tiene cierta responsabilidad, ya que ha pedido a la opinión pública que debatiera los detalles de la atención sanitaria a las personas trans al tiempo que intentaba formular y después revisar sus propias políticas sanitarias.

El feminismo crítico con el género pretende rebatir la identidad trans, en particular, las reivindicaciones de las mujeres trans, argumentando que el sexo es real y que el género es un constructo, es decir, falso y artificial. Esta postura malinterpreta la construcción social y espero mostrar en este libro por qué. Han hecho suya la idea de que el género es una falsificación o una «ideología», aunque ello suponga romper con una historia larga y diversa de compromisos feministas con este término. Aunque en el debate público en el Reino Unido se distingue cada vez más entre feministas, por un lado, y partidarias de los estudios de género, por otro, esta distinción carece de sentido y contribuye a la división que el feminismo transexcluyente (terfismo) intenta exacerbar. Los estudios de género forman parte del feminismo y los debates sobre los derechos de las personas trans y la construcción social tienen lugar entre investigadores y activistas que, en realidad, representan distintas posturas feministas. Para bien o para mal, existe una amplia gama de posiciones que pueden ser llamadas feministas y no tiene sentido permitir que una facción que tiene entre sus objetivos censurar y privar de derechos se apropie de este término. Actuar como si el feminismo y el género fueran cosas opuestas es aceptar los términos propuestos por el feminismo transexcluyente. Quieren que su propio punto de vista represente a todo el feminismo, pero eso no es posible. Es una forma de feminismo que apoya activamente la desrealización de las personas trans y participa en formas de discriminación que posiblemente vayan en contra del compromiso con la igualdad que ha defendido el feminismo. Por tanto, se podría concluir razonablemente que el feminismo transfóbico no es feminismo. Aunque la verdad es que las cosas no deberían llegar a este punto.[2]

Los términos públicos del debate a menudo desvían la atención del hecho de que muchas personas trans y los movimientos que las acompañan son feministas y que las posturas transexcluyentes representan una forma de discriminación que sus defensoras rechazarían enérgicamente si se dirigieran contra ellas mismas. Al igual que los esfuerzos de la derecha por despojar a las personas trans de sus derechos de autodefinición, las posturas transexcluyentes más crueles también niegan estos mismos derechos a hombres y mujeres trans y apuntan a las trabajadoras sexuales, cuyo derecho a organizarse para recibir atención sanitaria y protección contra la violencia debería ser una parte central de cualquier programa feminista. Al negar la realidad de las vidas trans, el terfismo reclama derechos de propiedad sobre las categorías de género, especialmente la categoría de mujer, aunque las categorías de género no son propiedad de nadie. Las categorías de género son anteriores a nuestras vidas individuales y van más allá de ellas. Tienen una vida social e histórica que no es la misma que la nuestra como seres vivos. Son anteriores a nosotros y nos afectan cuando nos dan un nombre y nos inscriben en una categoría de sexo. Cuando se nos asigna un nombre de género entramos en una categoría de personas y si cambiamos de nombre pasamos a otra categoría que no es propiedad individual de nadie. Las categorías de género cambian con el tiempo y el feminismo siempre se ha basado en el carácter históricamente cambiante de las categorías de género para exigir cambios en la forma en que se definen hombres y mujeres y en el trato que reciben. Si estas categorías fueran intemporales, no podrían redefinirse, lo que querría decir que lo que la categoría de «mujer» significó una vez es lo que significará para siempre. Eso supondría tirar a la basura tanto el feminismo como la historia. La descripción de Joan W. Scott de 1988 sigue siendo más que útil: «Las categorías de "hombre" y de "mujer" son a un tiempo vacías y desbordantes. Son vacías porque no tienen un significado definitivo, trascendental. Son desbordantes porque, incluso cuando parecen estar fijadas, contienen definiciones alternativas, negadas o suprimidas».[3]

Si estas categorías se entendieran como formas de propiedad pertenecientes a individuos o a categorías, las relaciones de propiedad (y el capitalismo) ya se habrían apropiado de antemano del marco en el que pretendemos llevar a cabo el cambio. La negación de los derechos de las personas transexuales a la autodeterminación las confina en sus nombres muertos, negando su propia existencia, al tiempo que se apropia de forma paternalista del conocimiento de la verdadera realidad existencial de las personas trans.

Para ser justos, algunas corrientes feministas transexcluyentes prefieren denominarse feministas «críticas con el género» porque, según afirman, el tema trans no está en el centro de sus preocupaciones. Una de las principales defensoras del feminismo crítico con el género, Holly Lawford-Smith, sostiene que el sexo, y no la identidad trans, es el centro de sus preocupaciones porque la opresión por razón de sexo siempre ha sido el sello distintivo de lo que las feministas críticas con el género denominan ahora «feminismo radical» y se consideran la encarnación contemporánea de esta posición.[4] Lawford-Smith nombra a varias feministas radicales como precursoras del feminismo «crítico con el género», entre ellas, Ti-Grace Atkinson, Andrea Dworkin y Catharine MacKinnon, pero las pruebas aportadas para esta afirmación no cuentan la historia completa. Los escritos de MacKinnon sobre *Oncale contra Sundowner* (1997) y los experimentos literarios y los testimonios de Dworkin respecto a su alianza con personas trans rebaten la afirmación de que estas dos feministas son antigénero y antitrans, respectivamente.[5] Dworkin escribió: «Somos, claramente, una especie multisexuada que tiene su sexualidad extendida a lo largo de una amplia continuidad en la que los elementos llamados masculino y femenino no son discretos». Quizá podamos admitir al menos que en la historia del feminismo radical hay quienes no suscriben la tesis del dimorfismo biológico. De hecho, el legado transafirmativo dentro del feminismo radical se ha destacado como el precursor inestimable del «trans*feminismo»,* tal y como lo formuló Jack Halberstam.[6]

* El asterisco en «trans*feminismo» es una convención para indicar que se trata de una forma de feminismo que no relaciona lo trans exclusivamente con

Curiosamente, Lawford-Smith recurre a MacKinnon para construir su punto de vista, pero MacKinnon tenía claro que el género se produce a través de formas de poder patriarcal y que puede cambiar cuando se cuestionan esas formas de poder. Lawford-Smith señala acertadamente que MacKinnon critica el esencialismo cuando dice:

> Debido a que el mundo al que se refieren las percepciones feministas es una creación del poder masculino, muchas de nuestras afirmaciones, cuando son precisas, captan esa realidad. [...] lo que una mujer «es» es lo que ustedes han *hecho que* la mujer «sea» [...]. Si el poder masculino hace el mundo tal como «es», teorizar esta realidad exige captarla para someterla a crítica y, por lo tanto, a un cambio.

Aquí debemos entender que la crítica está vinculada al *cambio*, no es solo una actividad de desacreditación. Sin embargo, el género se construye a través de ciertas estructuras de poder, lo que significa, por desgracia, que el género es un constructo. A medida que el poder se cuestiona y se pone en tela de juicio, el género también cambia y (añadiría yo) las transformaciones del género pueden ser de hecho una forma de cuestionar el poder patriarcal. El pasaje que elige Lawford-Smith para demostrar que las feministas «críticas con el género» no son esencialistas asume que MacKinnon está de su parte, pero el legado de MacKinnon sobre el género, dentro del marco marxista, es en realidad bastante diferente. A MacKinnon no le interesaba en absoluto qué es una mujer, solo el trato que recibe, y nunca pensó que tuviéramos que responder a esa pregunta para hacer avanzar la jurisprudencia feminista. Al menos dentro de la ley, el sexo se convierte en una cuestión de trato diferenciado, lo que incluye una

---

categorías binarias de hombre o mujer, sino que está abierto a formas no binarias, no categorizadas o queer de la transexualidad. *(N. de la t.)*

forma de daño diferenciado. En *Oncale contra Sundowner* (1997), sentencia mencionada más arriba, un hombre llamado Joseph Oncale, tratado como afeminado por sus acosadores en el trabajo, argumentó que tenía legitimación en virtud de la ley de acoso sexual para alegar que había sido perjudicado por discriminación sexual. Mientras algunos tribunales argumentaban que el acoso sexual consiste, por definición, en hombres acosando a mujeres, MacKinnon, una de las autoras más significativas en la legislación sobre acoso sexual, no estaba de acuerdo:

> Si los actos son sexuales y perjudican a un sexo, están basados en el sexo, independientemente del género y la orientación sexual de las partes. La decisión del Quinto Circuito [Tribunal de Apelación de Texas, Luisiana y Misisipi] se basa en conceptos erróneos sobre la naturaleza del género en el abuso sexual dirigido contra los hombres, en particular sobre la forma en que se conecta con la desigualdad de las mujeres respecto a los hombres y de los gais y lesbianas respecto a los heterosexuales. La violación masculina (sea la víctima hombre o mujer) es un acto de dominación masculina que marca el acto en cuestión como evidentemente basado en el género y hace indiscutible el derecho a la igualdad de trato que asiste a Joseph Oncale.[7]

Citando el trabajo de Judith Lorber sobre el género en la década de 1990, MacKinnon ofrece incluso su propia versión de la matriz heteronormativa basada en el género binario tradicional: «El género de la persona con la que uno tiene relaciones sexuales, o se cree que las tiene, es un factor muy potente a la hora de decidir si alguien es considerado mujer u hombre en la sociedad».[8] También podemos tener en cuenta esta afirmación procedente de «Feminism, Marxism, Method, and the State» (1982): «Por lo tanto, la sexualidad es una forma de poder. El género, como construcción social, encarna el sexo, no lo contrario. Las mujeres y los hombres están divididos por géneros, construidos en los sexos *tal como los conocemos* [la cursiva es mía] por las exigencias sociales de la heterosexualidad».[9] Aquí tenemos una «feminista radical» que muestra cómo un análisis de la jerarquía sexual requiere en realidad una posición constructivista.

No obstante, había muchas razones para rebatir la interpretación de MacKinnon de *Oncale contra Sundowner,* como han expuesto las críticas de Katherine Franke y Janet Halley en «Sexuality Harassment».[10] Ahora bien, estas críticas difieren en cómo debe entenderse el género, no en si debe utilizarse o no. En este argumento tenemos diferentes formas de concebir el género, tanto desde el punto de vista del feminismo radical, si podemos describir así a MacKinnon, como en las posiciones queer y feministas representadas de forma diferente por Halley y Franke. MacKinnon trabajaba dentro de un marco feminista socialista cuando articuló su concepción de la sexualidad y el género. Las cosas son mucho más complejas de lo que creen las posiciones críticas con el género. El problema con el punto de vista de MacKinnon no era si le parecía útil el género, sino que lo utilizaba para articular una visión estática de la dominación sexual de los hombres sobre las mujeres, concluyendo que los hombres estaban construidos desde una posición dominante y las mujeres, desde una posición subordinada. Lo que MacKinnon no vio es que los géneros no están vinculados a las condiciones heteronormativas de su emergencia o a versiones de la sexualidad plenamente organizadas por la posición dominante masculina.

Si el feminismo crítico con el género quiere ser crítico, primero debería reflexionar sobre la historia del término «crítico» y el lugar que ocupa en las luchas por la transformación social. Criticar algo no es simplemente oponerse a algo y acabar con ello o pedir su abolición. Una visión crítica de la dominación masculina, por ejemplo, muestra que la vida no tiene por qué estar organizada de acuerdo con esta forma social. La visión crítica es una nueva forma de entender el mundo, que puede ser esencial para las luchas por el cambio social y la apertura a nuevas formas posibles de vivir. La crítica al binarismo de género, por ejemplo, no postula el fin de las mujeres y los hombres. Todo lo contrario: se pregunta por qué el género está organizado de esa manera y no de otra. Es también una forma de imaginar una vida diferente. La crítica del binarismo de género ha dado lugar a una proliferación de géneros más allá de las versiones binarias establecidas, y más allá de la jerarquía de género a la que el feminismo se opone con razón. De hecho, no hay ninguna razón para aliarse con posiciones que se opongan al género para restaurar el orden patriarcal y la jerarquía de género. Y, sin embargo, mantener el discurso de la «ideología antigénero» sitúa a las feministas «radicales» contemporáneas en una posición de lamentable complicidad con los objetivos clave del nuevo fascismo.

Para ser justos, mientras que la derecha se refiere a su posición como «ideología antigénero», el feminismo transexcluyente se centra en la «ideología de identidad de género», marcando una diferencia, quizá, pero dejándose asimilar a unas políticas de derechas y a menudo fascistas. El feminismo transexcluyente ataca el concepto de género y clama por la vuelta del sexo, pero ¿debemos suponer entonces que la identidad de género ha absorbido todos los sentidos posibles del género, incluidos, por ejemplo, los debates sobre la división del trabajo en función del género dentro del capitalismo, que seguramente serían relevantes para un feminismo digno de este nombre? Prefieren «crítico con el género» a «transexcluyente» o TERF, pero la primera denominación malinterpreta y distorsiona la historia y el significado de «crítico», así que tendremos que quedarnos con «transexcluyentes». Cuando alegan que el problema no es la transexualidad sino el «sexo», se refieren al sexo biológico que, en su opinión, está siendo borrado por la idea de identidad de género (consideraremos esta cuestión del sexo biológico en el capítulo siguiente). Sin embargo, la «ideología de la identidad de género» a la que apuntan tiene que ver con la transexualidad. Lawford-Smith incluso asume que en realidad está hablando de identidad y reivindicaciones trans, y así lo reconoce: «El feminismo crítico con el género no se refiere a la transexualidad. Se refiere al sexo. Sin embargo, al tratarse de sexo, choca con una ideología de género que es el núcleo del activismo trans». Lo que nos permite concluir que en el núcleo del feminismo crítico con el género hay un ataque al núcleo del activismo trans. El razonamiento se mantiene a pesar de una retórica que niega lo que está asumiendo claramente.

Sin embargo, lo más preocupante es la insistencia en que el feminismo destruye su propio marco a expensas de todas las coaliciones de las que forma parte y que conforman sus conexiones tan prometedoras con la justicia racial y con la lucha antifascista, entre otras cosas. ¿Los planes de estudio «críticos con el género» tienen en cuenta el llamamiento de Bernice Johnson Reagon a unas coaliciones difíciles? Reagon, dirigiéndose a las mujeres negras frente al racismo feminista blanco, reflexionó sobre la dificultad y la necesidad de mantener una coalición con quienes bien pueden representar una amenaza para su propia vida. En este alegato, muchas de nosotras fuimos conscientes de los límites del feminismo radical, aislado de la lucha contra el sometimiento racial. Incluso cuando quienes se centran en el sexo creen que eso basta para mantener las bases del feminismo, se coaligan con otros discursos raciales centrados en discursos biológicos. Para Sophie Lewis, investigadora sobre el feminismo y periodista, el terfismo en el Reino Unido está obsesionado con las «realidades biológicas» de un modo que perpetúa «una larga tradición del feminismo británico que interactúa con el colonialismo y el imperio, de modo que imponer el binarismo de género sobre unas bases biológicas está al servicio de los objetivos convergentes de la heteronormatividad y la dominación colonial».[11]

El feminismo crítico con el género quiere dar un vuelco al debate dentro del feminismo, reivindicando la propiedad del término mismo. Su oposición a la legislación y a los planes de estudio que afirman la transexualidad incurre en el mismo tipo de discriminación y censura que se da en la derecha. Ante esta situación, es turbador y triste ver feministas participando en actos discriminatorios después de tantos años de lucha por unas leyes contra la discriminación sexual. Es paradójico ver que un Tribunal Supremo conservador garantiza los derechos de las personas trans frente a la discriminación basándose en la legislación vigente sobre discriminación sexual, mientras que el feminismo que reivindica la propiedad sobre las categorías de sexo ejerce una prerrogativa paternalista para despojar a las personas de sus derechos de autodefinición con el fin de defenderse de un ataque imaginario contra la «feminidad».

El feminismo transexcluyente afirma que las mujeres trans no pueden ser mujeres, o que pueden pertenecer a un orden de mujeres de segunda categoría. De serlo, les arrebatarían algo a las mujeres de sexo femenino asignado al nacer. Cuando las terfistas afirman que se han apropiado de su género, admiten, en efecto, que su sexo es como una propiedad, algo que les han robado, pero siguen existiendo dentro de los géneros que tienen, así que, ¿qué ha cambiado exactamente? ¿Algo se ha perdido o ha sido arrebatado? La autodefinición es una vieja prerrogativa feminista. ¿Por qué renunciar a ella ahora en nombre de una autoridad a la vez paternalista y controladora? Es difícil entender por qué la vida de una mujer trans puede amenazar de alguna forma la vida de una mujer que ha mantenido su asignación sexual original. Son dos caminos divergentes, pero uno no anula al otro.

Por desgracia, el argumento antitrans da un paso más, insistiendo en que las mujeres trans son depredadores masculinos disfrazados, o podrían serlo.[12] En ese momento, la idea de feminidad trans aparece como una fantasía peligrosa en la misma línea que se puede observar en el discurso de la derecha. No son personas que luchan por autodeterminarse, por vivir abiertamente con el género que las define, luchando por sus derechos de acceso a la atención sanitaria y a la protección jurídica contra la discriminación y la violencia. No, aquí las mujeres trans son depredadoras que representan en esta fantasía lo más peligroso de la violencia sexual masculina. No es la primera vez que las feministas se alían con la derecha. Lo vimos cuando MacKinnon y Dworkin se aliaron con las campañas contra la pornografía, apoyando a la derecha cristiana en Estados Unidos incluso cuando se volvía contra las representaciones visuales de lesbianas y gais tan importantes para esos movimientos.[13]

De hecho, las perspectivas de acuerdo parecen escasas cuando este tipo de afirmaciones amplifican unos terrores imaginarios que se refuerzan a medida que circulan. Las redes sociales no hacen sino empeorar las cosas, ya que las acusaciones y denuncias vuelan libremente sin que nadie asuma una responsabilidad personal y las reputaciones se destrozan con una facilidad pasmosa. Toda esta catástrofe es especialmente alarmante, ya que las campañas de ideología antigénero de la derecha apuntan tanto al feminismo como a los derechos de las personas trans, movilizando la fantasía psicosocial de que ambos grupos «matan niños» o abusan de ellos, desafían el carácter inmutable de la familia «natural» y relegan las jerarquías patriarcales. A medida que se intensifica el debate, entra en juego otro actor, que primero aparece como un mero ruido de fondo: el Estado amplía su poder regulador y disciplinario sobre la reasignación de sexo, decidiendo qué instituciones pueden procurar cuidados de reafirmación de género y cuáles serán los términos de la atención sanitaria o la patologización; el Estado amplía su control sobre las libertades reproductivas, restringiendo el derecho a interrumpir el embarazo, la maquinaria bélica se intensifica y con ella los ideales nacionales hipermasculinos; los servicios sociales y la democracia social se destruyen a medida que la métrica neoliberal se convierte en la única medida del valor.

Al igual que Trump, Orbán, Meloni, el Vaticano y todos aquellos que, desde la derecha, rechazan la autodeterminación como base para la reasignación de sexo, el feminismo transexcluyente sostiene que la mutabilidad de género es un ejercicio ilegítimo de la libertad, una extralimitación, una apropiación y, por ello, refuerzan las barreras burocráticas, psiquiátricas y médicas para ejercer ese derecho. El Vaticano lo considera una forma de robar el poder creativo de Dios; las feministas transexcluyentes piensan que sus propios cuerpos sexuados están siendo robados por agentes hostiles. Y, sin embargo, cuando vuelve la calma, los cuerpos siguen intactos y nadie les ha robado nada. El terfismo no se atreverá a identificarse con la postura del Vaticano, pero sus creencias producen el mismo miedo y la misma represión.

Por una parte, las personas trans, y en particular las mujeres, encuentran en el feminismo radical contemporáneo una negación de lo que son, un esfuerzo concertado para borrar su existencia trans. Por otra parte, las feministas transexcluyentes sostienen que su propiedad legítima les está siendo arrebatada por mujeres «falsas». ¿A quién se perjudica realmente? En España, el terfismo sostiene que «ser mujer no es un sentimiento», lo que sirve para desacreditar a las mujeres trans que afirman sentirse mujeres. Estas feministas consideran que ser mujer no es un sentimiento, sino una realidad. Sin embargo, para las mujeres y los hombres trans ser mujer u hombre es también una realidad, la realidad que viven en sus cuerpos. La categoría de «mujer» no dice de antemano cuántas personas pueden participar en la realidad que describe, ni limita de antemano las formas que puede adoptar esa realidad. De hecho, el feminismo siempre ha insistido en que la esencia de la mujer es una cuestión abierta, una premisa que ha permitido a las mujeres perseguir posibilidades que tradicionalmente se negaban a su sexo.

Y, lo que es más importante, el género no es un mero atributo o una propiedad individual. Nadie es dueño de su propio género. Nacemos en géneros a través de la asignación de sexo y de las expectativas sociales que ello conlleva. Si aceptamos este hecho como una afirmación verdadera, estamos aceptando la idea de género. Por supuesto, hay personas que reivindican los géneros que les asignan y, en ese sentido, se convierten en el género que les han asignado. Otras personas intentan ampliar esta categoría o matizarla de algún modo para adaptarla a su vida. Sin embargo, otras personas optan por una asignación diferente que les permita el tipo de desarrollo que excluía su género asignado. Cada cual puede reclamar un género para sí mismo, pero es algo que está más allá de nuestro alcance. Al decir «soy una mujer» accedemos a una categoría que no es la nuestra. Sin embargo, intentamos hacerla nuestra y todo esto va más allá de cualquier lógica de propiedad.

Las luchas intestinas en el Reino Unido entre quienes investigan cuestiones feministas y trans y el activismo transexcluyente parecen ser las más duras en este momento, exceptuando quizá España. Mientras que en otras regiones del mundo se están formando fuertes coaliciones, como «Ni una menos», que incluye grupos trans, feministas y LGBTQIA+ que se oponen al racismo, al extractivismo y a las estructuras capitalistas de la deuda y la desigualdad económica, la situación en el Reino Unido ejemplifica una división y una oposición radicales, que supone incluso el intento de cerrar los programas de estudios de género y de asociar a las personas que investigan en este campo con el maltrato. Las razones de esta escisión especialmente dura son muchas, pero el propio Gobierno tiene cierta responsabilidad, ya que ha pedido a la opinión pública que debatiera los detalles de la atención sanitaria a las personas trans al tiempo que intentaba formular y después revisar sus propias políticas sanitarias.

El Estado es un actor muy poderoso en el tablero, tanto en España,[14] donde la ley trans se debatió en 2023 en el Parlamento, como en el Reino Unido, donde el debate lleva abierto desde que se aprobó la ley de reconocimiento de género en 2004, se aplicó en 2005 y se revisó en 2018.[15] Esta ley permitía a las personas cubiertas por el Servicio Nacional de Salud (NHS) cambiar de sexo en caso de estar supervisadas por un médico o un psicólogo colegiado. La legislación del Reino Unido no contemplaba a las personas no binarias (es decir, solo se consideraban sexos estrictamente binarios) e, incluso después de encuestar a miles de personas que pedían reformas sustanciales, el Gobierno se negó a desmedicalizar el proceso en favor de uno que acepte la autodeterminación como criterio suficiente (como ocurre en Noruega, Argentina, Malta e Irlanda, así como en algunos estados de Estados Unidos). De hecho, el procedimiento actual del Reino Unido va en contra de un conjunto cada vez mayor de normas internacionales, que sostienen que un mero acto de autodeterminación debería bastar para cambiar la condición jurídica de una persona y que someter a las personas trans y no binarias a vigilancia, inspección, diagnóstico y patologización elaborados es innecesario y perjudicial.[16] Como explica la escritora trans británica Shon Faye:

> Dos años después de la entrada en vigor de la ley de reconocimiento de género, un grupo de expertos internacionales en derechos humanos se reunió en Yogyakarta (Indonesia) para firmar los «Principios de Yogyakarta». Estos principios buscan establecer estándares internacionales para la igualdad y la dignidad de todas las personas LGTBQ. El artículo 31 pide a los Estados que adopten rápidamente «un mecanismo transparente y accesible» de reconocimiento de la identidad de género de las personas. También establecen que «ningún criterio de determinación, como intervenciones médicas o psicológicas, diagnóstico psicomédico, edad mínima o máxima, situación económica, salud, estado civil o situación reproductiva, o cualquier otra opinión de terceros, será un requisito previo para cambiar el nombre, el sexo legal o el género».[17]

Los años posteriores de debate sobre si el sexo puede, o debe, reasignarse y qué tipo de atención sanitaria, incluidos los servicios psicológicos, deben recibir los y las jóvenes trans han llevado la situación hasta el punto del delirio en el Reino Unido. Los conservadores, en la campaña electoral de 2022,[18] y los movimientos feministas «críticos con el género» tienen opiniones muy similares sobre la reasignación de sexo a las de activistas antiabortistas, el Vaticano, Trump, Orbán, Meloni y otros movimientos conservadores y nacionalistas de derechas. Es curioso que los ataques contra el género en el Reino Unido suelen estar liderados por activistas feministas que se desvinculan de las alianzas LGBTQIA+ o que desean disolverlas allí donde existen (rebajando el papel de las lesbianas en las coaliciones, por ejemplo).[19] No solo quieren desacreditar la idea misma de género, sino separar los estudios feministas de los estudios de género.[20] Temerosas de ser borradas y expropiadas, rechazan las alianzas, imaginándolas como nuevas oportunidades de que prevalezcan las jerarquías masculinistas.

Aunque el feminismo transexcluyente no parte de los mismos criterios que los movimientos de derecha, a menudo comparten algunos presupuestos. No obstante, por mucho que desee tomar distancias con respecto a los estudios de género, o demostrar que parten de bases erróneas, las fuerzas del creciente movimiento contra la ideología de género no dejan por ello de situar a ambos movimientos en el mismo bando. El feminismo transexcluyente puede ser un aliado inconsciente de las políticas de derechas, algunas abiertamente fascistas, que contribuyen a la fantasía psicosocial del «género» y, sin embargo, en su calidad de movimiento feminista, también es atacado por los políticos de derechas por sus puntos de vista sobre la reproducción y el parentesco, que ponen en solfa la política patriarcal. En algún momento tendrán que decidir si se unen o no a las víctimas de ataques similares o si ahondan las divisiones entre las personas que corren el riesgo de sufrir discriminación, violencia o censura extrema en su vida académica y política.

La alianza contra el género entre el feminismo antigénero y la derecha reaccionaria merece un debate más amplio y volveré sobre esta controversia más adelante, cuando intente defender nuevas coaliciones y nuevos imaginarios. De momento, baste señalar que las feministas «críticas con el género» han intentado imponer nuevos planes de estudios en sus universidades, socavando décadas de investigación y erudición reconocidas por el mundo académico internacional, como es el campo de los estudios de género.[21] Sus esfuerzos dividen y, aunque a veces ofrecen argumentos a favor de su punto de vista, el carácter polémico de sus posturas sugiere que no son tan reflexivas como deberían. El feminismo transexcluyente culpa a los defensores de lo trans de ser estridentes y de sus ataques en las redes sociales. Sin duda, algunos de estos insultos y amenazas no están justificados y son contraproducentes. Al mismo tiempo, parecen no entender que están poniendo en tela de juicio la propia existencia de aquellos con quienes discuten. Esto no es lo mismo que tener un punto de vista diferente y un desacuerdo razonable, ya que la postura transexcluyente está anulando las reivindicaciones que las personas trans hacen sobre su vida, su cuerpo y su propia existencia. Sus argumentos establecen una alianza, quizá involuntaria, con grupos de derechas que en realidad solo quieren cerrar clínicas abortistas, erradicar el feminismo, censurar la teoría crítica de la raza y los estudios étnicos y limitar los derechos LGBTQIA+.[22] En el contexto de las personas trans, el terfismo se opone a las reivindicaciones básicas de autodeterminación, libertad y autonomía, al derecho a recibir protección contra la violencia, a acceder al espacio público y a recibir atención sanitaria sin discriminación, todos ellos derechos por los que luchan los propios movimientos feministas y de los que dependen en determinados contextos. No es de extrañar que quienes se enfrentan a este intento de anulación existencial pongan a veces el grito en el cielo. No ayuda que los movimientos feministas «críticos con el género» describan a sus oponentes como seres estúpidos, cargados de falsa conciencia, impulsados por modas, doctrinarios, totalitarios incluso, aliándose así con los objetivos retóricos de la derecha cristiana. Precisamente porque no se plantean acuerdo alguno, porque no se preocupan por la mejor manera de luchar contra el ascenso de la derecha, se refugian en reivindicaciones identitarias y hacen proliferar temores infundados, contribuyendo a la fantasía antigénero.

Aunque esta minoría feminista tiende a oponerse a lo que llama «ideología de la identidad de género» y no se ciñe exactamente a la posición vaticana o evangélica, tampoco toma distancia suficiente con sus planteamientos. Una parte se adscribe al conservadurismo y pinta con la misma brocha reaccionaria toda la «ideología» de género como *woke*. Otras veces, sin embargo, se identifican como feministas radicales, remontándose a una época en la que «mujer» y «hembra» eran términos sinónimos, y rechazando la parte del feminismo radical dedicada a entender el género como una categoría histórica, cargada de contexto pero también cargada de gran potencial de cara al futuro.[23]

Kathleen Stock, autora de *Material Girls,* se unió a las corrientes feministas críticas con el género para acusar a las personas que investigan sobre género de censura, pensamiento gregario e idiotez generalizada. Hablando de las neurociencias en una entrevista, Stock afirmó que el cerebro simplemente percibe que hay dos sexos. Esto no lo sabía. En consecuencia, argumenta, ayudar a los niños y las niñas a comprender que una persona a la que se ha asignado un sexo al nacer pueda elegir otro sexo en función de su experiencia de género es, en su opinión, distorsionar potencialmente su percepción de los hechos o su verdadera realidad, es decir, ¡es maltrato infantil! Stock no se preocupa por las diversas formas en que se ha definido o utilizado el «sexo» a lo largo de la historia, sino que postula que tenemos, desde muy pronto, una percepción no mediada de la realidad y que solo una ideología de la falsificación puede persuadirnos de que aceptemos una ficción como alternativa. La vida trans no es una ficción o, como afirma el Vaticano, algo ficticio, sino una realidad vivida, que no es menos real por haber adoptado diferentes formas históricas a través del tiempo y el espacio. Incluso si se tratara de una ficción (algo que se podría discutir, por ejemplo, en el caso de la cultura drag), la pregunta general que se plantean las personas que investigan sobre literatura y estética sigue siendo válida: ¿cómo logran las ficciones comunicar verdades que no podríamos entender por otros medios?

Stock se describe a sí misma como ofendida por la respuesta «tóxica» y «cruel» que se ha dado a su opinión de que un hombre trans no es un hombre, una mujer trans no es una mujer y que la designación de «mujer» debería estar ligada a la determinación de la feminidad biológica. Sin embargo, no parece comprender la toxicidad o crueldad que ella misma pone sobre la mesa. Por supuesto, tanto Stock como J. K. Rowling están consternadas, y con razón, por el acoso en línea que han sufrido, y no voy a blanquear ese tipo de comportamiento, venga de quien venga. Sin duda necesitamos aprender a debatir de forma más positiva. Sin embargo, una de las razones por las que es difícil hacerlo es que el feminismo transexcluyente niega la existencia de personas a las que les ha costado bastante conseguir reconocimiento social, protección legal frente a la discriminación y una atención sanitaria adecuada y afirmativa. Ni Stock ni Rowling estarían de acuerdo en que están negando la existencia de nadie, pero eso es porque creen que poseen el único lenguaje que produce realidad y cualquiera que discrepe de ello es un iluso. De este modo, coinciden de nuevo con el discurso de la derecha sobre la vida trans.

Imagina que eres una persona judía y te dicen que no lo eres. Imagina que eres lesbiana y se ríen en tu cara, diciéndote que estás confundida y que en realidad eres heterosexual. Imagina que alguien le dice a una persona negra que en realidad es blanca o que no está racializada en este mundo ostensiblemente posracial. Imagina que alguien dice en Palestina que Palestina no existe como pueblo. ¿Quiénes son esas personas que se creen con derecho a decirte quién eres y quién no eres, que niegan tu propia definición de quién eres, que afirman que la autodeterminación no es un derecho que puedas ejercer, que te someterán a revisiones médicas y psiquiátricas, o a intervenciones quirúrgicas obligatorias, antes de reconocerte en el nombre y el sexo que te has dado, que has alcanzado? Su definición es una forma de borrado, consideran que su derecho a definirte es aparentemente más importante que cualquier derecho que tengas a determinar quién eres, cómo vives o qué lenguaje está más cerca de representar quién eres. Quizá simplemente deberíamos distanciarnos de esas personas que niegan la existencia de otras personas que luchan por el reconocimiento, que niegan el uso de categorías que nos permitan vivir. Ahora bien, si esas personas tienen aliados, si tienen poder para orquestar el discurso público y ocupan la posición de víctimas, si pretenden negar derechos básicos, entonces probablemente, en algún momento, *sentirás y expresarás rabia* y sin duda tendrás derecho a hacerlo.

En la explicación publicada por J. K. Rowling sobre las razones por las que comenzó a hablar sobre cuestiones de sexo y género el 10 de junio de 2020, deja claro que «la transición será una solución para algunas personas con disforia de género», pero luego pasa a proporcionar dos conjuntos de estadísticas para las que no aporta ninguna cita. El hecho de que hable de «disforia» sugiere que se trata de una enfermedad, una disfunción, una patología que hay que curar, y esto también se pone de manifiesto en el debate sobre lo que ella llama mujeres biológicas, defendiendo la diferencia entre la asignación de género y las diversas trayectorias de las vidas de género.

Cuando afirma que entre el 60 y el 90 por ciento de las personas con disforia de género dejarán de padecerla, no nos dice si se trata de bolleras, mariquitas, travestis, personas trans o de algo totalmente diferente. No podemos dar por sentado que la disforia de género se refiere únicamente a las personas trans, por lo que, aunque pudiéramos comprobar las estadísticas que menciona Rowling, no nos convencerían sin entender antes quién forma parte del grupo. De hecho, las tasas de arrepentimiento entre personas de todas las edades por la transición de género son muy pequeñas y eso Rowling no lo reconoce.[24] También sostiene que «el argumento de un gran número de activistas trans es que si no dejas hacer la transición a una adolescente con disforia de género se suicidará». Actúa como si esa afirmación fuera injusta o falsa, pero ¿y si fuera verdad? Las evidencias médicas demuestran que se genera mucho estrés y ansiedad en los jóvenes trans que no reciben atención sanitaria, incluida la que prestan los servicios de salud mental. La American Medical Association no está de acuerdo con Rowling al respecto.[25] El suicidio no siempre es una consecuencia directa, pero sería erróneo, y también cruel, negar que se produce cuando no se dispone de apoyo social y médico.[26] Rowling cita el conocido caso del psiquiatra David Bell, que dimitió de su puesto en el Tavistock, la clínica central de género de Londres, en protesta por el tratamiento médico ofrecido a jóvenes trans. Según Rowling, Bell sostiene que «las afirmaciones de que hay menores que se suicidan si no se les permite hacer la transición no se ajustan sustancialmente a ningún dato o estudio sólido en este terreno. Tampoco se ajustan a los casos que me he encontrado durante años como psicoterapeuta». Una vez más, los «datos sólidos» están curiosamente ausentes de esta contundente declaración. Y al menos doce importantes asociaciones médicas no están de acuerdo, incluida la American Psychiatric Association. Es bueno saber, por supuesto, que Bell no se encontró con esta situación en centros de tratamiento como el Gender Identity Development Service en el Tavistock and Portman NHS Trust de Londres, pero los jóvenes que conoció allí ya tenían, por definición, acceso a atención sanitaria, al menos hasta que el NHS cerró ese servicio en 2022.[27] Las estadísticas se refieren a jóvenes que no tienen ningún acceso a dichas instituciones. De la misma forma que los argumentos de la derecha afirman que acabar con la educación sexual, las actuaciones de drags y la atención sanitaria a jóvenes es un esfuerzo para prevenir el trato dañino a la infancia, esta argumentación es también una forma de abandono, privándola de atención sanitaria y, por lo tanto, es dañina: es perjudicial para los menores con el argumento de prevenir el daño. Lo que en realidad resulta es un equívoco moral que produce tanto miedo como confusión sobre qué es el daño y de dónde viene.

Rowling tergiversa la opinión de sus oponentes cuando afirma que niegan la realidad del sexo, o más bien les atribuye esta afirmación, pero no fundamenta en absoluto lo que dice. Considera que sus valoraciones son una representación fidedigna de la postura a la que se opone: «Si el sexo no es real, no hay atracción por el mismo sexo. Si el sexo no es real, se borra la realidad vivida por las mujeres en todo el mundo. Conozco y quiero a las personas trans, pero borrar el concepto de sexo elimina la capacidad de muchas de ellas de hablar con sentido sobre sus vidas. No es odio decir la verdad». Desde luego que no lo es. Sin embargo, ¿qué hay de cierto en todo esto? ¿Es cierto que ya no se puede hablar de sexo si no tratamos el sexo como una característica inmutable de la persona? Si el sexo se asigna y se registra legalmente y puede reasignarse y volver a registrarse, ¿no podemos deducir que la realidad del sexo ha cambiado o que ese cambio ya forma parte de nuestra realidad histórica? El sexo puede ser a un tiempo real y mutable, a menos que creamos que «la verdad» es siempre inmutable y nunca histórica, un postulado que aliaría una vez más a Rowling con la religión católica. No estoy segura de que la mutabilidad sea una condición suficiente para afirmar que algo no es real. El cambio de sexo se realiza por diversos medios tecnológicos, incluidas las cirugías realizadas en el marco de un proceso de confirmación del sexo. Sin embargo, el sexo también tiene una historia, como han afirmado con insistencia muchas historiadoras feministas. Las vidas de las mujeres por las que Rowling parece preocuparse nunca se han basado en un único concepto de sexo, y es interesante e importante considerar las diversas formas en que se delinea y entiende la realidad del sexo.

La palabra inglesa *sex* no se utiliza en todas partes, por lo que resulta importante preguntarse por las explicaciones lingüísticas y antropológicas de que así sea y cómo se aborda lo que en inglés se denomina *sex* en otras lenguas y prácticas. Incluso concebir el sexo como una *realidad* y no como una relación, una expresión, una inflexión o una categoría privilegia una perspectiva sobre otras. Además, la vida de las mujeres, considerada en su conjunto, ha venido dependiendo de los cambiantes significados históricos del sexo, ya que algunos de ellos implicaban restricciones sociales bastante importantes. Porque, si no es así, me he perdido algún momento de la historia, o estoy viviendo este momento con una sensación de curioso extrañamiento. Muchas personas encerradas en estos debates entienden que su punto de vista es la verdad incontrovertible y el debate abierto apenas prospera cuando quienes contribuyen a él se limitan a afirmar la verdad de lo que dicen, insistiendo en que es obvio y de sentido común, y a proclamar que sus oponentes han perdido de algún modo la cabeza tras caer presos de una falsedad ideológica. ¿Y si resulta que *nadie* ha dicho que el sexo no sea real, aunque algunos se pregunten en qué consiste su realidad? O incluso: ¿cómo se determina esa realidad? Me atrevería a afirmar que se trata de preguntas razonables, planteadas desde hace tiempo en muy diversos campos de estudio. Nadie ha dejado la realidad fuera de la ecuación al plantearlas. Decimos, por ejemplo, que el mundo es real, pero en varias disciplinas (filosofía, religión, física) nos preguntamos también en qué consiste esa realidad. Es una pregunta que se puede plantear en diferentes campos, como la teología o la física. Más todavía: la forma en que se hace y se deshace la realidad, cómo cambia a lo largo del tiempo, ¿depende de la perspectiva a través de la que se mire? Todas estas preguntas son críticas, toman en serio la «crítica», algo que la crítica de género no tiene costumbre de plantear ni respetar. Y, sin embargo, pertenecen al tipo de preguntas fundamentales que se plantean las humanidades, y la filosofía en particular.

Las personas que defienden lo trans, a menudo tratadas por sus oponentes como un monolito con una única opinión que se repite sin variación, tienen diferencias significativas sobre si el sexo o el género deben seguir siendo categorías operativas; también hay quien, como yo, considera que hay espacio para ambas.[28] Por ejemplo, cuando la escritora trans Andrea Long Chu afirma que es «mujer», está insistiendo en el sexo como la categoría que la describe.[29] De hecho, apenas le interesa el reduccionismo biológico, ya que sostiene que «la feminidad no es tanto un estado biológico como una condición existencial inevitable que aflige a toda la raza humana», basándose en una larga tradición de feminismo distópico. Una conclusión que se desprende claramente de todo esto es que las categorías biológicas están saturadas de significados y los perderíamos si decidiéramos que solo el género da sentido al sexo, incluso cuando la «saturación» puede ser una forma de entender cómo funciona el género. Esa no es exactamente mi opinión, pero sin duda es importante tener en cuenta la suya. Del mismo modo, como hemos visto, el uso del «sexo» en la legislación sobre igualdad o discriminación por razón de sexo no depende tanto de una visión consensuada sobre las realidades biológicas como de la capacidad de discernir cómo se utiliza el sexo en las políticas que producen desigualdad. Aunque a algunas personas trans les interesa el género, a muchas les interesa mucho más la reasignación de sexo y trabajar con el sexo como categoría. Las corrientes que se definen como «críticas con el género» no parecen interesarse en esta dinámica ni tenerla en cuenta. En cambio, seleccionan los ejemplos que apoyan sus propios prejuicios e instigan sus propios miedos y los de los demás y proceden como si estuvieran comunicando una verdad obvia e incuestionable.

Cuando Kathleen Stock se centra en algunos casos en los que mujeres trans son trasladadas a cárceles de mujeres y cometen actos de violencia sexual,[30] no se preocupa por añadir que no todas las mujeres trans harían algo así. Al igual que Rowling, se basa en estos ejemplos para explicar su oposición a la identidad trans. Si le interesa saber algo sobre agresiones en la cárcel, podría preguntarse con qué frecuencia son agredidas las personas trans, migrantes y racializadas. Y si lo que le preocupa son solo las mujeres, podría considerar que hay mujeres en todas esas categorías y es mejor que se alíen con otras mujeres que sufren acoso, abusos, violaciones y violencia dentro de las prisiones y centros de detención y que traten de poner fin a ese modo de violencia. Simplemente investigando un poco, Stock podría comprobar que en el Reino Unido cada mes se denuncia una agresión en la cárcel a una persona trans.[31] Para comprender la violencia de estas instituciones y oponerse a ella, tendríamos que entender cuál es el rango de personas que sufren, cómo sufren y qué reparación y resarcimiento es posible. Y necesitaríamos un análisis político lo suficientemente atento a todas esas formas de violencia carcelaria, incluidos el aislamiento y la pena de muerte. Stock solo utiliza ese ejemplo de un entorno penitenciario para generalizar. Cuando exige una segregación por sexos en la que el sexo se equipare al sexo asignado al nacer, no acepta que la segregación por sexos sea como la segregación por razas, e imagina que las mujeres estarán protegidas en tales circunstancias. ¿Están protegidas de esta forma las mujeres trans? ¿O quizá es que su exposición a la violencia y el acoso en las cárceles de hombres no es motivo de preocupación? Aunque deja claro que no todas las mujeres trans son violadoras, sostiene que incluso si un porcentaje muy pequeño resultara serlo, o fingiera la condición de trans con ese fin, debería aplicarse una política de separación de las mujeres trans y las mujeres a las que se asignó sexo femenino al nacer, presumiblemente porque la presencia de mujeres trans es un peligro para las mujeres que no son trans.

¿Qué presuposiciones se dan en este argumento y cuánto de lo que pasa por argumento es un deslizamiento obsesivo al servicio del alarmismo? ¿Está fundamentado? Stock se preocupa, con razón, de que ninguna mujer sea objeto de una violación, y estoy de acuerdo en que esa debería ser una preocupación compartida. Y, sin embargo, si su principal objetivo fuera proteger a las mujeres contra las violaciones en prisión, ¿no debería consultar primero las estadísticas sobre funcionarios de prisiones masculinos que se dedican precisamente a esa actividad que, dada su magnitud, debería en su planteamiento conducir a una política en la que ningún hombre trabajara nunca como funcionario de prisiones en ninguna cárcel de mujeres? Tal vez haya firmado peticiones en ese sentido, o escritos sobre esta política, pero yo no he encontrado ningún ejemplo. ¿Y qué hay de los abusos sexuales infligidos por mujeres (de sexo femenino al nacer) contra otras mujeres? Mucha gente denuncia abusos por parte de mujeres, por lo que no parece correcto imaginar que solo las personas de sexo asignado al nacer masculino son capaces de cometer abusos o agresiones. El problema no es solo que ciertas historias e incidentes se destaquen por encima de otros, sino que tales incidentes activan una escalada de reivindicaciones hasta llegar a una imagen general de la realidad, aunque esa imagen esté cargada de fantasía que pretende avivar el miedo y convertir en chivo expiatorio a toda una categoría de personas.

Si el problema implícito es que alguien que tiene pene, o incluso alguien que alguna vez lo tuvo, violará porque el pene es la causa de la violación, o que la socialización de las personas que tienen pene es la causa de la violación, más vale que estas afirmaciones sean objeto de debate. La violación es un acto de dominio sexual y social, como han argumentado muchas feministas, que se deriva de unas relaciones sociales que establecen la dominación masculina y el acceso no consentido al cuerpo de las mujeres como un derecho y un privilegio. La razón de este dominio no es biológica; el cuerpo está organizado y marcado por las relaciones operativas de poder que están obrando. Sí, la violación es una penetración no deseada, y puede venir de un pene, un puño o cualquier cosa que pueda servir como instrumento contundente. El instrumento no es lo que da lugar a la violación, aunque hace que se produzca. El estrangulamiento requiere las manos, pero las manos en sí no son la razón por la que alguien estrangula a otra persona. La actividad del pene o, de hecho, la de un instrumento contundente que pueda violar no es seguramente la causa de la violación, sino uno de sus posibles instrumentos.

Una cierta forma de argumentar desmiente una escena de fantasía estructurante: el pene en la imagen es la causa y la condición de la violación y, sin el pene en la habitación, la violación no tendrá lugar. La violación no se desarrolla de forma natural a partir de la presencia de un pene, y sin duda nos vendría bien considerar cuántos tipos de objetos y partes del cuerpo se utilizan para herir y penetrar en el cuerpo de otras personas sin su consentimiento. Cuando el objetivo es dominar, entonces valen todos y cada uno de los instrumentos. Ese deseo violento no surge del pene, sino que a veces es ejecutado por un pene al servicio no de un impulso biológico, sino de un deseo social de dominación absoluta (una perspectiva que solía tener el feminismo radical antes de la apropiación reduccionista biológica de este término). Seguramente sería bueno comprender mejor cómo surge ese deseo de dominio, como ha hecho tantas veces el feminismo anterior a la generación transexcluyente.[32]

El argumento de Stock para no dejar entrar mujeres trans en espacios femeninos (una postura abiertamente discriminatoria) parece basarse en la idea de que las mujeres se sentirán inseguras si hay un pene en la habitación. ¿De dónde viene esa idea? ¿Qué poder se otorga al pene en esta situación y qué representa? ¿El pene es siempre amenazador? ¿Y si ese pene está fuera de juego o simplemente estorba, o si nadie se acuerda de él? Cuando educamos a nuestros hijos, ¿retrocedemos ante sus penes como si fueran siempre amenazas potenciales para las mujeres? Estoy segura de que no es así, o quizá debería desear fervientemente que no sea así. Pedir la segregación y la discriminación solo puede parecer «razonable» cuando esta interpretación fantaseada del pene como arma está estructurando la realidad. Este punto de vista no puede resistir el escrutinio crítico de cómo funcionan la analogía y la generalización en esta situación. Si encontráramos pruebas, por ejemplo, de que dos negros han cometido delitos, ¿exigimos políticas sociales que hagan pagar a toda la comunidad negra por esos delitos? O si un judío cobra de más por una transacción, ¿tenemos entonces libertad para generalizar sobre el carácter avaro de los judíos como clase? Evidentemente, no está justificado que lo hagamos.

Los conservadores italianos, al defender su política familiar, apuntan tanto a la ideología de género como a Goldman Sachs, como si ambos conceptos estuvieran evidentemente relacionados. Ambos son delirios que funcionan dentro de una lógica conspirativa que, en este caso, tiene muchas de las características de otros argumentos antisemitas.[33] De hecho, solo es posible relacionar ambos a través de una paranoia conspirativa. Cuando las acciones de una persona pasan a representar a todo el grupo del que esa persona forma parte, empieza a tomar forma una convicción sobre la culpabilidad colectiva: esa persona actuó de un modo representativo o el ejemplo de esa persona se convierte en ejemplar para el grupo. Esa forma inadecuada de generalizar nos muestra cómo surgen los chivos expiatorios, que es una forma de responder a un daño produciendo otro. Argumentar que porque unos pocos miembros de un grupo han cometido un delito todos los miembros de ese grupo deben estar sujetos a una política que niega su identidad y su deseo no solo es un fracaso de la lógica, sino una coartada para formas de discriminación que pueden acabar en una persecución fascista.

Si el argumento es que las mujeres trans son maltratadoras porque «realmente» son hombres, entonces estamos suponiendo que los hombres son maltratadores como categoría, o en virtud de sus penes, y que, en cualquier caso, aquellos a los que se ha asignado un sexo de varón al nacer son los verdaderos maltratadores. Para darle sentido a esta afirmación tendríamos que saber si todos los hombres son maltratadores potenciales o reales, si lo son por su pene, si los hombres trans con o sin pene forman parte de esa categoría de maltratadores, si otros tipos de maltrato quedan fuera de foco por este marco que identifica estrictamente cómo y cuándo se da. Parece que el argumento se basa en la idea romántica de que las mujeres solo son víctimas y nunca maltratadoras, aunque los hijos de madres maltratadoras saben lo falso que puede ser esto, como también lo saben las supervivientes de la violencia íntima y doméstica entre lesbianas. Si el argumento consiste en que las mujeres trans constituyen un riesgo para las mujeres que lo son por sexo asignado al nacer, porque algunas de las primeras todavía tienen pene, tendríamos que preguntarnos de nuevo cómo funciona el pene para dar motivo a semejantes fantasías amenazadoras. Esto es muy diferente de imaginar que la violación está causada por el órgano biológico; sin embargo, hay situaciones en las que la imagen del pene como causa puede resultar convincente.

¿Qué ocurre en los términos de este esquema delirante con el abanico de relaciones que la gente mantiene con el pene (incluidas las fantasías de rivalidad), tanto por parte de quienes lo tienen como por parte de quienes no lo tienen? Si la violación se imagina como una urgencia biológica desenfrenada producida en y por ese órgano corporal exclusivamente, entonces las dimensiones sociales de la cultura de la violación se malinterpretan claramente o más bien se eluden trágicamente. La organización social de la dominación patriarcal violenta adopta muchas formas, incluidos métodos de brutalidad y acoso que no pueden atribuirse a ningún órgano.

Si el feminismo crítico con el género nos pide, como prueba de realismo, que aceptemos la realidad del pene, podemos estar de acuerdo en hacerlo sin problema. Sin embargo, esa aceptación difícilmente explica por qué los hombres violan, ya que nada en el órgano *per se* produce la violación. ¿Qué supone la violación para un hombre? ¿Qué se espera que la violación haga por él? Estas preguntas no pueden responderse con un enfoque puramente psicológico, ya que el marco para entender por qué algunos hombres violan es sin duda el dominio masculino generalizado, que incluye un derecho de acceso a los cuerpos que pretenden controlar. Esta forma de dominio respalda ideales de poder masculino parcialmente definidos por la capacidad (personal y social) o, podríamos decir, el derecho, a violar a las mujeres. En este delirio, el órgano adquiere poder social en determinadas condiciones y se convierte en sede de una fantasía temible en otras condiciones. Puede ser que el órgano *per se* rara vez aparezca en esta escena salvo en caso de inversión delirante de algún tipo, porque, si los hombres entienden que violar a una mujer es un derecho, ese derecho viene de alguna parte, y se interioriza, si no se incorpora, como una capacidad y un poder. Llámenme feminista radical si es necesario, pero este poder social es algo que las generaciones anteriores de feministas tenían claro. De hecho, las descripciones que ofrecen tanto Rowling como Stock dan fe de este poder. El planteamiento feminista transexcluyente de prohibir el acceso al baño o a los vestuarios a las personas con pene, o de imponer segregación sexual en las cárceles, no tiene sentido si no tenemos en cuenta el poder de las fantasías que se centran en el órgano (incluidas las que aportan los propios hombres con pene), hasta en los casos en que el órgano no es motivo de preocupación o, de hecho, como les ocurre a muchas mujeres trans, no existe. Consideremos, visto así, la ironía de que las mujeres más temidas por tener pene puedan estar entre las personas con menos interés por tenerlo. ¿Por qué deben ser ellas las más afectadas por la violencia masculina? Las mujeres trans, uno de los grupos más vulnerables, un grupo que incluye personas que pueden o no tener pene, se han desvinculado de la masculinidad tradicional, pero, en muchos casos, en la mayoría, conocen, sufren y aguantan la violencia masculina en su vida cotidiana. Qué tontería, entonces, no darse cuenta de la alianza que existe entre las personas trans y las feministas de todo tipo, especialmente cuando no son grupos tan diferentes en la mayoría de los casos. El transfeminismo lo deja claro, basándose en el enfoque interseccional desarrollado por el feminismo negro y creando un nuevo marco que va más allá de las divisiones que hemos mencionado.[34] La masculinidad no tiene por qué estar siempre ligada al marco del dominio y la violación, como atestiguan muchas formas más nuevas de masculinidad, especialmente en las comunidades queer y trans.

En algunos momentos, Rowling parece saberlo, pero su argumento se desvía en cuanto introduce y extrapola su experiencia personal. Después de todo, la motivación que alguien tiene para entrar en un debate público como este puede ser digna de mención, pero no suele ser suficiente para justificar que todo el mundo esté de acuerdo con el punto de vista de una persona. De lo contrario, lo subjetivo se convierte en universal sin tener en cuenta otras perspectivas ni responder a preguntas razonables. Rowling muestra cómo pueden y deben ser solidarias las que ella llama mujeres, asumiendo que se refiere a las que se les ha asignado un sexo femenino al nacer, y las mujeres trans, subrayando incluso que pueden ser objeto del mismo tipo de violencia. Sin embargo, al final da un giro y generaliza rápidamente a partir de incidentes concretos hasta convertirlos en una afirmación general, rompiendo los lazos que pretendía establecer entre mujeres de todo tipo y haciéndose eco, sin quererlo, de la lógica de la derecha. Lamentablemente, no identifica a las mujeres marimacho y a los hombres trans como víctimas de tipos de violencia similares. Rowling nos da primero una idea de la brutal historia de abusos domésticos que sufrió antes de sacar una serie de conclusiones de esa horrible historia que no parecen tener sentido. Estas son sus palabras:

> Conseguí escapar de mi primer matrimonio violento con cierta dificultad, pero ahora estoy casada con un hombre realmente bueno y con principios, estoy segura y protegida de un modo que ni en un millón de años habría esperado. Sin embargo, las cicatrices que dejan la violencia y las agresiones sexuales no desaparecen, por mucho amor que recibas y por mucho dinero que tengas. Mi perenne nerviosismo es un chiste familiar (y hasta a mí me parece divertido), pero rezo para que mis hijas nunca tengan las mismas razones que yo para odiar los ruidos fuertes y repentinos, o encontrarme detrás de mí a una persona que se ha acercado sin hacer ruido.

A continuación, deja claro que siente empatía por las mujeres trans, un sentimiento que, para ella, tiene un potencial de solidaridad, incluso de parentesco:

Si pudieras entrar en mi cabeza y entender lo que siento cuando leo que una mujer trans muere a manos de un hombre violento encontrarías un vínculo y solidaridad. Tengo una percepción visceral del terror en el que esas mujeres trans habrán pasado sus últimos segundos en la Tierra, porque yo también he conocido momentos de miedo ciego en los que era consciente de que lo único que me mantenía con vida era el tembloroso autocontrol de mi agresor.

Creo que la mayoría de las personas trans no solo no suponen amenaza alguna para los demás, sino que son vulnerables por todas las razones que he expuesto. Las personas trans necesitan y merecen protección. Al igual que las mujeres, tienen más probabilidades de ser asesinadas por sus parejas sexuales. Las mujeres trans que trabajan en la industria del sexo, especialmente las racializadas, corren un riesgo especial. Como cualquier otra superviviente de abusos domésticos y agresiones sexuales que pueda conocer, no siento más que empatía y solidaridad con las mujeres trans que han sufrido abusos por parte de los hombres.

Los sentimientos de empatía y solidaridad que muestra se basan en una analogía cuestionable. Los hombres son violentos y las mujeres trans corren un alto riesgo de ser asesinadas por sus parejas domésticas. Parece que la violencia que le preocupa es la violencia doméstica perpetrada por hombres, pero ¿qué pasa con otras formas de violencia social infligida a las personas trans en general? El escenario doméstico de la violencia delimita la forma en que trata este problema. ¿Qué pasa con el encarcelamiento, el confinamiento en una patología psiquiátrica, la violencia callejera, la pérdida de empleo? ¿Son los hombres el problema o lo es la organización social del patriarcado y la dominación masculina? ¿No serían diferentes los hombres fuera de estos esquemas? ¿No muestran las nuevas generaciones de hombres signos claros de cambio? ¿Se incluye a los homosexuales en esta categoría o no es posible hacerlo? ¿Qué pasa con los hombres no binarios o con todos aquellos que se definen como transmasculinos? ¿Hombres transgénero?

Rowling continúa, pero la solidaridad que acaba de anunciar se desvanece con bastante rapidez, ya que las mujeres trans resultan ser hombres, en su opinión, lo que las coloca del lado de los agresores, y no de los agredidos.

> Por eso quiero que las mujeres trans estén seguras. Al mismo tiempo, no quiero que las niñas y las mujeres cuyo sexo les ha sido asignado al nacer estén menos seguras. Cuando se abren las puertas de los baños y vestuarios a cualquier hombre que crea o sienta que es una mujer (y, como ya he dicho, ahora se pueden conceder certificados de confirmación de género sin necesidad de cirugía ni hormonas), se abre la puerta a todos los hombres que deseen entrar. Esta es la pura verdad.

¿Mantener la seguridad de las niñas y mujeres de sexo asignado al nacer va en detrimento de la seguridad de las mujeres trans? De ser así, habría que sacrificar la seguridad de un grupo por la de otro. ¿Es realmente necesario quedarse con una de las dos alternativas? ¿Y si el objetivo es mantener a *todo el mundo* seguro, y la tarea, idear una organización del espacio que lo haga posible? Para ello, habría que consolidar una alianza activa y comprometida con la resolución de este tipo de problemas. Mantener seguras a las mujeres trans, tan seguras como a todas las mujeres y las niñas, no es una contradicción, a menos que se crea que las mujeres de sexo femenino asignado al nacer están en peligro frente a las mujeres cuya condición de género se consigue públicamente mediante la autodeclaración, el reconocimiento social o la certificación médica y legal. De repente, la figura de la mujer trans agresora parece representar a todas las mujeres trans y la categoría «mujer trans» es sustituida sin más por la categoría «hombre». Las dos afirmaciones parecen ir juntas, pero no las vincula ninguna lógica: las mujeres trans son reducidas a la condición de hombres y (todos) los hombres son violadores en potencia. Entiendo que los hombres a los que se les ha asignado el sexo femenino al nacer puedan encajar, o no, en la segunda generalización. Una mujer trans puede cometer una agresión y, por lo tanto, todas las mujeres trans son agresoras. Las pocas que han cometido agresiones (Karen White, encarcelada por delitos sexuales en Reino Unido en 2018 es una de ellas) son representativas del potencial para agredir de todas las mujeres trans y la razón es que las mujeres trans son en realidad hombres y los hombres (o sus penes) son agresores.[35] Esta reducción y esta supresión tan brutales dejan que ese caso se imponga sobre todo lo demás, dando paso a una generalización y luego a un pánico total, una reducción obsesiva de los hombres no solo a sus penes, sino a unos penes agresores. Sí, eso puede ocurrir en sueños, en las fantasías posteriores a un trauma, pero, cuando esta fantasía se convierte en una realidad social, la sintaxis de la escena fantaseada ocupa el lugar de una consideración reflexiva de la realidad social.[36]

No se hace ninguna distinción entre una ley que deja entrar a «cualquier hombre» en espacios específicos para niñas o mujeres y aquellas mujeres y niñas que llegan a esa misma puerta después de hacer una transición e identificarse como mujer. Seamos claros: la transición y la autoidentificación no son caprichos; incluso aunque una persona decida dar el paso de autodeclararse en un formulario legal, eso no quiere decir que la realidad vivida del género sea una elección caprichosa, una forma estratégica para esa persona de entrar en los espacios reservados a mujeres y de salirse con la suya con las personas que encuentre allí. Incluso si podemos señalar unos pocos casos en los que han ocurrido estas cosas, ¿cómo comparamos esas cifras con el incremento de las formas de violencia sexual cometidas contra mujeres, lesbianas, gais, travestis y personas trans por aquellos hombres (y poderes estatales) que sienten que es su derecho y es su poder? La exposición a la violencia de una mujer trans en un espacio lleno de hombres es mayor que la amenaza que pueda representar para otras mujeres que comparten su necesidad de protección. Algunos estudios señalan que las mujeres trans tienen trece veces más probabilidades de ser agredidas en las cárceles masculinas que los hombres.[37]

Tras unas sentidas expresiones de solidaridad con las personas trans, especialmente las mujeres, Rowling da un giro y se dirige de repente a una segunda persona desconocida que podría ser el Gobierno británico o quizá todo el movimiento británico que apoya la despatologización de los procedimientos de certificación sobre la base de un modelo de autodeclaración: «Cuando se abren de par en par las puertas de los baños y vestuarios a cualquier hombre que se crea o se sienta mujer...». *¿Cualquier hombre?* Rowling deja claro que, en su opinión, las mujeres trans con las que acaba de solidarizarse son *en realidad hombres* y que se trata de peligrosos farsantes. Así pues, se solidariza con aquellas cuya existencia está dispuesta a negar. Y también malinterpreta deliberadamente la ley de reconocimiento de género, que en realidad exige que las personas que quieran ejercer su derecho de autoidentificación se sometan a diversos tipos de protocolos a lo largo del tiempo antes de que se las autorice a hacerlo. Nadie actúa por capricho, salvo unas pocas excepciones. Una mujer trans no es «cualquier hombre» y, sin embargo, Rowling quiere que la imaginemos así, es uno de tantos «hombres» intercambiables que solo están interesados por invadir los espacios de las mujeres y sus cuerpos. En su opinión, cualquier sentimiento subjetivo que lleve a las mujeres trans a creer que son mujeres no debe tomarse en serio. El elemento «subjetivo» se considera infundado, caprichoso, sin valor, pero también estratégico, desvergonzado, ruin y oportunista. Al mismo tiempo, Rowling no se priva de pedir que se tome muy en serio su subjetividad. Como el de otras personas que se oponen al género, el discurso de Rowling se encuentra plagado de contradicciones, suturando elementos discordantes de su presentación para confirmar que lo que ella sufrió una vez será lo que sufran todas las mujeres si se amplía la categoría de mujeres para incluir a las que realmente viven en el entorno de las mujeres y como mujeres.

Tanta falta de respeto por parte de alguien que profesa solidaridad con las personas trans podría haber concluido con este gesto de burla atroz, pero Rowling va más allá, identificando a las mujeres trans con los violadores, y negándose a comprobar la aceleración y las múltiples capas de su fantasía, a saber, que las mujeres trans son en realidad hombres (¡cuidado!) y que los hombres son violadores o violadores en potencia (todos ellos, *¿en serio?*), en virtud de sus órganos (¿cómo debemos entender esto?). Implícitamente hace referencia al debate en el Reino Unido entre quienes creen que deben llevarse a cabo procesos de certificación médica y psicológica antes de que el Gobierno pueda expedir un certificado de identidad de género y quienes, en línea con un número creciente de Gobiernos y organizaciones médicas, se oponen a esos procesos, a menudo burocráticos y patologizantes, y sostienen que la autodeclaración debería ser suficiente para garantizar la expedición del certificado. Escocia, Argentina y Dinamarca son algunos de los Estados que hacen precisamente eso, pero hay muchos más que dan los mismos pasos hacia el modelo de autodeclaración (al que me acogí para convertirme en persona no binaria en California).[38] Rowling ha dejado claras sus objeciones a ese proceso, insistiendo en que solo las personas que toman hormonas, se someten a cirugía y superan todas las pruebas deberían poder optar a ello. Se considera capacitada para juzgar en este ámbito, pero ¿quién le da esa cualificación? Mientras que el argumento a favor de la autodeclaración honra la dignidad y la libertad de quienes buscan el reconocimiento social y legal desde un sexo determinado o un género diferente del asignado al nacer, el modelo patologizador deja la decisión sobre el propio género en manos de autoridades médicas y psiquiátricas que a menudo no están preparadas para comprender la afirmación de la vida que supone la transición o vivir de acuerdo con la propia verdad.

Los crímenes violentos son una realidad. La violencia sexual es una realidad. Las secuelas traumáticas también lo son, pero vivir en la temporalidad repetitiva del trauma no siempre nos ayuda a percibir de forma adecuada la realidad social. De hecho, la realidad del trauma que sufrimos hace que sea difícil distinguir entre lo que más tememos y lo que realmente está ocurriendo, lo que ocurrió en el pasado y lo que está ocurriendo ahora. Es necesario un trabajo cuidadoso para que esas distinciones emerjan de forma estable para una composición de lugar clara. Negar estas distinciones forma parte del trauma. Las asociaciones con las que cualquiera de nosotros vive a consecuencia de la violencia traumática hacen más difícil la navegación por el mundo. Podemos sentir miedo ante determinados tipos de mirada o ante ciertos espacios, olores o sonidos. Podemos ver a alguien que nos recuerda a la persona que ejerció la violencia, pero ¿no nos corresponde a nosotros preguntarnos si esa persona debe soportar la carga de nuestra memoria o de nuestro trauma? ¿Deberíamos poder atribuir una culpabilidad por asociación porque sufrimos un daño? Me parece que no. Si el hecho de haber sufrido un trauma nos lleva a ver la escena del trauma en todas partes, entonces parte de la reparación consiste en ser capaces de identificar lo sucedido y aliviar la mente de las asociaciones incontrolables que podrían atentar contra todo aquel que suscitara una asociación con el trauma.

Las asociaciones traumáticas funcionan por proximidad, semejanza, ecos, desplazamientos y condensaciones. Son la versión despierta de las pesadillas. Vivir y superar las secuelas de la violencia sexual es una lucha enorme, que requiere apoyo, terapia y un buen análisis político como parte del proceso. No nos ha violado toda una categoría de personas, aunque a veces lo parezca. Negarse a reconocer a las mujeres trans como mujeres porque se teme que en realidad sean hombres y, por lo tanto, violadores en potencia es dar rienda suelta al escenario traumático en la propia descripción de la realidad, inundar a un grupo de personas que no se lo merecen con el terror desenfrenado que nos afecta y no comprender la realidad social en su complejidad. Y también es fracasar en la identificación de la fuente verdadera del daño, algo que, si lo lográsemos, nos abocaría a una alianza, y no a una división paranoica. Si llego a convencerme de que una persona trans es portadora o representante de mi trauma personal, entonces habré logrado una proyección y un desplazamiento que hace todavía más difícil contar mi historia, así como la suya. Las personas trans representan ahora la violencia de lo que me ha sucedido, aunque no estaban allí, mientras que otra persona, que extrañamente no tiene nombre, concretamente un hombre cis, sí que lo estaba. ¿No imponen las feministas una forma de violencia psicológica sobre las personas trans al asociarlas con la violación, cuando ellas mismas están luchando también por liberarse de innumerables formas de violencia social? Si el feminismo transexcluyente niega la realidad de las vidas trans y opta por la discriminación, la negación existencial y el odio, recurriendo al trauma personal para infligir nuevos daños, entonces comete una injusticia en lugar de forjar una alianza por la justicia. El feminismo siempre ha luchado por la justicia y, como esa lucha, se ha forjado en las alianzas y en la afirmación de diferencia. El feminismo transexcluyente no es feminismo o, mejor dicho, no debería serlo.

He recurrido al psicoanálisis en la crítica anterior al feminismo transexcluyente, pero espero demostrar que también nos ofrece una forma de mantenernos abiertos ante la naturaleza cambiante de las categorías de género. El feminismo transexcluyente intenta coagular a una categoría de mujeres, encerrarlas, bloquear las puertas y patrullar las fronteras. Gail Lewis, profesora y psicoanalista, en una entrevista sobre el feminismo negro y la forma en que la piel blanca ha saturado el movimiento feminista británico, sugiere que las personas trans* representan una oportunidad para reconsiderar cómo las categorías de género sacan a la luz cuestiones fundamentales sobre lo que podemos conocer. En una entrevista con Clare Hemmings afirma:

> Si tenemos una teoría de la materia que dice que hay muchas cosas desconocidas e incognoscibles, quizá podamos decir también que

> hay muchas cosas de la vida humana que son desconocidas e incognoscibles. Todos estos intentos de mantener vigentes las jerarquías de la vida humana (y no humana) en torno a normatividades tóxicas, a través de la categorización, es también una forma, un deseo inconsciente de delimitar lo que no se puede delimitar del todo. Así que creo que el psicoanálisis ofrece una especie de arquitectura para empezar a explorar algunos de estos territorios.[39]

Lewis señala que el feminismo antitrans se ha vuelto en contra de la historia de las luchas feministas, una historia que nos pidió que soportáramos lo que no podemos describir o conocer plenamente de acuerdo con las categorías que nos han transmitido: «Sí, da miedo desmantelar las arquitecturas de sometimiento por las que nos conocemos, da miedo, pero hay que deshacerlas otra vez porque refugiarse en la aparente seguridad de las mismas normatividades contra las que tú y nosotros luchamos por su carácter discriminatorio no te salvará, sino que te destruirá y nos destruirá». De hecho, las mismas categorías que creemos necesitar para vivir son las que han proyectado la violencia sobre otras personas, así que, ¿cómo asimilar un panorama psíquico y social en el que ambas cosas son ciertas?

¿Puede el feminismo unirse en una alianza contra las fuerzas de destrucción en lugar de convertirse en una fuerza destructiva aliada con otras fuerzas del mismo tipo? Es una pregunta abierta, pero a la que parece crucial responder afirmativamente, dado lo fundamentales que son para el nuevo fascismo los ataques despiadados contra las mujeres, las personas trans, los gais y las lesbianas, las personas negras y de piel oscura, que pertenecen a todas estas categorías y en las que también perviven estas categorías. Las categorías deben abrirse para que la vida se pueda vivir, para que la vida resulte habitable, como también es importante que puedan sacar partido de las categorías quienes no se reconocen en ellas. Ahí está la paradoja, pero en la paradoja, como nos recuerda Joan W. Scott, reside una promesa.

CAPÍTULO 6

¿Qué pasa con el sexo?

Uno de los principales argumentos del feminismo antigénero y sus activistas es que los estudios de género niegan todo lo que tenga que ver con el «sexo». A veces se nos acusa de negarnos a aceptar las diferencias biológicas, o de erradicar las diferencias biológicas en un esfuerzo por vencer formas de determinismo biológico. También nos dicen que las reivindicaciones basadas en el sexo, incluida la denuncia de la discriminación, serían imposibles si el género sustituyera al sexo. Hemos abordado la cuestión de qué se entiende por una reivindicación «basada en el sexo» y la vamos a analizar más en detalle.

En el capítulo anterior, subrayé que la asignación de sexo es la práctica inicial y poderosa a través de la cual se establece una y otra vez todo lo relacionado con el sexo. También sostuve que las formas de discriminación «basadas en el sexo» suelen partir de ideas erróneas sobre el sexo basándose, por ejemplo, en qué trabajo puede realizar eficazmente una mujer o cómo se supone que debe ser o actuar una empleada o cómo toma una empresa las decisiones sobre el entorno de trabajo. La denegación de un puesto de trabajo se basa en la idea de que el sexo de la persona la hace incompetente, o que el puesto debería ir a otra persona porque es un hombre o porque su género se ajusta a las expectativas normativas. Recordemos que basar una decisión en el sexo de una persona se considera discriminatorio, ya que parte de ciertas ideas erróneas sobre lo que pueden hacer las personas sexuadas de determinada manera. La idea de «sexo» en la que se basan las acciones discriminatorias suele resultar falsa o irrelevante. El objetivo de estas disposiciones suele ser desterrar las ideas preconcebidas sobre el sexo de las decisiones laborales. Afirmar que debemos definir el sexo para entender la discriminación sexual no tiene en cuenta que estamos intentando eliminar las ideas preconcebidas sobre el sexo y que no deseamos basar nuestro feminismo en esas ideas preconcebidas. También afirmamos que no estamos negando el sexo cuando cuestionamos los mecanismos por los que se establece. La asignación de sexo tiene una larga historia y, en muchas tradiciones, se da cabida a personas que no encajan perfectamente en un marco binario. Negar la existencia de personas intersexuales para polemizar sobre los «hechos» es precisamente negar los hechos al servicio de la conservación del esquema binario.

Los argumentos sobre las diferencias biológicas suelen basarse en la presencia o ausencia de capacidades reproductivas específicas, pero estas afirmaciones tienden a descansar en una concepción de cuerpos diferenciados que está congelada en el tiempo. Las mujeres no pueden definirse por su capacidad reproductiva por todas esas razones que las feministas nos han enseñado a lo largo de los años. Francamente, no todas las mujeres tienen capacidad reproductiva y sería insensato y cruel decir que esas mujeres no son realmente mujeres, sobre todo si ellas mismas se perciben así. Y si algunas personas con capacidad para reproducirse no son mujeres, es decir, si tener esa capacidad biológica no define su identidad de género, y sin embargo quieren tener derecho a dar a luz o a abortar por las mismas razones que el resto, entonces, ¿por qué no deben formar parte de la categoría de personas que deberían poder exigir ese derecho?

Curiosamente, el argumento de que la capacidad reproductiva diferencia los sexos está idealizando la reproducción como si fuera la característica definitoria del sexo, de modo que este ideal social rige la forma en que se establecen los hechos. Una vez que sacamos el sexo del marco reproductivo, podemos ver cómo los ideales sociales han limitado los tipos de hechos que generalmente se consideran relevantes. Como sabemos, muchas mujeres pueden ser demasiado jóvenes o demasiado viejas para quedarse embarazadas y algunas nunca tuvieron esa capacidad por otros motivos, o esa capacidad dejó de existir como consecuencia del envejecimiento, de problemas hormonales, intervenciones médicas, falta de acceso a tecnología de reproducción asistida o exposición a toxinas medioambientales. Algunas mujeres ni siquiera saben si tienen esa capacidad porque sencillamente nunca quisieron tener hijos o mantuvieron relaciones sexuales con personas con las que no podían quedarse embarazadas, por lo que ignoran cuál es su fertilidad. A pesar de la idealización conservadora de la mujer como madre, solo algunas mujeres pueden, o podrían, quedarse embarazadas, eso siempre ha sido así. No son ni más ni menos mujeres que las que se quedaron embarazadas. Y, puesto que algunas personas, incluidos los hombres trans o las personas no binarias, pueden tener esa capacidad, tiene sentido ampliar nuestro marco, nuestro vocabulario y nuestra mente para asimilar los hechos tal y como son. Dada la variedad de capacidades, deseos e identidades de género, no tiene sentido identificar una *capacidad biológica específica como definitoria del género, que nunca debería servir como criterio exclusivo o fundamental para determinar el género*. El feminismo nos ha enseñado de forma insistente que no todas las mujeres desean ser madres y, si lo desean, no es necesariamente lo que las define. Una ley contra la discriminación basada en el sexo tiene que insistir en este punto cada vez que se deniega a una mujer un puesto o un ascenso por estar embarazada o ser fértil.

La insistencia en la capacidad reproductiva para diferenciar los sexos no solo supone que el sexo asignado al nacer sigue siendo el mismo con el paso del tiempo, sino que plantea como definitivos los años de presunta fecundidad. En otras palabras, si la capacidad reproductiva define el sexo de una persona, entonces somos ese sexo más plenamente y sin ambigüedades en la reproducción sexual y perdemos ese sexo, o nunca llegamos a él, si no somos capaces de reproducirnos. La norma, una vez más, es cruel, distinguiendo entre lo sexuado y lo menos sexuado, lo real y lo menos real. Este criterio transmite a las mujeres la expectativa de reproducirse incluso cuando no pueden o no quieren y borra las formas en las que la capacidad de quedarse embarazada puede ser importante para quienes viven fuera de la categoría de mujer o en sus márgenes.

La cuestión es que las normas sociales ya están actuando cuando se utiliza la capacidad reproductiva como criterio para hacer distinciones. Los hechos se agrupan y se presentan de acuerdo con un marco claramente basado en el poder, el determinismo biológico y la normatividad. Esto no significa que los hechos no sean tales, solo que se presentan invariablemente dentro de un marco determinado y que ese marco contribuye a lo que podemos ver y considerar como hechos y, por lo tanto, lo que podemos apoyar y temer.

Algunas corrientes feministas argumentarán que necesitamos poder basarnos en la diferencia de sexos para defender los derechos reproductivos. Consideran la diferencia de sexo como la base de un argumento: las mujeres son de una determinada manera y las políticas sociales deben basarse en ello. Ese tipo de argumento se puede encontrar en afirmaciones como esta que se publicó en *The Guardian*: «La opresión patriarcal de las mujeres está fuertemente arraigada en nuestros sistemas reproductivos».[1] Este argumento sugiere que el sistema reproductivo da lugar a la opresión patriarcal, pero ¿no es más probable que ocurra lo contrario? Es la organización social patriarcal de la reproducción la que lleva a la conclusión de que los Estados deben decidir si el aborto es o no apropiado, rechazando la autonomía de las personas embarazadas para decidir la mejor forma de llevar su vida. Por supuesto, tenemos que entender por qué el embarazo no siempre es deseado y cómo puede, en algunas circunstancias, amenazar la vida de la persona embarazada o su misma posibilidad de prosperar. Sin embargo, para ello necesitamos un compromiso con la libertad reproductiva como valor, derecho y norma que organiza nuestros mundos sociales. Sería contraproducente y erróneo atribuir a la biología la existencia de sistemas de opresión, cuando en realidad deberíamos preguntarnos cómo esos sistemas de opresión *tergiversan* la biología para lograr sus propios fines injustos.

¿Está relacionada la libertad reproductiva con la libertad de autodeterminación de género? De ser así, hay buenas razones para creer en una forma de solidaridad que vincula las luchas feministas, trans y no binarias. El feminismo debe luchar contra el interés del Estado en los vientres de las personas embarazadas, y estas personas deben poder decidir si llevan a término o no ese embarazo. Esa lucha se basa a menudo en los principios políticos de autodeterminación y libertad colectiva. Sin embargo, cuando se trata del modelo de autodeclaración para la reasignación de sexo, algunas de esas mismas corrientes feministas creen que el Estado, a través de sus políticas de género, debe socavar los derechos de quienes buscan la reasignación y que el interés del Estado en limitar su libertad es legítimo. ¿Por qué aceptar que el interés del Estado en restringir la libertad es legítimo siempre que se trate de la reasignación de sexo? ¿Qué pasaría si nos opusiéramos a la idea de que el Estado tiene un interés legítimo en limitar la libertad de quienes desean cambiar de sexo o abortar? Se establecería una alianza basada en una oposición concertada a la intrusión del Estado en nuestras vidas, entendida como una intrusión patriarcal, transfóbica y errónea.

Aunque los argumentos anteriores resulten convincentes, todavía hay quien sostiene que el «género» se aleja del sentido común, haciéndose eco del argumento trumpiano de que los genitales y el lenguaje corriente nos dan un criterio adecuado para determinar el sexo. También hay quien afirma que el género niega la materialidad del cuerpo, o que eleva el lenguaje y la cultura por encima de las ciencias biológicas. Debemos, pues, preguntarnos si esta caracterización es procedente o si, de hecho, se trata de una fantasía sobre lo que representa el género, incluida la amenaza que aparentemente supone para la naturaleza y la biología. El argumento contra el género como culturalista ignora la opinión predominante de que el género es el punto de interacción entre las realidades biológicas y sociales. Quienes pretenden separar las realidades biológicas y sociales en sus explicaciones sobre el sexo o el género tienden a descartar las importantísimas posturas interactivas, dinámicas y de construcción conjunta desarrolladas por filósofas feministas e historiadoras de la ciencia que pretenden deshacer lo que Donna Haraway denomina los «dualismos antagónicos» de la teoría feminista de la segunda ola.[2]

Hay quien sostiene que la materialidad del sexo es algo determinado por la ciencia y que deberíamos basar nuestros puntos de vista en paradigmas científicos establecidos. También hay quien sostiene que basta con volver al «sentido común» y desmontar las teorías especulativas para confirmar la cuestión del sexo. Y, sin embargo, ¿cuántas personas creen que la idea de «sentido común» sobre cómo se debe vivir el sexo asignado, o presunto género, supone una violencia para su propio ser? Antes era de «sentido común» que los blancos tuvieran personas negras esclavizadas de su propiedad, y también que el matrimonio fuera exclusivamente heterosexual. La autora británica Shon Faye nos recuerda que el feminismo crítico con el género no es crítico en absoluto cuando afirma que el «sentido común» es suficiente para definir el pensamiento normativo, desde el momento en que no cuestiona aquello que pone en marcha. En *The Transgender Issue*, Faye escribe:

> Lo que significa ser mujer u hombre (o ninguna de las dos cosas) no es algo fijo y estable, sino una compleja constelación de factores

biológicos, políticos, económicos y culturales, que pueden cambiar con el tiempo. En contraste con esta complejidad, el feminismo transexcluyente británico, ahora conocido por sus incondicionales, con una ironía involuntaria, como «crítico con el género» (a pesar de su falta de nivel crítico sobre la aparición del género y su variación en función del tiempo y el lugar), ha tendido a promocionarse como un enfoque de sentido común que suprime los matices.[3]

Este llamamiento a volver al sentido común por parte del feminismo crítico con el género no parece tan crítico o tan sensato como debería. La insistencia fóbica en el pene, dejando al margen el sentido común, es un ejemplo que ya hemos comentado. En sus descripciones, el órgano no es un simple apéndice, sino un instrumento de ataque. Esta atribución de un poder peligroso puede deberse a terribles experiencias de violación y de agresión, pero no es una razón suficiente para generalizar. Estas generalizaciones, cuando tienen lugar, tienden a ser proyecciones delirantes basadas en la generalización a todas las mujeres de un relato en primera persona y a considerar a todas las personas con pene sobre el modelo del violador. La relación fóbica o de pánico con «el pene» como tal aísla al órgano de la persona y de todo el mundo vital en el que tendría sentido. La atribución subsiguiente de peligrosidad a las mujeres trans que tienen pene se basa en una transposición fóbica del órgano, que, por cierto, a menudo está flácido, a veces es expulsado de la ecuación de forma bastante deliberada por las mujeres trans, a veces es fuente de placer para todos los que participan en el juego sin que nadie sufra daño y a veces es fuente de placer pasivo para quien lo porta. Así, por un lado, el realismo o sentido común nos dice que hay dos sexos que es posible identificar por sus órganos de forma inequívoca, pero, por otro, que las descripciones de sentido común se desvían a menudo hacia zonas obsesivas, siguiendo una sintaxis que pertenece más a los sueños y a la fantasía que a los argumentos y demostraciones coherentes. Al parecer, esos mismos órganos pueden ser la sede de intensas fantasías, lo que parece lanzar a algunas personas a zonas de irrealidad en cuanto rozamos este punto. Este tipo de asociaciones proliferan, no en los relatos de contactos sexuales deseados y no deseados, sino en diversas descripciones «de sentido común» de los hechos sexuales.

El argumento de que la «teoría de género» niega la ciencia no tiene en cuenta el importante trabajo científico sobre el género en sí mismo, llevado a cabo principalmente por centros de estudios feministas. El feminismo transexcluyente tiende a repetir la afirmación de que rebatir el determinismo biológico no debe llevar a refutar la biología. Estoy de acuerdo. De hecho, lo que se denomina teoría de género lleva tiempo defendiendo este principio. Si pasamos, por ejemplo, de un modelo determinista a otro interactivo, como vienen haciendo desde hace tiempo Anne Fausto-Sterling y otras personas del ámbito de la investigación, resulta que lo que llamamos nuestra biología *siempre* está en interacción con las fuerzas sociales y medioambientales, y que no podemos pensar en los hechos biológicos al margen de esta interacción.[4] No es como si las causas biológicas fluyeran desde una fuente y a través de un canal específico, mientras que los determinantes sociales fluyen desde otro lugar para encontrarse en un punto determinado que llamamos cuerpo. Las fuerzas biológicas y sociales interactúan juntas en la vida corporal. El desarrollo, o formación, del organismo presupone que lo biológico necesita de lo social para activarse y lo social necesita de lo biológico para tener efecto. Lo uno no puede desarrollar poder conformador sin lo otro.

La cuestión se puede plantear simplemente considerando cómo se forman los cuerpos a partir de los alimentos que ingieren que, a su vez, dependen de los tipos de alimentos que se producen y están disponibles. La infraestructura social y económica de los alimentos, incluidas las cadenas de suministro y la distribución desigual, habita en la materialidad de los cuerpos en los que vivimos. Como debería ser obvio, la nutrición afecta al crecimiento y la densidad de nuestros huesos, a la composición de nuestra sangre y a las tasas de mortalidad. La alimentación puede ser uno de los puntos en los que la construcción simultánea de la vida material y social es más evidente. Otro ejemplo sería el efecto del aire limpio o contaminado sobre el cuerpo, sobre su capacidad misma de respirar. Como ya hemos señalado, la «capacidad reproductiva» no siempre puede presuponerse y a veces se tiene que activar para que tenga lugar la reproducción. Una de las varias razones por las que no podemos asumir que las mujeres se definen por su capacidad reproductiva es simplemente que no todas las personas que viven en esa categoría tienen esa capacidad o están obligadas a hacer uso de ella. Tanto el entorno como el deseo intervienen en la creación y la desaparición de capacidades. A veces una «capacidad» solo se activa con una intervención tecnológica, momento en que la gestación puede entenderse como nacida de más de un agente, una compleja interacción de poderes humanos y tecnológicos.[5] Aquí también entra en juego el modelo de construcción conjunta. En cualquier caso, no hay que suponer que exista realmente una capacidad «natural», y a menudo resulta incluso cruel suponerlo.

A veces, el recurso a los hechos biológicos por parte de las personas contrarias al género se combina con la llamada al sentido común. De vez en cuando, alguien da un puñetazo sobre la mesa, acompañado de la insistente afirmación de las diferencias puramente biológicas, como si el puñetazo y la insistencia fueran suficientes. El golpe es una forma de construir un hecho mediante un ejercicio repetitivo, quizá incluso una operación de performatividad gestual. El esfuerzo por separar el cuerpo biológico de su entorno presupone que el entorno no está ya en el cuerpo, formando parte de él. Si el «entorno» se entiende como una realidad externa circundante, separada y distanciada de ese yo biológico, entonces no es realmente posible considerar el desarrollo o la formación de ese yo biológico. Ese mundo de infraestructura social y económica y de procesos vivos es un mundo en el que el cuerpo biológico vive y se mantiene vivo, un mundo en el que la vida está ligada a instituciones sociales y económicas, vinculadas a su vez a otras formas de vida. De hecho, el cuerpo biológico solo vive en la medida en que está conectado a otras formas de vida y a una serie de sistemas y poderes. Estas interacciones son formativas y, en el mejor de los casos, sostenibles. El cuerpo no «sería» lo que es sin esas conexiones que están vivas, sin esas vidas relacionadas, lo que significa que la vida del cuerpo ya está vinculada de forma continuada a otras formas vivas. Esta interacción formativa describe más en detalle lo que un cuerpo «es», es decir, su crecimiento y modo de devenir y su relacionalidad constitutiva.[6]

Con esta última frase me refiero únicamente a las «relaciones sin las cuales un cuerpo no puede ser en absoluto». Para vivir hay que absorber constantemente el exterior, por eso la política de alimentos, agua, aire y cobijo es crucial para vivir, para seguir viviendo, para vivir bien. En su porosidad, el cuerpo deja entrar el mundo exterior para sobrevivir y, cuando sus límites se cierran por completo a lo que está fuera, desfallece. No puede respirar ni comer; no puede expulsar lo que ya no necesita. Así pues, no tiene sentido pensar en el cuerpo como una entidad delimitada que carga con su sexo como si fuera un mero atributo. Si asumimos una relación entre el cuerpo y el sexo, entonces lo social nos ha envuelto y ha entrado en nosotros mucho antes de que entremos en cualquier relación deliberada con lo social. Estamos, por así decirlo, desde un principio, fuera de nuestros cuerpos, en manos ajenas, en exposición a elementos, como el aire, el alimento y el cobijo, y todos esos elementos externos pasan a formar parte de la vida biológica: se ingieren, se inhalan, se incorporan, reproducen células y, a veces, las dañan. Si nos preocupamos por erradicar las toxinas ambientales y el racismo ambiental, sabemos que las cuestiones de la vida y la muerte pasan a primer plano, al nivel de la partícula que conecta el mundo exterior y el cuerpo. Por lo tanto, no tiene sentido pensar que el cuerpo está por aquí y el entorno, por allá, y posteriormente preguntarse por la unión entre ambos. Tenemos que partir del escenario de la interacción, la interdependencia y la permeabilidad recíproca y preguntarnos después cómo la idea de una separación ontológica primaria entre cuerpo y mundo llegó a aceptarse como algo de «sentido común» en ciertas regiones del mundo occidental. Un cuerpo vivo solo lo está en virtud de las relaciones que mantiene, así que, cuando pensamos en el cuerpo, o en la encarnación del género, estamos hablando en realidad de estas relaciones. De hecho, si no actuamos de alguna manera, si no acogemos el mundo exterior o encontramos la manera de alojarnos en él, no tenemos muchas posibilidades de seguir viviendo.

Así pues, el «entorno» no solo está ahí, a cierta distancia de nuestro cuerpo. El entorno se ve alterado fundamentalmente por las intervenciones y las extracciones humanas: el cambio climático es un crudo testimonio de cómo esas intervenciones pueden llegar a ser destructivas. Ninguno de nosotros puede formarse sin un conjunto de intervenciones y esos influjos externos se convierten en las condiciones de nuestra emergencia, pasan a formar parte de lo que somos, son intrínsecos a nuestras formas de llegar a ser, que no siguen siempre la misma trayectoria.

En lo que sigue abordaremos tres puntos con más detalle para responder a la pregunta: «¿niega el género la materialidad del sexo?». En primer lugar, la construcción (o formación) social y material debe concebirse como interactiva y apoyarse en diferentes marcos científicos. El segundo lugar, veremos que la distinción entre naturaleza y cultura que presupone que el sexo es natural y el género es cultural o social no funciona dentro de estos marcos, porque la relación entre ambos desmiente esa misma división (una división histórica que debe replantearse a la luz tanto de la teoría social como de la ciencia). En tercer lugar, en la asignación de sexo podemos ver con bastante claridad las fuerzas sociales que operan sobre los cuerpos para establecer el sexo en referencia a ideales dimórficos y una serie de expectativas sociales asociadas. Si pensamos que la asignación de sexo es una mera denominación de lo que es, nos negamos a considerar las formas en que las categorías establecidas y obligatorias describen y forman cuerpos y cómo estos poderes descriptivos y formativos pueden excluir y borrar los cuerpos sexuados que van conformándose con el tiempo. Sostener que una serie de poderes formativos, incluidos nuestros propios poderes autoformativos, actúan sobre todo lo relacionado con el sexo no es negar el sexo, sino ofrecer una forma alternativa para entender su realidad al margen de una tesis de ley natural de complementariedad o de cualquier forma de determinismo biológico.[7]

Empecemos con la asignación de sexo y volvamos a la distinción naturaleza/cultura, para luego considerar el marco interactivo en el que operan, tanto la construcción social como la material. A veces el feminismo transexcluyente regresa al positivismo en su oposición al género, especificando que la negación de la materialidad del cuerpo es lo mismo que negar el propio sexo. Los positivistas sostienen que los hechos son los hechos y que solo un necio los negaría. Nuestra tarea, según su punto de vista, es medir el valor de lo que tenemos que decir con respecto a los hechos, y dejar que los hechos determinen lo que está bien y lo que está mal en nuestras diversas opiniones y teorías. Hay quien sugiere que las personas que teorizan sobre el género sufren delirios al no basarse en la observación clara de los hechos que tienen a mano. Y lo sugieren enarcando las cejas. Ahora bien, ¿y si observamos a través de una lente o un marco que está influyendo en los hábitos y las reglas que rigen la observación? ¿Y si necesitamos saber cómo se circunscribe el campo de la observación para saber qué estamos observando, o desde qué perspectiva estamos observando, si es que hay alguna? ¿Cómo se ha constituido el campo de observación? ¿Qué es lo que no nos deja ver y cómo lo no observable determina, en cierta medida, el campo de lo observable? Si estamos de acuerdo en que las formas de ver afectan a lo que vemos (un punto importante de John Berger, no solo sobre la pintura, sino sobre la vida cotidiana), y en que existen diferentes formas de observar el cuerpo, así como diferentes marcos en los que se produce la observación, ¿es el resultado puro caos y negacionismo o la condición para acceder a una forma de conocer más competente? ¿Y si esas diversas formas de ver y sentir están, de hecho, cargadas de supuestos sobre el significado de lo que hay que conocer, como la idea de que el dimorfismo opera como criterio suficiente para distinguir entre los sexos y que la relación binaria es siempre clara sin que existan otras formaciones fuera de ese marco? ¿Cuántas veces, al observar las características sexuales primarias de una criatura recién nacida, vemos al mismo tiempo su trayectoria social normativa, la vida que le espera en cuanto al género y la reproducción, su materialización como niña o niño, mujer u hombre? No son cosas que se nos ocurran en un primer momento. Forman parte del marco a través del cual muchas personas ven, intuyen y confirman el sexo desde el momento de nacer.

Cabe preguntarse si la asignación de sexo tiene lugar *en ausencia de* un marco imaginativo o que ayude activamente a elaborar lo que debe ser visto. ¿Enunciar el sexo es un momento definitorio de la imaginación adulta de esa vida? La anticipación imaginativa del género normativo ya está presente en el marco a través del cual tiene lugar la asignación de sexo. Sin embargo, el positivismo nunca ha sido capaz de dar cuenta de ese marco imaginativo e interpretativo a través del cual se determinan y valoran los hechos. Al mismo tiempo, el positivismo opera dentro de su propio imaginario. Imagina que los hechos se presentan como son, siempre que recurramos al mejor método para descubrirlos. ¿Y si ese método de descubrimiento también estuviera, en cierta medida, determinando lo que ya se considera valioso ver y nombrar, qué valor tiene, o debería tener, para nosotros lo observado? Al formular esas preguntas no negamos los hechos. Al preguntamos qué hechos son los que destacan, no negamos los hechos. Al preguntarnos qué hace que esos hechos destaquen, tampoco negamos los hechos. Ninguna de estas preguntas significa que el «sexo» sea un efecto artificial de algún marco o que un marco *haga que* el sexo no sea más que una interpretación o que esté compuesto de algún modo por material lingüístico. Solo significa que los marcos que organizan los fenómenos sexuados forman parte de lo que se observa y se nombra y que no siempre es fácil o posible desentrañar ambas cosas.

No solo es posible tener en cuenta las dimensiones materiales del cuerpo sin positivismo, sino que es necesario. El materialismo no es positivismo y Marx, por ejemplo, tenía claro que cualquier forma de materialismo debía conllevar una crítica del positivismo. Para Marx, las relaciones sociales que contribuyen a organizar la realidad material configuran de una determinada manera no solo el mundo cognoscible, sino también nuestras formas de conocer. El positivismo considera el cuerpo como un hecho, sin vida y descontextualizado. Sin embargo, una vez que consideramos el cuerpo vivido, es decir, el cuerpo que trabaja o el cuerpo sexual, el cuerpo como aparece para los otros, el cuerpo en el quirófano, el cuerpo que comparece ante el tribunal, ese cuerpo aparece inmerso en las relaciones e instituciones sociales, y no es posible conocerlo sin referencia a ellas. El cuerpo toma forma respecto al género en instituciones como la familia o el lugar de trabajo. Desvincularlo de las formas sociales que lo definen es perder su definición histórica en favor de un «hecho» aislado de las relaciones vividas y las realidades históricas.

De hecho, históricamente hablando, tanto la asignación de sexo como las categorías sexuales forman parte de sistemas de clasificación. Paisley Currah, por ejemplo, hace una observación muy útil sobre la clasificación y la reclasificación por sexo en relación con la ley. En su extraordinario libro *Sex Is as Sex Does: Governing Transgender Identity* muestra cómo las clasificaciones jurídicas dependen de algunas extrañas contradicciones, al tiempo que las generan.[8] Escribe: «Quizá porque se piensa que el sexo es anterior o ajeno a la política, desenterrar su producción como clasificación jurídica parece cualitativamente diferente a pensar en términos políticos en muchos otros tipos de clasificaciones».[9] Los distintos organismos gubernamentales utilizan distintos tipos de clasificaciones para «decidir» el sexo de una persona. Dos personas a las que se les ha asignado un sexo masculino al nacer pueden tener la misma identidad de género, pero, dependiendo del organismo al que se enfrenten, o de la zona en la que estén, pueden acabar clasificadas en diferentes categorías de sexo. La norma de una agencia determinada para decidir entre M o F (si es que solo están disponibles esas dos opciones) está vinculada a lo que Currah denomina su «proyecto de gobernanza». Aunque parezca que se trata simplemente de marcar una casilla basándose en hechos no susceptibles de interpretación, la casilla está al servicio de determinadas políticas gubernamentales y, dependiendo de a qué política se adscriba un organismo determinado, las casillas que hay que marcar pueden ser diferentes. Las casillas y la política deben considerarse conjuntamente y tanto la casilla que se marque como las casillas que se puedan marcar dependen de la política que se priorice.

Aunque podamos imaginar que el Estado organiza los sexos de forma coherente, o que pretende ejercer un control soberano sobre lo que el sexo puede ser, la situación se complica cada vez más. Se trata de un poder que consideramos soberano y calculador, pero está repartido de forma relativamente incoherente, de modo que no tenemos decisiones soberanas únicas. Su función reguladora suele fracasar cuando una norma entra en conflicto con otra. Currah señala que se utilizan diversos términos para vincular a una persona al Estado a través de las casillas que marcamos. La M o la F «indican», «describen», «enumeran» y «afirman», lo que sin duda hace pensar que la casilla seleccionada está simple y llanamente registrando un hecho; sin embargo, detrás de esta conexión tenemos a «un poder autorizante». Currah cita a Gayle Salamon: «El sexo es algo que promulgan los propios documentos y se convierte en performativo en el sentido de que la M o la F de un documento no se limita a informar sobre el sexo de quien lo exhiba, sino que se convierte en la verdad de su sexo al tiempo que se le otorga».[10]

El uso de la palabra «performativo» en esta cita plantea unos cuantos interrogantes. De momento, estableceremos una distinción que, esperamos, resultará útil. A veces, en el lenguaje llano de los últimos años, decir que algo es «performativo» significa que es un mero espectáculo, una «performance», un fenómeno superficial, totalmente artificial y no del todo real. Sin embargo, cuando la ley te nombra de una manera determinada, te encierra en una caja; entonces la fuerza del lenguaje realmente crea una nueva situación, te confiere una situación legal. En estos contextos, un uso performativo del lenguaje genera la realidad que nombra.[11] Cuando un juez declara que una persona está casada o muerta, no se trata de palabrería artificial. Ha ocurrido algo muy real. Sin embargo, el poder performativo no opera exclusivamente a través de la ley. Una realidad performativa es aquella que se expresa y se actualiza en su propia representación, ya sea mediante el lenguaje, el gesto o el movimiento. A veces, lo que se representa es una forma de borrar, pero otras veces es un discurso o una práctica de afirmación de la vida. Por ejemplo, la existencia en muchos países de una casilla X para marcar (además de las casillas M y F) da legibilidad social a las personas de género queer y no binario, o a las personas trans que se entienden a sí mismas fuera de un esquema binario. De hecho, cuando se dirigen a alguien como hombre y es mujer, o como mujer y es hombre, la denominación es un borrado de su realidad. Este borrado tiene un efecto real, es una modificación de la realidad, y es una forma específica de violencia. Ninguna de estas instancias de performatividad debería calificarse de mero espectáculo, o de falsa. Son actos vividos que cambian la forma en que vivimos y respiramos, determinando las condiciones que hacen que algo sea habitable o imposible de vivir. Decir que los actos performativos no hacen nada es privar de aliento y vida en el mundo a las personas que los necesitan.

Pensemos en la asignación de sexo, el complejo acto por el que las autoridades médicas y legales determinan de qué sexo somos y en el que se destacan determinados aspectos del cuerpo para cumplir con los criterios imperantes que diferencian un sexo de otro dentro de un marco binario. ¿Es posible diferenciar las instituciones que suelen asignar el sexo al principio de la vida y las que asignan el sexo en sí? ¿Podemos descubrir cuál es ese sexo sin recurrir a algún tipo de criterio? Y, si necesitamos ese criterio, cabe suponer que orienta, o incluso limita, lo que llegamos a identificar como sexo. ¿Podemos decidir qué significa ser de un sexo fuera de un marco que establece o restablece el sexo, es decir, un marco que ha de imponerse con regularidad a través del tiempo, un marco en el que el poder de autoasignación lo ejercen quienes ya *tienen* un sexo asignado? Algunas personas trans están contra todo tipo de asignación, alegando que invariablemente esta está al servicio de una jerarquía.[12]

Cuando las autoridades sanitarias y judiciales certifican el sexo al nacer, suponemos que en general lo hacen basándose en la observación. Sin embargo, nada de lo que observen nos dirá cómo llegará a comprenderse y a nombrarse a sí misma la persona que ha recibido una asignación de sexo, ni si esa asignación podrá ser viable a lo largo del tiempo. Existe un cierto desfase entre esa asignación y la forma en que la persona llega a situarse entre las categorías de sexo. Incluso las personas que se sienten conformes con su primera asignación tienen que establecer una relación con ella, lo que significa que pasan por una relación imaginaria con su sexo. Si intentan asumirla completamente, o si sienten que están perfectamente ajustadas a ella, adoptan una relación con esa identidad, reiterándola de algún modo y encontrando una vía, a veces bastante sencilla, de vivir dentro de sus términos. En algunos casos, eso significa vivir de acuerdo con el mandato social que la asignación de sexo parece implicar y vivir dentro del imaginario que rodea a ese sexo. En otros, la única forma de vivir es luchar con o contra ese mandato, ampliar el significado de lo que significa vivir un cuerpo en este mundo. Si estamos de acuerdo en que la categoría de sexo llega a nuestras vidas con un imaginario, un mandato, un marco complejo, un conjunto implícito de criterios, se da desde un principio una condición imaginaria que da forma al sexo, actualizado en su delimitación, lo que quiere decir que está operando ya el género.

En gran parte de la cultura popular contemporánea, entendemos por «género» lo que en realidad es la abreviatura de «identidad de género», pero identidad de género no es el único uso del término, ni siquiera el principal. La «identidad de género» es una percepción profunda de la forma en que encajamos en el esquema del género de las cosas, la realidad vivida del propio cuerpo en el mundo. En cambio, la «expresión» de género se refiere a todas las características manifiestas que se definen socialmente como masculinas, femeninas o pertenecientes a otra categoría de género. Uno de los problemas que plantea la definición de estos términos es que una determinada expresión de género, que se entiende de una manera en un lugar del mundo, se entiende de una manera diferente en un lugar diferente, o bien está tan estrechamente imbricada con la clase o la raza que no se lee igual en el mismo lugar, dependiendo de la perspectiva. El género, por otra parte, es un término mucho más amplio, y no siempre se refiere a una persona en particular, a su sentido profundo de identidad o a la forma en que manifiesta ciertas características legibles. Según Joan W. Scott, por ejemplo, decir que la forma en que vemos el mundo está condicionada por el género significa que, según nuestro género, presumimos cómo está ordenado el mundo.[13] No significa necesariamente que veamos el mundo solo según el género que tengamos (lo que supondría que el género es una perspectiva, una identidad o un punto de vista, que no es lo que ella quiere decir). Para Scott, retomando su artículo pionero de 2010, el «género» no es lo que somos, sino una forma de analizar los diversos significados que impregnan la relación entre los sexos. Su punto de vista sobre el género requiere una noción de diferencia sexual y esa noción, más que cualquier tipo de esencialismo biológico, tiene que ser cuestionada también por sus significados históricos o imaginarios. Scott escribe:

> Con demasiada frecuencia, el «género» connota un enfoque programático o metodológico en el que los significados de «hombre» y «mujer» se toman como algo inmutable: de lo que se trata es de describir los distintos papeles, no de cuestionarlos. Creo que el género sigue siendo útil solo si va más allá de ese enfoque, si se toma como una invitación a pensar críticamente sobre *cómo se producen los significados de los cuerpos sexuados en relación con los demás, cómo se despliegan y cambian esos significados* [la cursiva es mía]. No debemos centrar la atención en los papeles asignados a mujeres y hombres, sino en la construcción de la propia diferencia sexual.[14]

A veces, la identidad de género y esta forma más amplia de entenderlo van de la mano. Por ejemplo, el género como forma de poder elabora esos esquemas clasificatorios de los que nos nutrimos cuando tratamos de comprender la identidad de género. Junto con la raza, la clase social, la discapacidad, la historia personal y nacional, el género satura nuestra forma de ver, sentir e implicarnos en el mundo. Decididamente, no es una realidad atemporal. Esta estructura que satura el mundo no se ha examinado lo suficiente, salvo cuando exploramos su funcionamiento omnipresente a la hora de presentar las cosas como son. El género afecta a la forma de entender la profesión de la medicina, la vocación de la ciencia, la economía (especialmente la delimitación entre lo público y lo privado), la organización del trabajo, la distribución de la pobreza, las desigualdades estructurales, las modalidades de violencia y de guerra. También puede dar nombre a nuestra percepción más íntima y persistente de lo que somos en relación con los demás, con la historia y con el lenguaje. Si no se planteara esta cuestión íntima de quiénes somos y cómo nos relacionamos con los demás, de permeabilidad y supervivencia, no tendríamos ninguno de estos debates, y no serían tan urgentes como claramente son.

CAPÍTULO 7

¿De qué género eres?

Más que considerar el género como la versión cultural o social del sexo biológico, deberíamos preguntarnos si el género funciona como el marco que tiende a establecer los sexos dentro de esquemas clasificatorios específicos. Si es así, el género ya es operativo, como lo es el esquema de poder dentro del cual tiene lugar la asignación del sexo. Cuando un funcionario autorizado asigna un género basándose en la observación, se trata de un modo de observación generalmente estructurado por la anticipación de la opción binaria: hombre o mujer. No responde a la pregunta qué género, sino *cuál de los dos* géneros. La determinación del sexo es la primera operación del género, aunque esa opción binaria obligatoria de «masculino» o «femenino» haya preparado su marco. En este sentido, podría decirse que el género *precede a* la asignación de sexo, funcionando como una anticipación estructural binaria que organiza los hechos observables y regula el acto de asignación en sí.

En la teoría de género anglosajona de los años 1980 y 1990, las formas de feminismo blanco requerirían una revisión por muchas razones, pero no precisamente en el sentido que exige el feminismo «crítico con el género». Por ejemplo, hay varias revisiones de la distinción sexo/género que ahora parecen importantes. En primer lugar, el género no es a la cultura lo que el sexo es a la naturaleza, la construcción conjunta es una forma más adecuada de comprender la relación dinámica entre lo social y lo biológico en materia de sexo. En segundo lugar, aunque el género puede ser una de las estructuras mediante las cuales se establece el sexo, es importante comprender los legados raciales y coloniales de la distinción sexo/género para trazar el relato de las condiciones en las que surgió el dimorfismo idealizado.

Anne Fausto Sterling, catedrática de Biología Molecular, Biología Celular y Bioquímica de la Universidad Brown, argumentó en 2021 que es necesario «un marco de sistemas dinámicos» para dar cuenta de la subjetividad del binomio «género/sexo».[1] Un marco de sistemas dinámicos, desde su punto de vista, va más allá del debate naturaleza/sociedad, que presupone una oposición entre factores internos y externos. Quienes se mantienen dentro de ese modelo imaginan que el interior no está formado parcialmente por el exterior, es decir, por interacción, aunque conceptos biológicos como «autoorganización, complejidad, corporeidad, continuidad en el tiempo y estabilidad dinámica» abarcan «múltiples niveles de organización biológica y social». La perspectiva de los «sistemas dinámicos», sobre la que se ha investigado mucho partiendo de las bases de Fausto-Sterling, considera la corporeidad no como un fenómeno discreto y acotado, sino como el efecto de un complejo conjunto de interacciones, algunas más aceleradas que otras, de un organismo con un entorno a lo largo del tiempo.[2] Cuando alguien presenta una «identidad de género/sexo» que es el resultado de un proceso complejo y dinámico, es porque las fuerzas biológicas y sociales están interactuando. Nuestras preciadas identidades, si las tenemos, son el resultado de esos procesos complejos una vez que se han estabilizado. Karen Barad, feminista y física, sostiene que incluso el carácter dinámico de la «materia» del sexo suele ser pasado por alto tanto por formas de positivismo (el sexo es un hecho) como de constructivismo lingüístico (el sexo es un efecto lingüístico).[3]

Si pretendemos separar las causas biológicas de las causas sociales de lo que Fausto-Sterling denomina «género/sexo», admitiendo *a posteriori* la interacción entre ambos, perdemos de vista el propio marco que establece la interacción como condición del desarrollo y de la vida misma. Fausto-Sterling cita a Sari M. van Anders y Emily J. Dunn, que publicaron prestigiosos artículos sobre las hormonas en 2009.[4] Estaban convencidas de este proceso interactivo y concluyeron que «las diferencias no pueden atribuirse a sabiendas a la biología o a la socialización de los sexos», salvo en casos excepcionales. De la misma forma, si afirmamos que una persona nace con una constitución hormonal específica, o identificamos lo que ocurrió en la infancia o en la pubertad, y concluimos que lo que le ocurre más adelante en la vida (en el deporte, por ejemplo) viene determinado por esos niveles previos, no nos damos cuenta de todas las interacciones que activaron y dieron sentido a esas hormonas en relaciones sociales específicas. Una de las razones por las que no podemos contentarnos con explicaciones que reducen las capacidades deportivas y la autopercepción de las personas adultas a etapas de desarrollo anteriores es que no tenemos ni idea de cuál era la vida interactiva de esa situación hormonal en los períodos intermedios. Y, sin ese conocimiento, no podemos decir mucho sobre la interacción de las fuerzas biológicas y sociales en cualquier persona, incluidos los y las deportistas.

En los debates sobre quién puede competir en deportes femeninos, la cuestión del sexo se complica bastante. En esos debates, el «sexo» se desarticula en rasgos hormonales, anatómicos, biológicos y cromosómicos que no siempre se alinean según las expectativas comunes. En un estudio de 2014, financiado por el Comité Olímpico Internacional (COI) y la Agencia Mundial Antidopaje, se analizaron los niveles de testosterona en casi setecientos atletas que practicaban profesionalmente quince tipos de deportes diferentes. *The New York Times* informa de que el estudio descubrió «que el 16,5 por ciento de los hombres tenían niveles bajos de testosterona y el 13,7 por ciento de las mujeres, niveles altos, con un considerable solapamiento entre los dos grupos».[5] Si el «sexo» resulta ser un espectro o un mosaico,[6] como han argumentado algunos científicos, los llamados «hechos inmutables» del sexo resultan ser más complicados de lo que implicaría un simple esquema binario.[7] Si aceptamos que los niveles de testosterona solo son significativos en el deporte cuando interactúan con el entrenamiento, y aceptamos que el entrenamiento a menudo depende del acceso a clubes deportivos y gimnasios, entonces lo que hace que alguien tenga músculos fuertes, buena densidad ósea y resistencia es la interacción de la testosterona con una amplia gama de prácticas e instituciones sociales, muchas de las cuales están basadas en la clase social. Cuando el COI revisó en 2021 sus directrices de 2015 que exigían a las mujeres, incluidas las transexuales e intersexuales, reducir sus niveles de testosterona por debajo de 10 nanomoles por litro durante doce meses, citó estudios que mostraban que los niveles de testosterona entre mujeres y hombres pueden solaparse y que muchas mujeres ya tienen niveles de testosterona superiores a los de muchos hombres. En 2015, se pensaba que un nivel de 10 nanomoles por litro era la cota más baja para los hombres, pero incluso entre los hombres asignados al sexo masculino al nacer que practican deportes de élite simplemente no era así: se daban niveles tan bajos como 7 nanomoles por litro. El doctor Richard Budgett, director médico y científico del COI, reconoció que «la ciencia ha avanzado» y que simplemente no sería posible ponerse de acuerdo en otra cifra, ya que el rendimiento deportivo no se correlaciona de forma predecible con los niveles endógenos de testosterona. A medida que los distintos deportes en diferentes lugares formulan sus directrices, los niveles de testosterona y la pubertad masculina pueden ser dos factores entre otros muchos, pero ninguno de ellos puede ser el único ni el determinante.[8]

Quienes afirman que las mujeres trans tienen ventaja en el terreno de juego debido a su constitución hormonal no tienen en cuenta la complejidad de la interacción hormonal con el entorno ni la gama de niveles de testosterona endógena. Pasar por la pubertad masculina no basta para convertir a nadie en un gran atleta. La pubertad masculina sumada al libre acceso a las pistas de tenis ya constituye un panorama diferente. La pubertad masculina sumada a un entrenador privado cambia de nuevo la situación. ¿Qué interviene en la vida biológica de una persona que atraviesa la pubertad masculina para que eso suponga una ventaja y qué conclusión sacamos del hecho de que tipos de antecedentes y niveles de testosterona similares no siempre den resultados similares? Además de la ciencia anticuada en la que se basan la exclusión, la vigilancia y la regulación de atletas intersexuales y transexuales que compiten en deportes femeninos, el COI señala el daño que la vigilancia, la información y la reducción de los niveles endógenos de testosterona tiene en los cuerpos de los atletas. Lo que impulsa la exclusión de atletas trans de la competición deportiva parece obedecer a otro tipo de pasiones que no están respaldadas por la ciencia. El hecho de poder participar en deportes femeninos o masculinos no debe depender de la determinación del sexo, sino de criterios inclusivos y justos. En defensa de la nueva política del COI, Budgett señaló que son muchos los factores que intervienen en la formación de un atleta, incluidos «muchos aspectos de la fisiología, la anatomía y la condición mental», por lo que es difícil señalar la pubertad masculina como la razón definitiva por la que alguien destaca en un deporte. De hecho, podemos imaginar que cada vez que una persona trans destaca en un deporte se atribuye el mérito a las hormonas, pero cada vez que una persona trans no gana una carrera las hormonas no entran en consideración. Una vez que desaparecen los argumentos hormonales y de desarrollo, nos queda una imagen más clara de la discriminación contra las personas trans en lo que se refiere a su actividad deportiva. Si siempre hubiera una ventaja (que no lo es realmente) de la que disfrutan las mujeres trans, las mujeres trans deberían quedar excluidas de la práctica deportiva. Y, sin embargo, la desventaja que sufren al no poder participar apenas nunca sale a relucir.

Aunque la participación de las mujeres intersexuales y transexuales en el deporte se ha enmarcado a veces como un problema de inclusión frente a equidad, es imperativo reconocer el daño que el proceso de «cualificación» para participar en el deporte femenino ha hecho a aquellas a las que se les dijo, de acuerdo con la política de 2003, que tenían que operarse y asumir una terapia de sustitución hormonal durante al menos doce meses. Esas atletas, como la corredora Caster Semenya, parecen padecer hiperandrogenismo y a muchas se les pidió durante años que tomaran medicamentos que disminuyeran los niveles de testosterona, con riesgo para su salud y su bienestar, lo que les provocó un aumento de peso y síntomas febriles, así como dolores abdominales.[9] Semenya se vio obligada a someterse a pruebas exhaustivas tras ganar el Campeonato Africano Júnior en 2009.[10] No se le explicó en qué consistían esas pruebas y supuso que se trataba de los controles antidopaje habituales a los que se someten regularmente la mayor parte de los deportistas profesionales. Tras ganar el campeonato del mundo en Berlín, ese mismo año, Semenya volvió a someterse a exhaustivas pruebas e inspecciones en un hospital local. Los medios de comunicación se entregaron a un frenesí previsible, haciendo circular filtraciones y rumores, y Semenya, tras reflexionar, afirmó que había sido «la experiencia más intensa y humillante de mi vida».[11]

Aunque el COI hizo bien en retirar los requisitos para reducir los niveles de testosterona y asegurarse de que las mujeres con altos niveles de testosterona no queden excluidas de los deportes, sus normas solo funcionan como recomendaciones para organizaciones deportivas específicas y autoridades regionales. El COI también decidió sabiamente retirar los requisitos obligatorios que afectaban tanto a la salud mental como física de atletas objeto de escrutinio. Cuando se insiste en generar una norma a partir de una forma compleja de encarnación se está imponiendo un ideal binario sobre un espectro más amplio. Como sostiene Canela López, en Estados Unidos, la avalancha de nuevos proyectos de ley dirigidos a controlar o excluir a las mujeres trans del deporte presupone erróneamente que la testosterona explica por sí sola las diferencias en el rendimiento atlético: no hay estudios que indiquen que los niveles de testosterona de las mujeres trans (que varían mucho) proporcionen una ventaja sobre sus competidoras cis. Es más, muchas mujeres cisgénero tienen niveles de testosterona superiores a lo que muchos consideran la media «femenina», lo que significa que las amplias variaciones hormonales ya son un elemento intrínseco del deporte femenino.

El debate sobre la participación de las mujeres trans en el deporte abre la puerta de la definición misma de lo que es ser mujer, y cerrarla sería negar la realidad. Una cosa que sabemos es que el espectro hormonal es amplio y que no podemos decidir quién es y quién no es mujer basándonos únicamente en los niveles de testosterona. Hay quien intenta distinguir entre rangos normales y excesivos, pero esta ya es una forma patologizante de rechazar una complejidad fundamental. Si estamos a favor del deporte femenino, y asumimos que las mujeres son complejas, deberíamos afirmar esa complejidad. Las estadísticas no apoyan exactamente el temor de que las mujeres trans ganen siempre a las mujeres cis. En palabras de López: «De hecho, lejos de encontrarse en la cima del deporte, la representación de atletas trans sigue siendo especialmente baja en competiciones de élite. De los y las diez mil atletas presentes en Tokio para los Juegos Olímpicos de 2021, solo tres eran trans, a pesar de que estas personas representan aproximadamente el 1 por ciento de la población mundial. Cuando Laurel Hubbard se clasificó para los juegos [de 2021] en levantamiento de potencia, se convirtió en la primera mujer abiertamente trans en ganarse el derecho a competir en unos Juegos Olímpicos».[12] En un contexto en el que se argumenta que ser trans supone una ventaja injusta para las jugadoras, consideremos el riesgo inverso que las jugadoras trans están dispuestas a asumir. En 2022, la campeona olímpica Ellia Green hizo saber a la gente que era trans, después de competir con eficacia en *rugby* femenino durante años. Su historia sugiere que el sexo asignado al nacer no permite predecir a nadie quién será en esta vida ni las ventajas o desventajas con las que tendrá que bregar.[13]

El dimorfismo sexual no es un simple hecho ni una hipótesis inocente. Funciona como una norma, o más bien como una exigencia que ordena nuestra forma de ver, casi determina lo que encontraremos y, a veces, obliga a negar una serie de elementos complejos y solapados, de carácter hormonal y neurológico, antes de aceptar que nada ponga en tela de juicio ese marco sagrado. ¿Qué hace que ese marco sea sagrado? ¿Algún tipo de implicación obsesiva? Evidentemente, se puede generalizar sobre cómo afectan diversas enfermedades y afecciones, por ejemplo, a las mujeres y niñas asignadas al sexo femenino al nacer, pero cuando englobamos ese tipo de estudios bajo la rúbrica del «dimorfismo» asumimos que confirman otra tesis, a saber, que solo hay dos formas de cuerpo, masculino y femenino, y que el binarismo no debe ser cuestionado por mucho que encontremos evidencias de ello.[14] En tales casos, la hipótesis no se revisa en función de las pruebas existentes; se excluye la evidencia, lo que revela que la hipótesis es una norma epistémica obligatoria, una fantasía ineludible, el lado adecuado de la ciencia. De hecho, no se trata de argumentos basados en la ciencia, sino de una forma de crueldad institucionalizada basada en una distorsión de las pruebas.

La historia de relación de la ciencia, la investigación y la experimentación médica con la crueldad es larga. Los esfuerzos por excluir a toda una clase de personas de la participación en el deporte no es más que un ejemplo de recorte de derechos, que asume que a nadie le importará que ese grupo no pueda participar, o bien que ese grupo es pernicioso y explota su supuesta ventaja para socavar los objetivos feministas de igualdad de género. En cualquier caso, estas decisiones suponen una violación impune de los derechos, y el uso de la ciencia para apoyar la crueldad es solo un nuevo capítulo de la larga historia en la que la propia ciencia se convierte en instrumento de opresión.

Las cirugías correctivas de la Clínica de Identidad de Género de John Money en la Universidad Johns Hopkins realizadas durante el tiempo en que estuvo abierta (1966-1979) fueron ejercicios de crueldad, ahora criticados tanto por las personas defensoras como por las detractoras de lo trans. Money avanzó que la identidad de género no siempre se correlacionaba con la asignación de sexo, por lo que cuestionaba aún más las formas de determinismo biológico. Sin embargo, seguía imponiendo normas reguladoras del género mediante procedimientos quirúrgicos para lograr la «adaptación» social, es decir, una conformidad forzosa, y esos procedimientos estaban lamentablemente muy por debajo de las normas contemporáneas que se aplican a la atención sanitaria. Hay quien afirma que Money es responsable de la «ideología de género», mientras que en defensa del colectivo LGBTQIA+ se reprueba su brutalización de bebés intersexuales por medios quirúrgicos.

Es cierto que Money introdujo el término «género» en el lenguaje contemporáneo, pero eso no significa que la teoría o los estudios de género se deriven del marco de Money. De hecho, bien podrían ser las *críticas* a Money lo que permitió que el género se convirtiera en parte de una lucha por la libertad y la justicia. Hasta mediados de la década de 1950, como ha demostrado Jennifer Germon, el género solo aludía a una relación entre palabras, una cuestión de reglas gramaticales, pero esto cambió con la publicación de la disertación de Money en Harvard sobre lo que él llamó «hermafroditas» a finales de la década de 1940.[15] En los años siguientes, Money utilizó el término «género» para describir lo que es una persona, dándole una posición ontológica.[16] Como cita la antropóloga cultural Katrina Karkazis, en su tesis doctoral *Hermaphroditism: An Inquiry into the Nature of a Human Paradox*, Money señalaba que las intervenciones quirúrgicas anteriores eran defectuosas porque se centraban en el tejido gonadal.[17] Money cuestionó este criterio y recomendó centrarse en las disposiciones psicológicas de una persona y en el desarrollo físico en la pubertad, dos factores que siempre pueden cambiar. Para demostrar su punto de vista, escribe Karkazis, «Money realizó un análisis comparativo de 248 historias clínicas publicadas e inéditas (de 1895 a 1951) e historiales de pacientes, así como una evaluación exhaustiva de diez individuos vivos clasificados como hermafroditas.[18] Aunque Money llegó a la conclusión de que la mezcla de factores psicológicos y de desarrollo era primordial, el protocolo que formulaba no tenía en cuenta ningún tipo de valores humanos. Al argumentar que el género podía cambiar, su versión del constructivismo social fue criticada no solo por las personas comprometidas con las leyes de la inmutabilidad, sino porque sirvió de base a sus proyectos de ingeniería social profundamente contrarios a la ética, incluida la cirugía correctiva para bebés intersexuales. En los años posteriores, la construcción social como teoría se volvió contra la ingeniería social, rechazando tanto la tesis psicológica de Money como la crueldad de sus procedimientos. La tesis del constructivismo social, una vez lejos de las manos de Money, sirvió para una contraconclusión, es decir, un rechazo radical del dimorfismo de género obligatorio al servicio de una mayor reivindicación de autonomía y de una mayor riqueza en el lenguaje de autoafirmación para las personas intersexuales, para quienes pretenden cambiar su asignación de sexo y para quienes simplemente desean desafiar las normas de género, quirúrgicamente o por otras vías.

Money se esforzó por identificar y corregir a las personas de condición intersexual porque pensaba que vivir con caracteres sexuales mixtos planteaba un grave problema de adaptación sexual y de apariencia. Dentro del espíritu de la década de 1950, su postura era que la felicidad y la realización exigían una conformidad con las normas de género, aunque reconocía que para muchas personas no era deseable, o posible. Pensaba que la corrección quirúrgica estaba llamada a alinear los cuerpos no normativos con las normas de género. En algunos casos, consideraba que la apariencia social de la persona tras la intervención era más importante que el hecho de que su capacidad de sentir placer sexual hubiera sido destruida por la cirugía. Lo que Money llamaba «gestión» se percibió como una perturbación en la historia de las perspectivas de desarrollo futuro del niño. Se suponía que el comienzo de esta historia de desarrollo era diferente; la trayectoria no podía empezar con una perturbación en su origen, o eso pensaban. Esa percepción de no adecuarse a las expectativas de lo que debe ser un bebé sexuado es lo que introdujo por primera vez el término «género» en el discurso contemporáneo. No era una identidad, sino un vacío, el nombre que se dio a una discordancia. El discurso sobre el género comenzó, pues, en el marco de Money, como una forma de nombrar un problema y como un indicio de que las expectativas de desarrollo *no* se estaban cumpliendo, o bien habían sufrido una perturbación. Así pues, el género no marca la identidad normativa, sino el principio desviado o queer que Money pensaba que había que corregir para que el binarismo de género normativo pudiera seguir obrando.[19]

Money esperaba que los conocimientos médicos estuvieran al servicio de la normalización social. Cuando él y su equipo presumían que algo andaba mal en el cuerpo, consideraban necesario arreglarlo o corregirlo; no se preguntaban si algo andaba mal en los delirios normativos que impregnaban las prácticas de asignación de sexo, que se consideraban obligatorias, imperativas incluso. Aunque los profesionales médicos y las familias hacían referencia de forma constante y angustiosa al «futuro del niño» cuando se imponían cirugías a bebés intersexuales, no se reflexionaba sobre la ansiedad de los adultos que alimentaban y reforzaban esas normas de género obligatorias.[20] No se entendía que la persona a la que estaban dando nombre pudiera decidir en algún momento cómo le gustaría que la llamaran, cómo le gustaría entenderse a sí misma, o incluso si quería operarse o no.

Para Money, la asignación de sexo no era un simple acto de descripción de lo que se ve: la categoría asignada funcionaba como forma de predecir la normalidad, como una garantía de adaptación. El sexo no era un hecho natural, sino un ideal normativo. Sin embargo, en lugar de criticar la crueldad de esas normas, Money se dedicó a «arreglar» y «corregir» los cuerpos no normativos por medios crueles y horrendos que dejaban cicatrices permanentes. Aquellos procedimientos no solo no eran éticos, sino que en algunos casos constituían actos delictivos cometidos por sexólogos y otros profesionales de la salud, hasta que se adoptaron nuevas normas éticas con la ayuda de activistas intersexuales.[21]

La expectativa de una normalidad «feliz» (que no es autodeterminación) se incorporó a esta forma de entender la asignación de sexo y Money trató de cumplir con esas expectativas por medios quirúrgicos, o de cambiar las características sexuales primarias para lograr esa satisfacción. Su práctica demuestra cómo las estructuras de anticipación y los miedos psicosociales se incorporan a la práctica de la asignación de sexo. Por ejemplo, la tecnología prenatal contemporánea no solo pretende determinar el sexo, sino que pone en marcha una serie de expectativas, ya antes del nacimiento. La anticipación de lo que se verá en la pantalla de la ecografía antes del nacimiento estructura la observación dentro de un campo perceptivo enmarcado por la tecnología.[22] ¿Se sientan las bases de la posterior asignación lingüística del sexo con esos actos de observación, como se suele creer, o tanto la percepción como el lenguaje están orientados de antemano, orquestando cómo podemos ver y qué tipos de nombres o categorías están disponibles? En este último caso, tiene sentido preguntarse por la *elaboración social* de la observación, así como por las *normas sociales* que rigen la asignación lingüística. El acto de asignación se inspira en la historia de este tipo de prácticas. Todas ellas están en juego en el momento de la primera asignación, incluso cuando el primero de esos momentos se desarrolla en el marco de la tecnología médica prenatal. Consideremos también la fiesta de la «revelación del sexo» (*gender reveal party*), que está llena de expectación y emoción no por el hecho en sí que se da a conocer, sino porque puede comenzar una vida de género imaginada de acuerdo con unas normas preconcebidas.

Es significativo que el razonamiento de Money nos permita visualizar la escena fantaseada en acción cuando se trata de asignación de sexo, la forma en que las normas de género tratan de mantener la ansiedad sobre la posibilidad de que no todo el mundo pertenezca en principio a un solo sexo. El uso del término «género» pretendía dar nombre a un problema y formular una pregunta, intentando resolver ambas cosas mediante la elaboración de identidades sociales de acuerdo con normas de género prestablecidas. Para Money, la intersexualidad en el momento de nacer suponía un error o una desviación: el hecho de que la percepción de un cuerpo no se ajustara a las categorías existentes que por sí solas actualizarían las normas de desarrollo para convertirse en una mujer o un hombre. El género daba así nombre a un problema de inconmensurabilidad y, desde la perspectiva de Money, al conjunto de las expectativas de los progenitores, así como a las expectativas médicas y sociales, sobre lo que debía ser el sexo. En concreto, esta complejidad morfológica o cromosómica solo cuenta como «fracaso» cuando se mide con unas normas inamovibles. La ansiedad nos hace saber que Money era plenamente consciente de que nada puede garantizar que un cuerpo se ajustará a una asignación de sexo, o que una asignación de sexo logrará que se cumpla el mandato de las normas de género. Esta ansiedad existe siempre y únicamente en relación con las expectativas de normalidad, es decir, es una ansiedad que toca al interrogante de si la vida del niño o la niña se desarrollará con éxito como vida de hombre o mujer discretos y reconocibles. En lugar de calmar la ansiedad del progenitor y defender al niño, en lugar de desafiar esas normas, como se preconiza en las teorías de género contemporáneas, Money se convirtió en un ejecutor, un actor principal en la escena de la crueldad quirúrgica y la vigilancia social.

Hoy podríamos hablar de «fracaso queer», siguiendo a Jack Halberstam, en relación con aquellas trayectorias vitales que no cumplen las expectativas sociales. O también podemos subrayar la potencialidad radical, en palabras de José Muñoz, que se desata precisamente al frustrar o rechazar las expectativas de género que nos imponen el poder de los progenitores, la ley, la psiquiatría o la medicina. Ahora podemos preguntarnos si estas categorías son necesarias o exhaustivas y lanzarnos a acuñar o crear las nuestras propias. Hace décadas, y es algo que todavía se ve en el movimiento antigénero, nadie se preguntaba cómo podrían cambiarse las categorías de género para apoyar la vida de bebés intersexuales. La única solución era la «normalización». Ese fue, y sigue siendo, un fracaso ético. El cuerpo tenía que cambiar en aras de las expectativas binarias, pero la existencia de cuerpos no conformes no ponía en cuestión en modo alguno esas mismas expectativas. La asignación de género funcionaba así al servicio de la regulación de género y de la idea de normalidad ligada a los cánones heteronormativos de la familia y la reproducción. Aunque prácticas quirúrgicas como las de Money, afortunadamente, ya no se aceptan en muchos lugares, estas mismas ideas, miedos y expectativas alimentan las reacciones contemporáneas contra la teoría de género, el transfeminismo y el activismo intersexual.

Por horribles que seguramente fueran las prácticas de Money, ofrecían una perspectiva útil, incluso cuando estaban al servicio de un conformismo social viciado. El género dio nombre a un problema derivado de la discrepancia entre los cuerpos y la asignación de sexo, lo que significa que la asignación de sexo no describe exclusivamente o siempre la realidad preexistente del sexo. El género, en este contexto, no surgió principalmente como una identidad, sino como un problema que pretendía abordar esa brecha, un intento de superarla y el punto final de un proceso cuando el género se logra o se obtiene. El género comenzó, pues, como una palabra para describir la dificultad misma para asignar el sexo, estableciendo la asignación del sexo como una práctica social. En este sentido, el género dio nombre a las diversas prácticas médico-legales implícitas en la investigación y la ejecución de un proyecto. En cierto modo, la sexología de la época tenía algo que Joan W. Scott clarificó más tarde. El género no es un sustantivo, sino un marco...

> ... para pensar críticamente sobre *cómo se producen los significados de los cuerpos sexuados en relación con los demás, cómo se despliegan y cambian estos significados* [la cursiva es mía]. No debemos centrar la atención en los papeles asignados a mujeres y hombres, sino en la construcción de la propia diferencia sexual.[23]

Money no puede ser un modelo en absoluto, ya que intentó cerrar esta investigación abierta imponiendo una nueva función gramatical a partir de la cual el género derivaría hacia una función sustantiva, afianzándolo como el efecto ontológico de un tratamiento quirúrgico o psiquiátrico. Para Money, la asignación de género llevó a protocolos de normalización que incluían cirugías no deseadas en bebés en aras de la normalización, y sin consultar a la familia. Como también sabemos, algunas de estas cirugías en niños y niñas intersexuales los dejaron sin capacidad de sentir placer sexual u orgasmos. De nuevo, vale la pena repetirlo: para Money, y para mucha gente en aquella época, la apariencia de normalidad de género al supuesto servicio de la conformidad social era más importante que la vida sexual presente y futura de las personas intersexuales. Imaginaba que sentirse realizado en la vida significaba cumplir con las expectativas sociales sin tener en cuenta la felicidad que conlleva producir nuevas formas de hacer género, un cambio histórico en las formas en que se vive y se nombra el género o una vida encarnada que sigue sin poder formar parte de una nomenclatura.[24]

Algunas personas han argumentado que, si el género tiene un comienzo tan nefasto en la sexología (sin contar su historia gramatical anterior), deberíamos rechazar el género por completo. Este argumento ha sido esgrimido por algunas feministas transexcluyentes que sostienen que la identidad y el género trans no son más que un efecto de esas prácticas y que, por lo tanto, hay que oponerse a ellas.[25] También presenta este argumento Gabriele Kuby, entusiasta del movimiento antigénero de la derecha alemana, como ha demostrado claramente Eva von Redecker.[26] Kuby identifica el «género» como un totalitarismo que viene, como si fuera un proyecto social de control y no de libertad. Sus caricaturas derechistas no son tan diferentes de la acusación transexcluyente de que la teoría de género no ha dejado atrás la crueldad de Money. Sin embargo, los argumentos transexcluyentes contra el género asumen que, si Money fue un adalid de la ingeniería social al «hacer» el género, todas las teorías que consideran que el género se construye socialmente son culpables por asociación. Este relato no reconoce cómo los estudios de género han rechazado a Money, junto con la ingeniería social y las normas obligatorias que impuso. De hecho, las personas que afirman que solo hay dos trayectorias vitales asociadas al género, las que insisten en el dimorfismo a toda costa, están más cerca de Money que cualquier teoría contemporánea del género.

Entiendo las razones para condenar a Money y condeno inequívocamente sus cirugías correctivas y sus brutales normas. Otras personas han argumentado que su obra, considerada en su conjunto, no debe tratarse como totalmente nefasta ni tampoco como totalmente liberadora.[27] Este tipo de titubeos, en mi opinión, constituye un fracaso moral a la hora de condenar la crueldad de sus procedimientos. Sin embargo, lo que se reconoce con menos frecuencia es que abrió un marco teórico que no llegó a dar fruto. En pocas palabras, el género da nombre a la inconmensurabilidad potencial de los cuerpos con sus categorías. Debemos seguir condenando las tácticas de alineación forzosa que Money impuso a las personas intersexuales, pero también debemos quedarnos con esa idea crucial de su trabajo para reinventar la asignación y reasignación de sexo. Nuestra obligación es llevar esta perspectiva en una dirección diferente del fracaso de Money.

En cada etapa de este proceso de encarnación en un género, el cuerpo vivido y la categoría en la que nos podemos enmarcar son siempre inconmensurables. Money trató de superar esa inconmensurabilidad, imaginándola como una excepción y no como una regla. ¿Y si la inconmensurabilidad, por muy específica que sea en el caso de las personas intersexuales, es también una estructura más amplia del género, definiendo así una continuidad entre las formas normativas y no normativas del género? La brecha entre el cuerpo percibido o vivido y las normas sociales imperantes nunca puede cerrarse del todo, por lo que incluso las personas que aceptan felizmente su sexo asignado al nacer tienen que hacer un trabajo de interpretación para encarnar esa asignación en la vida social. Los géneros no se asignan sin más. Hay que elaborarlos o comprenderlos, o encarnarlos, y ningún acto aislado puede garantizar nada. ¿He alcanzado por fin el género en el que me quería convertir o siempre estaré en devenir, en un género que siempre será transitorio?

Lo que podemos extraer de Money, orientándolo hacia fines más emancipadores, es la noción de que el género representa la imposibilidad de hacer coincidir los cuerpos y las categorías asignadas. Money se veía a sí mismo «corrigiendo» casos excepcionales, pero aquí la excepción demuestra no ser diferente de la norma en al menos un aspecto clave: la asignación de sexo pretende encubrir la posibilidad de que los cuerpos no coincidan con la forma en la que están clasificados.

La distinción sexo/género propuesta por Money era muy diferente de la formulada más o menos una década más tarde por investigaciones sobre antropología, historia o sociología feministas. Money imaginaba que la vida de una persona estaba regida por un proceso impulsado por objetivos que idealmente expresarían o harían realidad ideales de género, equiparando la adaptación a las normas sociales con la «felicidad» individual.[28] En cambio, la antropología y la historia feministas que desarrollaron la idea de género como parte del feminismo eran precisamente una *impugna-*

ción de las normas que limitaban la vida de las mujeres, algo que había que exponer y modificar para que las mujeres florecieran y para que su trabajo fuera debidamente reconocido y compensado. La brecha entre sexo y género debía garantizar la promesa de transformación, aunque, como veremos, trajo nuevos problemas. Sin embargo, desafiar las expectativas de la vida de género se hizo posible una vez que el género y las demandas de normalidad que impulsaron su «desarrollo» dejaron de estar limitados por leyes naturales o imperativos biológicos. Las mujeres pasaron a no tener una única meta en la vida y el hecho de no adaptarse a las expectativas dio paso a mayor igualdad y libertad. El género dio lugar a nuevas formas de crítica feminista y a nuevos horizontes de transformación social, incluida la transformación del parentesco en relaciones queer y del propio género binario. Durante décadas, el género ha sido (y sigue siendo) parte integrante del feminismo, incluidas algunas de las posturas feministas radicales que ahora rechazan representantes contemporáneas del feminismo. Enfrentar al feminismo con el género es una tergiversación tanto de la historia como del futuro del feminismo.

CAPÍTULO 8

Naturaleza y cultura: hacia la construcción conjunta

Ya en 1974, Sherry Ortner planteó una pregunta clave en el título de su conocido ensayo: «¿Es lo femenino a lo masculino lo que la naturaleza es a la cultura?». En su opinión, en casi todas las civilizaciones las mujeres se consideran más cercanas a la naturaleza y los hombres parecen estar más asociados a la cultura en términos generales. Así pues, estas esferas de la vida, naturaleza y cultura, parecen tener géneros diferentes. Al mismo tiempo, Ortner es partidaria de una visión marxista suavizada según la cual la cultura se define por su capacidad de transformar lo que viene dado en la naturaleza. Este punto de vista según el cual la cultura se define por su actividad transformadora, mientras que la naturaleza está ahí como algo dado que debe ser transformado por la cultura, ya no se sostiene hoy en día. Es un punto de vista bienintencionado pero antiecológico, pues niega el dinamismo, la agencia y la capacidad de transformación propios a la naturaleza. Aunque Otner intentó superar la asociación de la mujer con la naturaleza, daba por buena la idea de que la naturaleza es un montón de cosas dadas que van cediendo ante el trabajo humano para ser transformadas en algo significativo. Ortner argumenta que esta asociación de la mujer con la naturaleza produce una justificación problemática para afirmar que las mujeres son, o deberían ser, madres, porque es su función natural, o que deberían estar confinadas a la esfera doméstica y al trabajo reproductivo. Al final, afirma que «todo el esquema es una construcción de la cultura más que algo dado por la naturaleza» y reclama la plena participación de las mujeres en el tipo de «trascendencia» de la naturaleza que implican las actividades sociales dentro de una cultura. Aunque Ortner refuta el determinismo biológico, relega la naturaleza a algo que viene dado, sin «vida», algo de lo que hemos llegado a sospechar en el Antropoceno, con razón, que es una mala construcción, pues da prioridad al dominio y a la trascendencia humanos sobre la naturaleza, con consecuencias ecológicas claramente devastadoras. En aquella época, sin duda parecía liberador para los seres humanos, especialmente para las mujeres, desvincularse de la naturaleza y afirmar sus actividades esenciales frente a una naturaleza inesencial.

Ortner planteaba este argumento en 1974, antes de que se arrojara luz sobre el modo problemático en que la naturaleza ha sido considerada por la teoría cultural y política. Su texto no es más que uno de tantos que asumen que podemos tratar el sexo como algo natural no problemático y el género como la zona cultural de la expresión y los logros humanos. El trabajo antropológico de Ortner tomó otra dirección más adelante, intentando de forma explícita distanciarse de algunos de los movimientos clave en aquel ensayo tan temprano e influyente.[1]

En resumen, el punto de vista del primer texto de Ortner es: sí, hay diferencias biológicas específicas que podemos considerar como dadas por la naturaleza, y *a)* se asocia a las mujeres con demasiada frecuencia con la naturaleza, y *b)* su plena entrada en la vida cultural y social implica libertad para superar y transformar la naturaleza como han hecho los hombres. Esta última idea de transformación, radicalmente preecológica, no se considera «un constructo de la cultura», sino un importante marco normativo, que condiciona la reflexión crítica en el propio ensayo.[2]

Gran parte de la teoría feminista anglosajona, incluidos los primeros trabajos de Gayle Rubin y los míos de principios de los noventa, insistían en que nacer mujer y convertirse en mujer son dos trayectorias diferentes y que la primera no es ni la causa ni el objetivo teleológico de la segunda. Al mismo tiempo, tanto Rubin como yo comprendimos que el «sexo» se establecía por diversos medios culturales y sociales. Hoy en día, nos referimos de forma más general al sexo «asignado al nacer» que al sexo natural. Es cierto que hemos avanzado, quizá con un retraso inexcusable. La distinción entre naturaleza y cultura nos impide asumir la complejidad que nos ocupa, pues relega la naturaleza a la zona de lo impensado, e incluso de lo no vivo, una superficie muda a la espera de inscripción, o una entidad sin vida que solo cobra vida cuando los humanos la dotan de significado. Desde el punto de vista ecológico, el ser humano es una criatura viva entre otras criaturas vivas, conectada con procesos vivos de los que depende y en los que la intervención humana puede ser destructiva, como vemos ahora con el cambio climático. Sin embargo, investigaciones de base marxista, estructuralista y existencialista llegaron a comprender la naturaleza precisamente como lo que había que superar para que surgieran en el mundo una acción y un significado claramente humanos. Nos equivocamos. Donna Haraway, una de las primeras y más convincentes críticas de la distinción entre naturaleza y cultura en el contexto anglófono, va todavía más lejos al insistir en que el propio cuerpo es el resultado de esa interacción.

> Los cuerpos científicos no son construcciones ideológicas. Los cuerpos, siempre radicalmente específicos desde el punto de vista histórico, tienen un tipo diferente de especificidad y eficacia, por lo que invitan a un tipo diferente de compromiso e intervención. Los cuerpos como objetos de conocimiento son nodos generativos materiales y semióticos. *Sus límites se materializan en la interacción social* [...] los objetos como los cuerpos no preexisten como tales [la cursiva es mía].[3]

Las fronteras entre naturaleza y cultura están dolorosamente claras, pero mi opinión es que este debate ha preparado el terreno para algunos de los problemas que encontramos en este momento en que el sexo y el género entran en la controversia contemporánea sobre si solo el sexo es real y el género es una especie de artificio. Los primeros esfuerzos antropológicos feministas por descubrir si el patriarcado era universal (o casi universal) dejaron de lado cualquier consideración sobre la formación histórica y la variabilidad de los acuerdos de parentesco y sus relaciones con la economía y la sociedad, en un contexto de poderes nacionales, coloniales e imperiales. En aquel momento, no se cuestionó la brutal destrucción y recomposición del parentesco negro a causa de la esclavitud, ni la forma en que la propiedad afectó, desplazó y superó las relaciones de parentesco, separando a los niños de sus madres, dispersando o borrando los patronímicos y burlándose de la patrilinealidad mucho antes de que el feminismo comenzara su desmantelamiento conceptual. Era una época vertiginosa, había muchos marcos erróneos que borraban la historia y las vidas de las mujeres racializadas, incluso cuando trataban de sentar las bases del género.

Consideremos en primer lugar la alternativa científica al modelo naturaleza/cultura que se encuentra en las teorías de la construcción conjunta y de la interacción, y luego volvamos a los legados raciales y coloniales tanto en lo relativo a la naturaleza/cultura como a los ideales racializados del dimorfismo de género para comprender las implicaciones sociales y políticas de la dicotomía naturaleza/cultura, así como algunas formas de evitar el callejón sin salida que puede plantear.

La distinción temprana entre naturaleza y cultura dentro de la teoría feminista de la segunda ola sirvió para marcar la diferencia entre un sexo asignado y un género asumido con posterioridad, insistiendo en que no siempre coinciden ambos. ¿Qué diferencia supondría partir de un marco de interacción, para decir que el sexo y el género se constituyen mutuamente y que la interacción entre ellos es su característica más relevante? Hay motivos para planteárselo. Al fin y al cabo, Money se autodenominaba «interaccionista», pero claramente le daba un poder excesivo a la neurofisiología y la neuropsicología para determinar las causas últimas de lo que llamaba «transexualismo». Como han argumentado algunas investigadoras, «un modelo de desarrollo en el que la complejidad y la interacción solo pueden explicarse como "añadidos a o sustraídos de" una "causa principal" o sustrato fundacional no es verdaderamente interaccionista».[4]

Thomas Pradeu, un filósofo que trabaja en ciencias biológicas e inmunología, examina la teoría de los sistemas de desarrollo dentro de la biología evolutiva para distinguir entre quienes siguen la evolución de un organismo único y quienes siguen «la coevolución de los organismos y sus entornos».[5] ¿Qué nos ofrece esta perspectiva a la hora de replantearnos la distinción naturaleza/cultura y para quienes pretenden definir el sexo mediante el determinismo genético? Pradeu cita las investigaciones de la bióloga Susan Oyama, que sostiene que «los genes no desempeñan un papel central, ni siquiera privilegiado, en el desarrollo [...] los factores que desempeñan un papel en el desarrollo no son canales independientes; solo adquieren relevancia causal por su interacción» y, por último, «hay que deshacerse de la dicotomía naturaleza/sociedad». Pradeu sostiene que los genes son una de las varias condiciones necesarias para el desarrollo de un organismo, pero «el poder causal del ADN en el desarrollo solo aparece a través de las interacciones con otros factores». La postura a la que se adhiere se conoce como «construcción conjunta».[6]

A pesar de la importancia de este marco para comprender cuestiones tan dispares como la inmunología y el cáncer, quienes se aferran a un esquema binario estricto entre hombre y mujer basado únicamente en el ADN (dejando de lado las variaciones cromosómicas) tienden a dejarlo de lado. Sex Matters, una organización feminista transexcluyente del Reino Unido, dedicada a lo que denominan recopilación de datos, afirma que no tienen en cuenta este tipo de paradigmas, ni aceptan que los paradigmas científicos cambien históricamente ni les interesan los debates sobre la determinación del sexo, que sigue siendo un tema importante para la investigación tanto histórica como científica. En cambio, curiosamente, en la sección «Ciencia» de su página web lanzan una advertencia contra la ciencia en nombre de la ciencia:

> Existe una tendencia peligrosa y anticientífica a la negación del sexo biológico, incluso en la ciencia. Revistas científicas de gran prestigio publican ahora artículos que socavan la realidad observable del sexo biológico. Por ejemplo, un artículo publicado en *Scientific American* en 2018 sostenía que «los biólogos ahora piensan que hay un espectro que va más allá del binarismo masculino-femenino». En 2018 un editorial de *Nature* afirmaba: «La comunidad investigadora y médica ve ahora el sexo como algo más complejo que masculino y femenino». Se argumenta que, dado que hay condiciones menos frecuentes de desarrollo asociadas a combinaciones cromosómicas anómalas o que dan lugar a características sexuales ambiguas, las categorías masculino y femenino existen dentro de un «espectro» o son meros «constructos sociales». Estos intentos de replantear el sexo como una construcción social son perjudiciales para la investigación y el discurso científicos, así como para la capacidad de debatir las implicaciones sociales de la realidad del sexo.

Si la ciencia que cita Sex Matters es perjudicial para la investigación científica, debería ser capaz de demostrar por qué, diferenciando la ciencia buena de la mala. En cambio, solo encontramos una afirmación desganada, donde debería haber un argumento sólido, fundamentado en pruebas. Además, parece haber una confusión sobre si el daño causado a la investigación científica es el mismo que el daño causado a la capacidad de debatir «las implicaciones sociales de la realidad del sexo». Entiendo que los términos en los que se describe y conoce esa realidad son precisamente los debates pendientes. Si el sexo debe definirse de acuerdo con un sistema de clasificación que sirva a los objetivos sociales y políticos específicos de un grupo de feministas transexcluyentes, ¿cómo debemos juzgar sus reivindicaciones? Subordinan la investigación científica a su programa transexcluyente y discriminatorio.

Curiosamente, el sitio web de Sex Matters cita revistas científicas consolidadas para reprocharles la publicación de trabajos revisados por personas expertas que cuestionan las formas hasta ahora convencionales de determinar el sexo biológico. Luchan contra la ciencia en nombre de la ciencia, pero ¿cuál es su ciencia? No se basan en feministas como Anne Fausto-Sterling, Cynthia Kraus, Helen Longino o algunas de las numerosas feministas que llevan mucho tiempo argumentando en contra de los prejuicios sociales que perviven en la investigación sobre la determinación del sexo.[7] Su sitio web no ofrece pruebas que refuten las publicaciones científicas que, por desgracia para su grupo, han complicado las cuestiones sexuales más de lo que le gustaría. ¿Por qué ese grupo feminista no se interesa por todas las formas de discriminación de género, incluida la que sufren las personas de género no conforme, no binarias, trans e intersexuales? En efecto, al rechazar este tipo de alianzas, desean limitarse a determinadas formas de «ciencia» que no documentan en su sitio web, las que afirman su posición a expensas de la objetividad.

La acusación de que el sexo como «construcción social» no tiene en cuenta la realidad material pasa por alto lo que Catherine Clune-Taylor ha denominado «construcción material», que funciona en tándem con la primera. Y, puesto que el feminismo transexcluyente desea defender a las *material girls*, harían bien en comprender las vicisitudes del materialismo, las historias de las que surge y cómo funciona realmente. No tiene sentido volver una y otra vez a la idea de hechos biológicos o factores genéticos sin considerar las formas en que tales nociones interactúan con diversos tipos de mundos sociales para poder activarse plenamente. De hecho, es la ciencia la que nos dice que ha llegado el momento de superar el argumento naturaleza/sociedad al mismo tiempo que el feminismo transexcluyente pide a la ciencia que ahonde esta diferencia.

Si el feminismo transexcluyente cree que separar la naturaleza de la educación es lo que hay que hacer para aislar la materialidad del sexo de los «constructos», es porque piensa que lo biológico puede abordarse de forma independiente de las relaciones interactivas que activan sus potenciales. En la formación y los procesos vitales de una criatura humana interviene una compleja relación histórica e interactiva entre varios ámbitos que actualmente incluyen la fisiología, la anatomía, los procesos formativos sociales e íntimos, la formación y las resistencias psicológicas, así como las formas sociales y políticas de reconocimiento y apoyo.

La criatura humana nace en un estado de dependencia que hace que sus procesos vitales sean sociales desde un principio. La dependencia primaria es a la vez una realidad social, biológica y psíquica. El hecho de que la vida de las criaturas humanas, como la de la mayoría de las criaturas, sea social, es un signo de esa dependencia e incluso interdependencia permanentes. Dependiendo de quién y qué esté ahí para apoyar su vida, al nacer los seres humanos respiran, comen, duermen y se mueven. Sin apoyo básico, el organismo no puede sobrevivir, por lo que cuando hablamos del carácter «orgánico» de lactantes ya estamos hablando de la organización social de las necesidades o, como ocurre con demasiada frecuencia, de la desorganización o la deficiente infraestructura de los cuidados que ponen en peligro a los seres humanos durante la infancia, y que se inscriben en los huesos, el corazón, los pulmones. Cómo funciona, o deja de funcionar, esa organización de los cuidados básicos habita en sus cuerpos no solo en los primeros años, sino a lo largo de toda su vida, como material incorporado, implicando la dimensión orgánica del tiempo de la vida en estructuras tanto sociales como psíquicas.

Todo esto no hace más que preparar el terreno para una explicación aún más poderosa de cómo el género puede permitir un acercamiento a la materialidad del cuerpo, e incluso del propio sexo. Tendríamos que entender lo que significa «construcción material» y cómo los legados de la esclavitud y el poder colonial (y sus fantasías tóxicas) han llegado a conformar lo que conocemos como materialidad del sexo.

CAPÍTULO 9

Legados raciales y coloniales del dimorfismo de género

Tanto la derecha como el feminismo transexcluyente creen saber lo que es el sexo e insisten en que es binario y está ligado a la naturaleza. Estos puntos de vista, que luego acaban apoyando las fantasías psicosociales sobre el peligro del «género», han sido impugnados de forma efectiva, a veces indirectamente, a través de nuevas investigaciones feministas, queer y trans que tienen en cuenta tanto las historias raciales como coloniales en sus relatos sobre cómo se conforman los sexos. El idealismo dimórfico de género se ha rastreado hasta el poder colonial y, al igual que la esclavitud, tiene una historia larga y brutal. Así que, cuando nos preguntamos *cuándo y cómo se impuso el género por la fuerza*, tenemos que preguntarnos por las condiciones históricas y sociales de sus inicios. Esta es solo una de las razones por las que las consideraciones de género no pueden avanzar si partimos de la base de que están separadas de los legados coloniales conformadores y sus estructuras continuistas, la historia de la esclavitud y el racismo contra los negros y las historias relacionadas con la inmigración, la diáspora y el imperialismo.[1] La historia colonial del dimorfismo de género idealizado muestra cómo las potencias coloniales impusieron normas de género a los cuerpos negros y de piel oscura que naturalizaban e idealizaban la heteronormatividad blanca y (principalmente) europea.[2]

El binarismo de género no es un mero «efecto» de estas formas de poder. El binarismo se elabora como algo obligatorio e ideal a través de fuerzas materiales y sociales que trabajan conjuntamente. El modelo de interacción nos permite comprender cómo funciona esta historia colonial y qué queremos decir cuando insistimos en la materialidad del cuerpo sexuado.

Aunque el Vaticano ha argumentado que el género es una imposición colonial que niega la especificidad de los sexos, otros grupos, como el feminismo transexcluyente, autores antigénero de extrema derecha y tendencias cercanas al determinismo biológico, alegan, como hemos visto, que el hecho de que haya dos sexos es algo evidente, de sentido común, que está ahí de modo que cualquiera lo puede ver. Cuando el Vaticano se refiere a la «ideología colonizadora de género», esa «ideología» a la que se refiere parece ser la teoría y el activismo queer y feminista, así como los movimientos LGBTQIA+ en educación, política social y derecho. Consideran que el ataque a la conyugalidad heterosexual es una imposición del pensamiento colonial, una alteración de los valores locales por parte de un intruso extranjero. En cambio, cuando el feminismo anticolonialista y las teorías queer se oponen al colonialismo también se oponen a las normas de la conyugalidad heterosexual impuestas por Occidente, incluidas las normas religiosas, objeciones que el Vaticano ignora porque le conviene. La oposición del Vaticano a los efectos «coloniales» del género presupone que, con anterioridad a estas ideas invasoras o a lo largo de su desarrollo, el matrimonio heterosexual y el sexo binario, incluido el dimorfismo biológico, estaban firmemente establecidos. Las posturas anticolonialistas de género van en una dirección bastante diferente, al igual que las personas que escriben sobre feminismos negros, queer y trans en cuestiones de sexo.

El enfoque estructuralista de la cultura, que presumía el alcance universal de diferentes normas patriarcales, dejaba en manos del feminismo la tarea de comprender por qué y cómo las mujeres estaban subordinadas en distintas culturas. La idea de «cultura» que se maneja en estos análisis se apoyaba en etnografías coloniales y se basaba principalmente en el legado de la esclavitud o el colonialismo. Estas estructuras «universales» eran conceptualizaciones claramente occidentales que tendían a utilizar ejemplos coloniales, o bien cuerpos de pueblos negros y colonizados, para reforzar y ejemplificar sus propios marcos. Era necesario contrarrestar esta forma de extractivismo teórico sacando a la luz historias y archivos específicos, narrativas más responsables y formas de conocer producidas por quienes durante demasiado tiempo habían funcionado como objetos terroríficos de fantasía, zonas de experimentación, ejemplos fetiche que demostraban la «validez» de las epistemologías occidentales.

Mientras que el feminismo transexcluyente insiste en que el sexo es binario y solo una persona ideológicamente desorientada sostendría lo contrario, la filósofa feminista Catherine Clune-Taylor ha argumentado que una amplia gama de normas sociales, lo que podríamos llamar «ideologías», ya operan en la producción de la idea de sexo binario como algo natural u obvio. Citando una serie de estudios científicos feministas, incluido el trabajo de Joan Roughgarden, Clune-Taylor escribe que las intervenciones feministas refuerzan...

> ... una comprensión del sexo como algo construido sociocultural y materialmente, exponiendo la plétora de normas sociales, prácticas, conocimientos, tecnologías, burocracias, instituciones y capacidades implicados en su producción como algo binario y natural. De hecho, en biología el sexo masculino y el femenino se determinan únicamente en función del tamaño de los gametos: si individuos de

una especie producen gametos más pequeños («espermatozoides») se identifican como machos, mientras que si producen gametos más grandes («óvulos») serán hembras.[3]

De hecho, en su libro *Evolution's Rainbow*, Roughgarden escribe: «Desde el punto de vista de la biología, "macho" significa fabricar gametos pequeños y "hembra" significa fabricar gametos grandes. ¡Punto! Por definición, el más pequeño de los dos gametos se llama espermatozoide y el más grande, óvulo». Ambos son necesarios para la reproducción, pero «más allá de estas generalizaciones no se puede seguir generalizando y empieza la diversidad». Sin embargo, incluso esta distinción es una convención mal aplicada a la especie humana, dado que en algunas especies de algas, hongos y protozoos todos los individuos producen gametos del mismo tamaño. En estos casos, la especie se divide en grupos genéticos conocidos como «tipos de apareamiento»,[4] pero el sexo no se tiene en consideración.

Clune-Taylor se centra también en la neurociencia, dejando claro cómo un modelo interaccionista por sí solo puede dar cuenta de la miríada de procesos que intervienen en la creación del sexo.[5] Escribe:

> La naturaleza singularmente dinámica y socialmente dependiente del desarrollo neurológico hace del cerebro un lugar privilegiado para poner de manifiesto la constitución sociomaterial del sexo. A menudo, resulta difícil imaginar que otras características sexuadas aparentemente más estables puedan estar abiertas a la inscripción ambiental. Sin embargo, el feminismo lleva estableciendo conexiones entre las diferencias corporales por razón de sexo y las normas y prácticas desde principios de la década de 1980, y esta investigación seguirá proliferando a medida que la ciencia dilucide nuevos mecanismos a través de los cuales se van incorporando las influencias ambientales (por ejemplo, los efectos epigenéticos directos e indirectos) y mientras persista la carga sociocultural en la diferencia sexual.[6]

A principios de la década de 1980, la filósofa feminista Alison Jaggar argumentó que la diferencia naturalizada en el tamaño corporal entre hombres y mujeres podría ser el resultado de que este último grupo recibiera menos alimentos y recursos debido a una devaluación cultural de su género/sexo, mostrando cómo los factores ambientales entran en la identificación de las diferencias sexuales que algunos consideran naturales o de sentido común. Unos años más tarde, Anne Fausto-Sterling identifica «los efectos de las normas y prácticas socioculturales y temporales específicas de género sobre el desarrollo óseo» y argumenta además que «las diferencias de sexo en la musculatura, tan frecuentemente identificadas con la masculinidad y la feminidad, no son naturales y podrían desaparecer con cambios en las normas socioculturales relativas a la actividad y la musculatura, así como con un mayor acceso a ejercicios de musculación».[7]

Fausto-Sterling amplía también a la raza su afirmación general (es decir, que las anatomías y fisiologías específicas no son rasgos fijos, sino que emergen a lo largo del ciclo vital como respuesta a vidas vividas de una forma específica), socavando el uso del término como categoría tipológica en la investigación médica y revelando la forma en que se construye conjuntamente con el sexo/género.[8] Donna Haraway plantea esta cuestión de otro modo:

> Hemos aceptado a pies juntillas la ideología liberal tradicional de los científicos sociales del siglo XX que mantiene una profunda y necesaria división entre naturaleza y cultura y entre las formas de conocimiento relativas a estos dos ámbitos *a priori* irreconciliables. Hemos permitido que la teoría del cuerpo político se escinda de tal manera que el conocimiento natural se incorpore de forma encubierta a las técnicas de control social en lugar de transformarse en ciencias de la liberación.[9]

Como han argumentado Catherine Clune-Taylor, Sally Markowitz y C. Riley Snorton, la propia idea de un sistema de sexo/

género que Gayle Rubin hizo famosa en la década de 1980 no presupone una simple oposición binaria entre masculino y femenino, sino que, como dice Markowitz, «lo social *produce* lo biológico en una escala de grados racialmente determinados de diferencia de sexo/género que culmina en el hombre europeo varonil y la mujer europea femenina».[10] Lo que aquí se denomina «escala» está, en opinión de Clune-Taylor, «generalmente articulado en términos de patología o anormalidad», lo que pone de manifiesto «la emergencia histórica de las diferencias de sexo o género y raza, a partir de historias íntimamente entrelazadas de colonialismo, esclavitud, racismo científico y medicina clínica, de tal manera que los análisis de su construcción social, en cualquier sentido del término, deben ser cuidadosamente atendidos y situarse en relación con estas herencias».[11]

C. Riley Snorton, en *Black on Both Sides: A Racial History of Trans Identity,*[12] documenta la historia de las técnicas ginecológicas aplicadas a mujeres negras durante la esclavitud y después, que fueron privadas de anestesia y tratadas como experimentos en las consultas médicas del doctor James Marion Sims. Para Snorton, la historia estadounidense del género, especialmente la identidad trans, está vinculada a la institución de la esclavitud, y los brutales procedimientos aplicados a las personas esclavizadas perfeccionaron la ciencia resultante. Al documentar una desdichada historia de procedimientos ginecológicos que utilizan la anatomía de las mujeres negras como campo de pruebas, Snorton sostiene que las mujeres negras no fueron incluidas en ninguna versión del género. Siguiendo el revolucionario artículo de Hortense Spillers de 1987, «Mama's Baby, Papa's Maybe»,[13] Snorton invoca la «carne sin género» de Spillers para describir esta forma de desrealización visceral de los cuerpos negros al servicio de las normas del paradigma blanco, incluidos los ideales blancos de dimorfismo de género, en la larga estela de la esclavitud. La carne no es pura materia pasiva, sino la condición misma de unas relaciones legibles. Snorton lo expresa así: «Como cosa que produce relaciones, la carne *transorienta* [la cursiva es mía] el sexo y el género...». La carne es una «estructura capacitadora», pero no para las personas cuyos cuerpos proporcionan la materia prima para las investigaciones ginecológicas. Las mujeres negras hicieron posible lo que posteriormente se llamará «medicina femenina», pero eran carne, no mujeres, ya que las mujeres eran presuntamente blancas, y no disfrutaron de los tratamientos médicos que habían hecho posibles. Aquí el género solo alcanza a la piel blanca. Fuera de las normas de las personas blancas, los cuerpos se convierten en carne, indiferenciados y degenerados, propiedad potencial cuyo valor de mercado se determinará cuando lleguen al mercado, a la subasta, y solo para los cuerpos que sobrevivan a la travesía.

Spillers explica:

> Antes del «cuerpo» está la «carne», ese grado cero de conceptualización social que no escapa a la ocultación bajo la capa de discurso, ni a los reflejos de la iconografía. Aunque las hegemonías europeas robaron cuerpos (algunos de ellos femeninos) a las comunidades de África Occidental, con la ayuda del «intermediario» africano, consideramos este robo irreparable humano y social como un delito contra la carne, ya que en las personas de las mujeres y los hombres africanos quedó inscrita esa herida. Si pensamos en la «carne» como relato primordial, nos referimos a su carne cauterizada, dividida, desgarrada, clavada a la bodega del barco, caída o «evadida» por la borda.[14]

En un movimiento reparador, Spillers devuelve el sexo al cuerpo que ha sido reducido a carne, marcado, torturado, desmembrado y desechado: «Esta escena materializada de carne femenina desprotegida («sin género») ofrece una praxis y una teoría, un texto para vivir y morir y un método para leer ambos a través de sus diversas mediaciones».[15] Spillers hace la conmovedora afirmación de que en los volúmenes dedicados a «The Female Body in Western Culture» esta carne será «desalojada», un término que hace pensar en los cuerpos de esclavos arrojados por la borda desde los barcos de los intermediarios. De nuevo, la carne no es una idea metafísica de materia pura, sino «la concentración de "etnicidad" que los discursos críticos contemporáneos ni reconocen ni eliminan». Para Spillers, en 1987, las personas esclavizadas no estaban «culturalmente constituidas» desde un primer momento y concretamente *no* estaban construidas culturalmente de una forma legible. «En estas condiciones, no son mujer ni hombre, ya que ambas categorías se consideran meras cantidades».

La carne indiferenciada solo se revalorizará posteriormente, en la subasta de personas esclavizadas. Aunque Spillers menciona la violencia ejercida sobre las mujeres esclavizadas a las que arrebataron los hijos, cuyo mundo de parentesco fue distorsionado y robado por el sistema esclavista de bienes muebles, también deja claro que la madre negra bajo la esclavitud (y en sus repercusiones posteriores) nunca puede ser un ejemplo que defienda «los símbolos tradicionales del género femenino». En cambio, nos dice que «es nuestro cometido crear un lugar para este sujeto social diferente». Esa tarea puede cumplirse no aliándose con la «feminidad de género», sino con un «sujeto social femenino» o, más bien, «*reivindicando* la monstruosidad (de una mujer con el potencial de "nombrar"), a la que su cultura impone la ceguera...».[16] La propia Spillers empieza a experimentar poniendo nombre a las cosas. ¿Cuál será el nombre de este sujeto? ¿Es el pensamiento de la mujer negra como sujeto social femenino lo mismo que la monstruosidad o es el acto de nombrar que surge en la misma fractura del lenguaje que tan brillantemente ha documentado?

Spillers experimenta con ciertas formas de acoplar lo biológico y lo social, negándose tanto a reducir a la biología ambas cosas como al gran marco simbólico cultural de los géneros binarios construido sobre las espaldas de las mujeres negras, que nunca formarán parte de esas filas, salvo de forma distorsionada. Snorton retoma este poderoso marco para reflexionar sobre las vidas trans negras: «El género en cautividad no se refiere a un sistema binario de clasificación, sino a lo que Spillers describe como un "territorio de maniobra cultural y política"».[17] En opinión de Snorton, en el momento en que las jerarquías de poder se agotan, surgen nuevos poderes para nombrar.[18] Lo que Snorton llama «la fungibilidad de los cuerpos» se refiere no solo a su valor de cambio en el mercado de personas esclavizadas, sino al modo en que «la carne funcionó como una desarticulación de la forma humana desde sus rasgos anatómicos, y cómo sus reivindicaciones de humanidad se distorsionaron en aras de la producción y perpetuación de las instituciones culturales», incluidas las instituciones médicas cuyos avances dependían del sometimiento quirúrgico, las indagaciones y las tipologías raciales jerárquicas de los cuerpos negros. Lo que Spillers denomina «sin género» (*ungendering*) se traspone y revisa en Snorton como la «expresividad transitiva o género dentro de la negritud». La fungibilidad era terreno abonado para la práctica experimental y la mutabilidad del propio género. En palabras de Snorton, «la negritud sin género sienta las bases de las actuaciones (trans) por la libertad».[19]

En los años transcurridos desde el ensayo de Spillers, diferentes investigaciones han tratado de comprender los potenciales estéticos y políticos que pueden derivarse de esta idea de la carne.[20] La carne, presa de laceración y muerte, también tiene el potencial de eludir los ideales establecidos del estándar blanco y el género para convertirse en la condición vital de la libertad.[21] Los cuerpos, los cuerpos negros que son carne, no son materia pasiva, sino lugares donde puede producirse la transformación, donde el problema no es solo liberarse de las normas de género blancas impuestas, sino también de la brutal exigencia de convertirse en la superficie en la que esos géneros fueron inscritos y producidos.

Lo que el Vaticano califica de imposición de la ideología occidental en la vida de las personas es, de hecho, la refutación misma del binarismo de género articulado por las teorías de la descolonización. De esta forma, tanto la crítica de las normas blancas de lo masculino y lo femenino impuestas violentamente en la esclavitud y su larga vida posterior como la imposición colonial del género binario implican que el *binarismo de género* lo imponen los poderes coloniales y racistas y sus representantes coloniales, y no al revés.

Sin embargo, el papa Francisco afirma que el «género» es un ejemplo de colonización impuesta a las comunidades locales pobres. ¿Habla realmente en nombre de los desfavorecidos? Uno de los problemas de este punto de vista es que imagina que las «culturas locales» nunca han sido queer, gais o trans. Ni al papa ni a otros que hacen tales afirmaciones les interesa saber que la complejidad y la variedad de géneros se encuentran en todas las formas indígenas de parentesco y lenguaje, y que el género binario en realidad *ha perturbado* otras disposiciones de parentesco y referencia operativas para muchos pueblos que ya daban cabida a personas que no confirmaban su género o intersexuales, ya desde la infancia. En realidad, fue el colonialismo, y el tipo de expansión de mercado en el que se basó, la base del marco binario y heteronormativo para pensar y vivir el género. Si consideramos el trabajo de la filósofa feminista María Lugones, que se basa en la obra del sociólogo peruano Aníbal Quijano,[22] las disposiciones coloniales son el contexto para comprender una amplia gama de cuestiones que pensamos que pertenecen a las relaciones normativas de género, incluyendo la heteronormatividad, el ideal dimórfico, la familia patriarcal y las propias normas que rigen la normatividad de la apariencia de género.[23] Lugones describe así el proceso:

> El dimorfismo sexual ha sido una característica importante de lo que llamo «el lado visible/claro» del sistema de género colonial/moderno. En cuanto al «lado oculto/oscuro» no se entendía necesa-

riamente de forma dimórfica. Los temores sexuales de los colonizadores los llevaron a imaginar a los pueblos indígenas americanos como hermafroditas o intersexuales, con grandes penes y pechos con abundante leche. Como Paula Gunn Allen y otros dejan claro, los individuos intersexuales eran reconocidos en muchas sociedades tribales antes de la colonización, sin asimilarlos al esquema binario sexual. Es importante considerar los cambios que trajo consigo la colonización para comprender el alcance de la organización del sexo y el género bajo el colonialismo y en el capitalismo global eurocéntrico. Si este último solo reconocía el dimorfismo sexual para los hombres y mujeres de la burguesía blanca, no por ello hay que pensar que la división sexual se basa en la biología.[24]

Lugones deja claro que, con demasiada frecuencia, los trabajos feministas que parten del problema del género no reconocen cómo las premisas de su investigación son, de hecho, los resultados de un complejo conjunto de procesos históricos dentro de la modernidad colonial. El argumento de la complejidad del género debe basarse en un trabajo histórico que sepa rastrear las intersecciones formativas de la raza, la colonización y el género. Escribe:

> Las realidades de género no tienen por qué ser ni heterosexuales ni patriarcales. No tienen por qué serlo, es una mera cuestión histórica. Comprender estas características de la organización del género en el sistema de género moderno/colonial (el dimorfismo biológico, las organizaciones patriarcales y heterosexuales de las relaciones) es crucial para entender las disposiciones diferenciales de género a lo largo de las categorías «raciales».[25]

Para Lugones, el dimorfismo de género basado en supuestos biológicos funciona junto con el patriarcado heterosexual, y ambos son impuestos por lo que ella llama el lado «visible/claro» de la organización del género dentro de la modernidad colonial. A la luz del movimiento de ideología antigénero y sus vínculos con las nuevas formas de autoritarismo, bien se puede considerar que la influencia colonial es «un poco más fuerte que antes».

Quijano rastrea la cosificación del cuerpo como «naturaleza». Dentro de una racionalidad eurocéntrica, algunos cuerpos son más cuerpo que mente, están «más cerca de la naturaleza» y «más alejados de la racionalidad». Algunas razas, incluyendo los indígenas, los negros y los asiáticos, se consideran más naturales que otras y son objeto de dominio y explotación. La dominación de los mundos naturales se extiende a las poblaciones humanas consideradas como «más naturales» y la raza blanca se libera de la carga de la vida natural (otra persona realiza el trabajo que produce los bienes necesarios para la vida) ocupando el lugar del explotador y no del explotado. El marco de lo que Quijano llama «civilización europea» produce un dualismo en el que las mujeres están más cerca de la naturaleza y las mujeres racializadas lo están doblemente, racionalizando su explotación. Quijano sugiere que «la nueva idea de género ha sido elaborada tras el nuevo y radical dualismo de la perspectiva cognitiva eurocéntrica en la articulación de la colonialidad del poder».[26] Si el «género» es cultural y no material, ya lleva aparejado el propio dualismo que caracteriza la cognición eurocéntrica. Una de las implicaciones de este análisis es que la colonialidad del poder opera de forma tácita, pero contundente, en un dualismo que numerosos feminismos, tanto los «críticos con el género» como los que no lo son, daban por sentado.

Al dejar clara su valoración de este análisis, Lugones ofrece una crítica de la posición de Quijano, recurriendo a un marco interseccional. Desde el punto de vista de Lugones, la postura de Quijano entiende el género dentro de un marco que no se ha examinado críticamente, un marco «demasiado estrecho y excesivamente biologizado, ya que presupone el dimorfismo sexual, la heterosexualidad, el reparto patriarcal del poder...». Además, en opinión de Lugones, Quijano asume muchos de los términos del sistema de género moderno/colonial en su crítica de la materialidad. Para comprender lo que este sistema de género oculta, hay que prestar atención a las historias que borra y a las formulaciones alternativas que excluye. Lugones recurre a la obra pionera de la feminista africana Oyèrónkẹ́ Oyewùmí para exponer sus argumentos.

La obra de Oyèrónkẹ́ Oyewùmí, que incluye *The Invention of Women* (1998) y la dirección del volumen *African Gender Studies* (2004), sostiene que el género binario viene impuesto por el colonialismo y, en particular, por sus doctrinas aceptadas de determinismo biológico. Este esquema «bio-lógico» en sus propios términos opera bajo una falsa pretensión de universalidad. Cuando los estudios feministas recurren a este marco, están imponiendo a África un marco occidental, sin comprender ni describir lo que ocurre en las sociedades africanas. Se opone a la identificación del género con la categoría de mujer y señala que los significados sociales atribuidos a la esposa, el marido e incluso la matriarca no están ligados en modo alguno a la biología. Estos significados quedan justamente enmascarados en los análisis críticos que no cuestionan los términos del sistema colonial de género. En contra de la concepción estructuralista de que el parentesco y la conyugalidad están vinculados a las llamadas funciones sexuales biológicas o atributos sexuados, Oyewùmí sostiene que las formas occidentales de vinculación de género y sexualidad pasan por alto la independencia de estos roles en la sociedad africana. Frente al marco occidental, afirma la importancia de las epistemologías locales. Con demasiada frecuencia se buscan en África ejemplos que confirmen los marcos occidentales (lo que podríamos llamar una especie de extractivismo teórico),[27] pero las formas africanas de conocimiento deberían formar parte de la investigación académica sobre sexualidad y género. Aunque no está claro hasta qué punto estas formas de conocimiento son prístinas y no se ven afectadas por las condiciones globales contemporáneas, o si alguna vez estuvieron tan libres de jerarquías como a veces se postula, sigue siendo importante documentar cómo los regímenes coloniales y descolonizadores siguen imponiendo un dimorfismo de las lenguas y unas formas de construir el mundo que van más allá de esos términos.

En la obra de Zethu Matebeni, autora y profesora sudafricana, aparece una serie de conceptos terminológicos propios de la región que impugnan las formas dominantes de hablar sobre el género.[28] Matebeni, al igual que Lugones, sostiene que es importante no romantizar las relaciones sexuales o de género precoloniales, ya que eso sería un análisis esencialista, al fijar una imagen de las comunidades africanas al margen de la historia y la dinámica social en función de las cuales han sido transformadas a lo largo del tiempo por las potencias coloniales.[29] Y, sin embargo, se pregunta Matebeni, ¿qué vocabularios locales han sido «velados» por las nociones occidentales de género? Uno de los problemas es que el feminismo que se ha basado en la familia heteronormativa como punto de partida metodológico tiende a asumir que esta forma social es una norma transcultural e histórica y, por lo tanto, no comprende cómo se ha impuesto esta norma, al igual que las demás organizaciones sociales de la sexualidad y el parentesco que oculta y excluye.

Ifi Amadiume, en *Male Daughters, Female Husbands*, describe las estructuras de género en Nigeria antes del siglo XX, subrayando cómo cambian las relaciones y asignaciones de género en función de la distribución de la riqueza, el poder para participar en la economía y el papel asumido en las relaciones de cuidado dentro de las redes de parentesco ampliadas. Intelectuales africanos han documentado matrimonios entre mujeres y cómo estas podían convertirse en maridos cuando no había ningún hijo varón que heredara la riqueza.[30] ¿Qué dice esto de la forma en que el género puede cambiar dependiendo del papel asignado o asumido? Además, cuando los colonizadores cristianos intentaron sustituir a las deidades africanas por una versión masculinizada, promovieron la idea de masculinidad de un modo que iba en contra de la noción religiosa de *chi*, un término en igbo que puede referirse por igual a deidades masculinas y femeninas. La idea de una «mujer» unitaria aportada por el cristianismo moralista no tiene cabida en los contextos africanos, donde las mujeres pueden asumir roles sociales, incluido el de marido, en función de las circunstancias cambiantes y las exigencias sociales.

Este tipo de cuestiones complejas no pueden considerarse una teoría queer *avant la lettre*, sino más bien una complejidad social cuyo vocabulario y significado dependen del contexto. La cuestión es no basarse en términos ingleses, o en marcos seculares, para llevar a cabo una crítica del binarismo rígido impuesto por el cristianismo. Los poderes coloniales, al imponer modelos bíblicos de binarismo de género, condenaron y patologizaron a menudo las formas africanas de relación íntima y de apariencia de género, por lo que, una vez más, vemos que no se trata de una imposición de las élites urbanas, sino de formas cristianas de colonización.[31] De la misma forma, los estudios sobre África Oriental y Uganda han demostrado que la desigualdad de género se introdujo a través de las misiones cristianas, lo que sugiere que las relaciones sociales tradicionales eran en cierto modo más variables y complejas que las introducidas e impuestas a través de la educación y la atención sanitaria de los misioneros.

Profundizando en el marco de Amadiume, Matebeni estudia cómo el término *unongayindoda* se ha vuelto menos común en la lengua nguni del Cabo Oriental sudafricano. Se trata de un término utilizado para describir a una mujer que se parece a un hombre, o que hace cosas que generalmente haría un hombre, o que «viste raro», pero su uso ha pasado de ser meramente descriptivo a ser cada vez más despectivo. No está necesariamente vinculado a la identidad o a la práctica sexual ni puede asimilarse fácilmente al modelo binario de género. Término ahora despectivo, recuperado recientemente para reivindicar la libertad o, de hecho, para escapar a los abusos,[32] *unongayindoda* es un término lingüístico específico que solo puede entenderse en relación con diversas coordenadas sociales. Al reutilizarse, se convierte en una palabra abierta a multitud de significados, generando posibilidades inesperadas e incluso nuevos imaginarios.[33]

Los ejemplos de Matebeni no pretenden apoyar o rebatir las teorías occidentales, sino recuperar e introducir un lenguaje nuevo, diferente, para entender las atribuciones de género. Para Matebeni, *unongayindoda* existe más allá del propio género. Stella Nyanzi, médica, antropóloga y poeta ugandesa exiliada, insiste en que lo más necesario es un modo de «pensar más allá del cargado marco occidentalizado del acrónimo LGBTI». En su rechazo tanto del binarismo colonial del género como del modelo de emancipación LGBTQIA+, se une a una serie de intelectuales de África que no solo prestan atención a una serie de expresiones de géneros y sexualidades no normativos, sino también a otras formas en las que el lenguaje interviene en el hacer y deshacer de los sujetos sociales: «gestos, silencios, borrados e invisibilizaciones». La propia distinción entre normativo y no normativo no siempre es aplicable, ya que, de entrada, excluye posibilidades que no entran en ninguna de las dos categorías.[34] No se trata de convertir estas formas de referirse a los miembros de la familia y la comunidad en sujetos de derechos. Esto borraría las variantes específicas de amar y vivir dentro de las comunidades y también sus formas de sufrir y de ejercer la libertad.[35]

Insistiendo de nuevo en la importancia de la lengua, Matebeni analiza el término *gogo*, que significa la madre de la madre o del padre, pero también un profeta, un vidente, un chamán. El vocablo se abre a varios significados que hacen más complejo el debate sobre género y sexualidad, tanto dentro de las versiones coloniales como de las homonormativas. Para Matebeni, *gogo* va más allá del género, ya que se puede referir tanto a las abuelas como a los abuelos, así como a un acervo de sabiduría indígena que conecta a los vivos con los muertos. Va más allá del binarismo, pero no puede servir de ejemplo no occidental para apoyar el rechazo del binarismo en la teoría queer occidental. Más bien pertenece a una corriente de la filosofía africana que vincula la colectividad en el parentesco y una relación estrecha con la dignidad. Pertenece, en concreto, a una percepción ubuntu de lo humano como parte de un mundo más amplio, conectado a una interrelación espiritual. Si traducimos *gogo* demasiado rápido sobre las bases de la teoría de género como marco dominante, o si lo convertimos en una casilla que hay que marcar, perdemos todas las coordenadas y significados temporales, espirituales y sociales. Se perdería una buena parte de su significado.[36]

Decir que el sistema moderno, colonial y europeo de binarismo de género es un signo y un contenedor de colonización (como hace Lugones) es oponerse, por ser una imposición colonizadora, a la propia organización naturalizada y heteronormativa del género que defiende el Vaticano. La Iglesia es responsable en parte de esa misión colonizadora, al identificar a las familias heterosexuales normativas como el propósito de la colonización. Sin embargo, si en «género» incluimos las desviaciones de ese mismo sistema normativo, incluso las vidas y las categorías trans, lesbianas, gais, bisexuales, no binarias e intersexuales que cuestionan la heteronormatividad, o las muchas docenas de géneros que ahora se pueden encontrar, por ejemplo, en Facebook/Meta, entonces el género no está en absoluto al servicio de la misión cristiana que proyecta su propia historia colonizadora fuera de sí, en una «ideología de género» que constituye una amenaza al Sur Global con la colonización. Insistir en que todos los marginales y luchadores acosados y censurados representan en realidad las imposiciones y violaciones del poder colonial es no ver la forma en que su precaria e impresionante lucha es el resultado directo de haber sido condenados por las autoridades estatales y religiosas. Alegar, con razón, que el poder colonial estructura el género desde lógicas patriarcales y heteronormativas implica que la resistencia a la colonización debe ser una firme aliada de la afirmación de las vidas queer, trans e intersexuales. Las personas LGBTQIA+ deberían unirse a esa lucha continuada contra la colonización en Puerto Rico, Palestina y Nueva Caledonia, por nombrar algunos lugares de ese tipo, el saqueo neocolonial de partes de África, todo lo cual también es una lucha contra el racismo y la explotación capitalista. Quienes no llegan a hacerlo no son conscientes de que su destino está ligado al de otras personas y que quienes se oponen a un grupo tienen tendencia a oponerse a todos. Es de necios no ver lo que son en realidad las estrategias divisorias y rechazar alianzas contra poderes que no solo marginarán, sino que degradarán y negarán un gran número de vidas interconectadas.

La idea de que la homofobia es un problema premoderno, y que debe ser combatida por las naciones más modernas o «avanzadas», enseñando a las que son menos modernas, es una falacia: la homofobia está bien viva y coleando en toda Europa y se está acelerando también en Estados Unidos. El debate sobre si la homosexualidad es «no africana» o, más recientemente, «no ugandesa» comete el error de situar la vida gay y lesbiana, al igual que la africanidad, dentro de marcos coloniales y nacionalistas, sin tener en cuenta la organización y las lenguas vernáculas de la intimidad, así como la vida de género fuera de estos términos. Lugones es una de las que han tratado de confirmar la forma en que las comunidades indígenas han hecho un lugar para los terceros géneros, por ejemplo, *two spirit* («dos espíritus»), que es la expresión que utilizan para las personas de género no normativo en comunidades indígenas y naciones originarias en todo el continente americano.[37]

Los ataques coloniales a las culturas locales se han materializado, en parte, a través de la regularización del propio género y la imposición del binarismo heteronormativo y sus corolarios: hombre, mujer y familia heteronormativa. La posición de la derecha contraria a la ideología de género quiere seguir dando relieve a esas normas, trabajando al servicio del proceso colonizador que no se priva de denunciar. Al igual que la asignación de sexo que alberga en su interior el imaginario de la vida de género que vendrá, la imposición colonial del dimorfismo de género fuerza brutalmente unas normas blancas sobre las prácticas sociales indígenas y locales que, efectivamente, rechazan esa imposición; y la más brutal, la cirugía ginecológica sobre los cuerpos negros en la esclavitud, es una instancia más de la forma en que se imponen violentamente unos ideales obligatorios. Estas expectativas, formas de idealismo de género entretejidas alrededor de fantasías racistas, no tienen una vida meramente intelectual: se imponen por la fuerza, son el residuo vivo y tóxico de una historia de violencia racista y colonial.

CAPÍTULO

10

Otros idiomas, o los desajustes de la traducción

Consideremos la afirmación de que el género supone la intrusión de un término «extranjero», una intrusión imperialista, que es una de las quejas de los grupos contrarios a la ideología de género en contextos no angloparlantes. Algunas de estas corrientes antigénero argumentan que este término no pertenece a su idioma y que, por esa razón, no debería enseñarse en las escuelas ni incorporarse a sus políticas públicas. Va en contra de la nación. O incluso es una amenaza para la nación. Al ser un elemento extranjero que, con su intromisión, mancilla el país, hay que expulsarlo. Sin embargo, si estas naciones han estado sometidas a potencias imperiales, la resistencia no es solo al género, sino a la propia historia del imperialismo. Es fácil ver cómo cada cual puede llegar a representar la alteridad. En estos tiempos, los antiguos imperios (Reino Unido, Estados Unidos, Francia, Italia y España) son algunos de los lugares donde la ideología antigénero circula en variantes particularmente agresivas.

Al tiempo que nos oponemos al imperialismo cultural, por una parte, y rechazamos la xenofobia, por otra, debemos preguntarnos si el problema de la traducción puede obviar estas alternativas o si es el terreno de juego de estas tendencias contrapuestas. La resistencia a un término extranjero puede ser una objeción a algo aterrador o desconocido, una objeción al propio multilingüismo, una resistencia legítima a la desaparición de las lenguas locales y regionales. Es cierto que el género, en su viaje desde el inglés, demuestra la forma en que la sintaxis de una lengua se ve perturbada y transformada por la sintaxis de otra. Aunque el movimiento de ideología antigénero suele oponerse al carácter «extranjero» del género por motivos nacionalistas, oscila entre considerar lo extranjero como una potencia imperialista o considerarlo un migrante no deseado. Se trata, por supuesto, de dos figuras contrapuestas y la objeción al inglés como lengua imperial, o incluso como lengua del mercado, no es seguramente la misma que la objeción al multilingüismo como futuro de la nación. Sin embargo, los dos tipos de objeciones se confunden en la fantasía delirante del género que hace circular la derecha. Su invocación localista de los sentimientos antiimperialistas es una forma de apropiarse de la crítica de izquierdas, sin serlo. Su atractivo exacerba la xenofobia y el racismo nacionalistas y suscita el apoyo a los políticos que prometen patrullar las fronteras con mayor ferocidad. No es una combinación sorprendente. Interpretar el «género» como un enemigo solo funciona si aunamos tendencias políticas opuestas y agrupamos temores fluctuantes sin tener que conciliarlos desde la lógica, es decir, sin tener que rendir cuentas. De este modo, esa fantasía funciona como una síntesis falsificada.

La traducción no es solo una práctica, sino una forma de desarrollar una epistemología multilingüe, muy necesaria para preservar las lenguas locales y regionales de la extinción, contrarrestar la hegemonía del inglés y ayudar al lector a desarrollar formas complejas de entenderse con otras personas y con el mundo. En una epistemología multilingüe, no hay lenguas extranjeras, ya que toda lengua será extranjera vista desde el interior de otra, o quizá toda lengua es extranjera, lo que viene a ser que no hay lenguas que no sean extranjeras. Lo extranjero está en la frontera de todas las lenguas y a menudo genera acuñaciones que establecen una vida futura para el lenguaje. Los esfuerzos por eliminar de una lengua una presencia extranjera no deseada sugieren que es posible bloquear o impermeabilizar las lenguas, que no deben tocarse ni transformarse mutuamente, que las fronteras de las lenguas nacionales deben patrullarse en aras de la identidad nacional. La resistencia a lo extranjero moviliza la fantasía de que esas fronteras pueden ser impermeables, pero cada frontera, cada movimiento migratorio, puede ser un escenario de traducción.

Tiene sentido político resistirse cuando la lengua de una potencia imperial invade una región o una nación como fuerza colonizadora. Cuando el «género» pasa del inglés a otro idioma, también pasa el inglés como tal, y desde luego no lo hace de forma aislada. Sin duda, el inglés lleva entrando mucho tiempo. Sin embargo, los poderes imperiales no pueden mantener el control sobre las palabras que imponen o excluyen, no reproducen automáticamente el imperialismo de la lengua de la que proceden. El origen de un término no predice en absoluto todos sus posibles usos posteriores. Para la derecha nacionalista, dejar que una lengua altamente nacionalista se vea contaminada por una serie de términos extranjeros, o incluso la mera perspectiva del multilingüismo, atenta contra sus proyectos nacionalistas, sus políticas antinmigración, sus esfuerzos por lograr la pureza nacional mediante la regulación de la familia y la sexualidad. Y en lugares como la Rusia de Putin es un elemento que frustra sus designios imperialistas. Lo «extranjero» es un término que ocupa el centro de las obsesiones fantasmagóricas, como lo es el género, en parte porque en la mayoría de los lugares sigue siendo un término extraño o una acuñación desconcertante.

Podemos aprender de esta resistencia al *gender* inglés, incluso mientras desarrollamos una forma alternativa de abordar el problema. La teoría feminista y de género en la anglosfera ha asumido durante demasiado tiempo que lo que se entiende por género se concibe de forma idéntica en cada traducción extranjera, sin tener en cuenta lo que esta palabra puede tener de intraducible. ¿Por qué los debates sobre el género como término no suelen tener en cuenta la presunción de monolingüismo que está en juego? En contextos anglófonos, cuando abordamos el género como categoría o concepto tendemos a dejar de lado el hecho de que nos referimos a un uso del inglés. Asumimos que en las lenguas romances las cosas funcionan igual (*le genre,* el género) o deberían hacerlo y que, en principio, las discusiones que mantenemos en inglés se pueden generalizar a un número indefinido de contextos. Cuando en inglés discutimos sobre *gender* (elaborando su significado o su conceptualización) ya estamos operando dentro de un campo monolingüe, a menos, por supuesto, que estemos debatiendo en otro idioma y que «género» sea un término extranjero, o bien que nuestro marco sea deliberadamente translingüístico. Incluso cuando el género entra en escena como extranjerismo, sigue siendo curiosamente ajeno. Como tal, plantea todas las dudas habituales: ¿qué hace aquí este término extranjero? ¿Es bienvenido? ¿Ha sido invitado? ¿Forma parte de un esquema imperialista? ¿Es una ocasión para afirmar la diversidad lingüística desde lo que somos y lo que sabemos? ¿Hasta qué punto la objeción al «género» es una objeción al inglés o una objeción más amplia a las palabras y cosas extranjeras que entran en un entorno que debe defenderse a toda costa de lo ajeno? El género cruza fronteras, se abre paso hacia el interior. En ese sentido, es insidioso. ¿Podemos decir que es insidioso como una potencia extranjera o se ha convertido en una palabra cualquiera, una extraña democratización transnacional del vocabulario? Por desgracia, cuando las reflexiones sobre el género tienen lugar en inglés, como si todo lo que se dice fuera traducible, se trata de una presunción arrogante, que solo se puede contrarrestar concibiendo el género como un contexto de traducción.

Cuando en inglés hacemos generalizaciones sobre el género (por ejemplo, «el género es performativo» o «el género es relacional» o «el género es interseccional» o «el género es ante todo una cuestión de trabajo») presumimos que estas afirmaciones son fácilmente traducibles, totalmente traducibles, incluso, porque son generalizables. Aunque las o los teóricos anglófonos del género no siempre lo reconocen, involuntariamente adoptan una actitud determinada hacia la traducción cuando discuten sobre el género. Es cierto que a algunas personas no les importa si un término clave es traducible. Al fin y al cabo, ese es un problema de los traductores y las traductoras y, aunque a veces incluso nos complace ayudarlos en sus esfuerzos, no siempre consideramos que el carácter generalizable de nuestras afirmaciones depende en realidad de que se pueda establecer una equivalencia conceptual entre los términos en ambas lenguas. Este punto de vista es una forma de monolingüismo petulante. Cuando no es posible establecer una equivalencia conceptual entre el inglés y otra lengua, nos enfrentamos a un problema diferente. Si nuestra forma de resolverlo es invitar a todo el mundo al inglés como marco contemporáneo establecido, o exportar ese marco con toda nuestra buena voluntad, no somos más que unos imperialistas educados. Puede que pensemos que filosóficamente el género designa un concepto y que el lenguaje que utilizamos para nombrar o describir ese concepto es bastante accesorio respecto al concepto en sí. Si el uso lingüístico no genera ni mantiene conceptos, ni añade o sustrae significados, y si los conceptos tienen una independencia relativa de su uso lingüístico, entonces no podríamos entender cómo el género se despliega mediante verbos, o cómo funcionan otros tipos de nomenclatura en un idioma dado para denominar lo que en inglés conocemos como *gender*. Nuestra comprensión de los fenómenos se amplía, pero solo si dejamos de aferrarnos al marco monolingüe. La traducción es, de hecho, la condición necesaria para que exista una teoría de género en un marco global.

Para algunas personas que reflexionan sobre el género en el Sur Global, no tiene sentido introducir el lenguaje del «género» en sus conversaciones con familiares, especialmente cuando ya existen otros términos en sus propios idiomas para comunicar lo que tienen que decir, como comentamos en el capítulo anterior con los términos *unongayindoda* y *gogo* en Sudáfrica. Otro ejemplo del mismo fenómeno es la palabra *hijra* en la India, que representa un «tercer género», pero no se trata de un esquema transgénero. Ser *hijra* pasó a convertirse en un delito en 1871, durante el dominio colonial británico. El nombre no solo funciona como una «identidad», sino que designa un conjunto de relaciones, un grupo al que pertenecen (mediante una incorporación tradicional) y un conjunto de prácticas, incluidos el canto y la danza, que tradicionalmente llevan a cabo.[1] No tiene sentido encajar este grupo de personas, que existen desde hace cientos de años, en tipologías de género contemporáneas, especialmente cuando la historia de su criminalización las sigue persiguiendo y marginando. Si existen formas locales y vernáculas de desplazar el género binario, y no cabe duda de que existen y han existido, eso quiere decir que el discurso occidental (o cualquier otra imposición «extranjera») no ha producido esas formas de vivir y desear, sino que ha desarrollado un vocabulario para ellas, un vocabulario cuya universalidad debe ser cuestionada poniendo de relieve los poderes que ese discurso tiene para borrarlas. Cuando el «género» es asumido por organizaciones y Estados que pretenden publicitar su historial de reconocimiento de derechos a gais y lesbianas, como forma de desviar la atención de sus políticas racistas de inmigración, sus guerras coloniales y sus actividades de expolio de derechos contra los pueblos indígenas y subyugados, el género se está convirtiendo en una jugada imperialista.[2] No necesitamos este tipo de aliados.

Ningún idioma tiene el poder exclusivo de definir el género, o de regular su uso gramatical, y eso significa que todas las formas de referirse al género son, en cierta medida, contingentes. Es comprensible que nos sintamos ninguneados si se refieren a nosotros de forma equivocada, pero ¿quiénes somos para pedir a nadie que entre en nuestro marco de referencia? Estas reacciones pueden ser momentos de obstinación monolingüe, o bien simplemente que no vemos que el trabajo de traducción es obligatorio. También hay momentos en los que refinamos y expandimos formas de nombrar en inglés, que intensifican las equivalencias conceptuales imperfectas entre diferentes idiomas. Reflexionar sobre la obstinación monolingüe es una ocasión para demostrar una actitud humilde ante el idioma concreto que utilizamos, sobre todo si ha alcanzado una posición hegemónica. Si ningún idioma puede monopolizar una palabra o idea, si hay otras palabras que intentan producir el mismo fenómeno o uno similar, entonces, preguntarse a qué nos referimos con el término «género» puede poner en marcha una conversación muy interesante entre usuarios de distintas lenguas. Si el sentido que alguien tiene de sí mismo está ligado a la lengua que utiliza para describirse, si la insistencia en este o aquel término nos hunde más profundamente en el monolingüismo, nos estamos privando del encuentro con otras lenguas y de lo que podrían enseñarnos sobre lo que en algunos idiomas se llama el «género».

Consideremos, por ejemplo, cómo la proliferación de formas sustantivadas para el género y la identidad sexual plantea problemas específicos para la traducción. En japonés, chino y coreano no existe una forma sustantivada para el género. Hay palabras para mujeres y palabras para hombres, pero no existe el propio concepto de género. En japonés, por ejemplo, la autorreferencia lingüística tiene una marca de género: los términos *ore* y *boku* son formas informales de referirse al «yo» en primera persona del singular cuando se trata de un hombre, mientras que *atashi* y *watashi* son referencias en primera persona cuando se trata de una mujer. El uso de cada uno de estos términos está condicionado por la clase social, el nivel educativo, las convenciones culturales y, lo más importante, la relación con la persona a la que nos dirigimos. Lo más cerca que llega el japonés de esta palabra inglesa intraducible es *jen-daa*, que no está muy lejos de la acuñación francesa *gen-daire*, buscando un eco fonético con el género. Donde el género no está, se acuña, pero eso siempre ha sido así, dado que el término «género», como ya hemos dicho, surgió como una acuñación en sí mismo.

En chino, la gramática del género se expresa de diversas formas mediante la conjunción de fonemas y números: el término para el género es *xing* (4) *bie* (2). Los números indican cuál de los cuatro «tonos» del chino se utiliza para cada sílaba en *xing-bie*. *Xing* (2) significa algo diferente de lo que significa *xing* (4). De hecho, este sistema en alfabeto latino *ya* es una traducción/transliteración de los caracteres chinos, por lo que convierte un signo gráfico en una especie de retícula. *Xing* (4) es un término que significa «categoría o clase», pero también «sexo», por lo que guarda relación con las lenguas que vinculan el sexo a la especie. Este término no empezó a significar «género» hasta comienzos del siglo XX, por lo que, para distinguir el género del sexo, en algunos trabajos feministas chinos se empezó a anteponer el término «social» (*she* [4] *hui* [4]) al término *xing* (4) *bie* (2). *Bie* (2) significa «diferencia», enlazando de este modo con las formulaciones del género como diferencia sexual. Así, en contacto con una serie de discursos globales, en China se acuñaron soluciones en respuesta a la demanda de traducción. Esto no solo ocurre en entornos no anglófonos, sino también en inglés. La acuñación y la traducción parecen ser un elemento constante en la teoría de género. Y contar la historia de cómo irrumpe el género (o cómo queda proscrito) nos da un nuevo itinerario no solo para los estudios de género y su justificación académica, sino para convivir en un mundo multilingüe donde algunas palabras extranjeras parecen ejercer una fuerza inquietante, como portadoras de mucho más de lo que podrían significar.[3]

Algunas personas feministas o teóricas del género han debatido sobre la posibilidad de que existan géneros más allá del hombre y la mujer, o si el género debe superarse o abolirse, o si deberíamos vivir en un mundo sin categorías de género en absoluto. Mi opinión es que deberíamos intentar crear un mundo en el que las múltiples relaciones que existen para encarnarse socialmente sean más habitables, en el que la gente esté más abierta a las formas en que se puede hacer y vivir el género, sin juicios de valor, sin miedo, sin odio. A algunas personas les encanta el carácter binario del género y no desean que cambie. Algunas personas trans aceptan el binarismo y solo quieren ocupar el lugar que les corresponde en ese esquema, ya sea como hombre o como mujer, y vivir pacíficamente, o incluso alegremente, en esa morada lingüística. Para estas personas, un lugar en el lenguaje del género es un requisito previo para habitar el mundo. Desde el punto de vista ético, ese deseo debe ser reconocido, de forma radical y sin reservas. Al mismo tiempo, otras personas no son capaces de vivir bien dentro de un esquema binario, incluidas las personas trans que entienden que «trans» supone un punto de vista crítico con el binarismo. Para estas personas son necesarios otros vocabularios de género, otros pronombres, de modo que puedan habitar el mundo y sentirse en casa, o relativamente en casa, en el lenguaje que utilizan o al rechazar el lenguaje que niega quiénes son; ese rechazo es también una puerta a un mundo habitable y quienes se oponen a él se oponen a una vida vivible para un grupo de personas que han dejado claras sus condiciones de habitabilidad. Y así, razonablemente, hay quienes piden nuevos vocabularios, o formas de vivir al margen de las categorías de género que vienen dadas, como hacen a veces las personas no binarias, por ejemplo; llevan más lejos la acuñación de palabras y con otro propósito, refinando su vocabulario para encontrar referencias propias dentro de un marco monolingüe, o bien abandonan la práctica de una nueva denominación, emprendiendo una huelga lingüística y corporal contra las categorías de género tal y como las conocemos.

Todas estas posturas son legítimas porque cada una de ellas nos habla de un grupo de personas que buscan unas vidas vivibles dentro de un lenguaje que tienen que encontrar, fabricar o rechazar. No se puede estar en contra de ninguna de estas posturas cuando cada una de ellas abre una trayectoria diferente de esperanza para una vida vivible. Dado que no todo el mundo ve estas trayectorias en los mismos términos, debemos tener cuidado para no imponer una nueva norma de género que generalice las condiciones de habitabilidad o que decida sin consultar cómo debemos dirigirnos a otra persona (algunos de los debates sobre la percepción de quién define qué es «cisgénero» sacan este punto a relucir).[4] Tenemos que estar preparados para traducir entre la lengua en la que vivimos, la lengua que necesitamos para vivir y una lengua ajena que nos desposee de ese sentido seguro de las cosas que ofrece la convicción monolingüe. Al fin y al cabo, hay quien encuentra ánimos para vivir escapando de los términos por los que se otorga un reconocimiento de género y quien los encuentra precisamente en el reconocimiento de los términos existentes, o quien hace suyo un término extranjero como forma de refutar la función naturalizadora del lenguaje, o del inglés en particular.

Si la tarea no consiste en generalizar una forma de vida, sino en sintonizar con los diversos vocabularios que hacen la vida más habitable, entonces el feminismo transfóbico está fuera de lugar. De hecho, el feminismo transfóbico no es feminismo, está aliado con normas de género coercitivas que exigen una aplicación paternalista o autoritaria. Una posición trans antifeminista también tendría que repensar la historia del feminismo, especialmente del feminismo negro, por las profundas y difíciles alianzas entre las personas que renacen desde un sometimiento e intentan que sus reivindicaciones de reconocimiento político sean reconocidas y aceptadas. Las personas que más se deberían enfurecer ante mi argumento son las que creen que el binarismo de género viene impuesto por una versión de la ley natural que podemos encontrar en la Biblia, o que se deriva de ella, o impuesta por una interpretación anglófona del dimorfismo de género elaborada de acuerdo con unos ideales blancos. Tienen mucho que perder y deberían iniciar ya ese proceso de duelo. Esperemos que su rabia destructiva se convierta en dolor productivo para que puedan emerger en un mundo comprometido con la convivencia y la igualdad por encima de las diferencias.

A mí también me han representado como un demonio, una bruja, una persona trans, una judía con rasgos desorbitados en la propaganda de los movimientos de ideología antigénero. Soy consciente de que mi nombre circula de formas que apenas puedo entender y parte de la motivación de este libro ha sido intentar comprender cómo los argumentos de una persona se convierten en una fantasía obsesiva y distorsionada, cómo el nombre propio puede transfigurarse en un delirio casi irreconocible.[5] Si intento contrarrestar esa forma de desposesión para dar una idea más justa de lo que soy, debo recordar que la alternativa a la difamación no es el dominio. Resulta que el lenguaje que utilizo para declarar quién soy no es fundamentalmente el mío, pero eso no significa que no pueda, o no quiera, rechazar su significado. El género introduce un problema de traducción en el mejor de los casos, pero también puede ser fuente de escepticismo para quienes temen otra incursión imperial del inglés en contextos que comprensiblemente se resisten a las perturbaciones sintácticas que introduce. La respuesta, no obstante, no es replegarse en las lenguas nacionales sin tocarlas ni transformarlas en el transcurso del intercambio lingüístico, un impulso peligrosamente cargado de nacionalismo. Hay que persistir en la lucha de la traducción. Joan W. Scott escribió: «La cuestión es, por supuesto, en parte lingüística: ¿existe una palabra equivalente para el "género" inglés en otros idiomas? Pero también es una cuestión política y filosófica, una cuestión de significados controvertidos, tanto explícitos como implícitos, que (en palabras de Barbara Johnson) "van más allá de los límites de un control estable o de la coherencia. Se convierte en algo por lo que luchar siempre"».[6]

Jacques Derrida se refiere a la «obstinación monolingüe» para describir la «resistencia a la traducción» en su monografía *El monolingüismo del otro*. Describe la convicción que se refuerza a medida que nos adentramos cada vez más en la lengua propia para argumentar un punto o afinar una descripción. No solo habitamos esa lengua específica que es nuestro hogar, sino que nos convencemos de que solo *esa lengua* puede crear sentido y transmitir el sentido de las cosas.[7] Así pues, no solo hablo este idioma, sino que este idioma es mi forma de habitar el mundo, e incluso puede parecer que es, o que viste, la esencia misma de lo que soy, el sentido que doy al mundo y, por tanto, el sentido mismo del mundo. Y, sin embargo, el lenguaje con el que afirmo mi vida de género no siempre es el que yo misma he creado. Formaba parte, por así decirlo, de un lenguaje que nunca elegí, desposeído dentro del mismo idioma que hace mi vida posible. Y cuando intento decir quién soy, lo hago dentro de un lenguaje que resulta intraducible o que, en aspectos importantes, me resulta ajeno.

Solo viendo la cuestión desde *este* punto de vista podremos escapar a la intensificación de un monolingüismo cada vez más refinado cuando tratamos de darnos a conocer. Por mucho que intentemos poseer y dominar el lenguaje del yo para impugnar unas clasificaciones que rechazamos, seguimos desposeídos dentro del propio lenguaje que nos transmite nuestra sensación de control. La tarea, por así decirlo, consiste en salir del monolingüismo desde la humildad de la traducción, rechazar el nacionalismo implícito que conlleva una lengua singular y hegemónica, alcanzar un mundo más amplio, multilingüe y multisintáctico y dejar que nos alcance ese mundo en el que las condiciones lingüísticas de habitabilidad siempre son diversas. Así pues, el más preciado de nuestros autoproclamados sustantivos bien puede venirse abajo a medida que damos relevancia a la traducción y a las grandes posibilidades que llegan de la mano de la pérdida de control para la creación y el mantenimiento de un mundo habitable.[8]

Incluso dentro del marco monolingüe, lo extranjero está presente desde un primer momento. Al recibir un nombre y una asignación de sexo al nacer, el deseo de la persona se va alojando en ese nombre, además de toda una historia de deseos con diversas procedencias. ¿No hay un elemento fantaseado y ajeno alojado en ese nombre y género asignados que nos toca descifrar, vivir con él o cambiar?

Jean Laplanche sostenía que la asignación de género es la situación en la que, al nacer, somos el receptáculo de un deseo enigmático procedente del mundo adulto. ¿Cómo me llaman?[9] ¿Qué significa ese nombre? ¿Qué quiere el género de mí? ¿Cómo entra el deseo del género en el mío propio?

Por lo tanto, la asignación de género no produce mecánica o inevitablemente la criatura que se ajustará a la categoría que le ha sido asignada. Se trata de una interpelación que inevitablemente producirá una perturbación potencial o real de algún tipo. De hecho, para Laplanche la asignación de género es algo enigmático y extraño desde un primer momento. El género plantea una tarea de traducción para la persona que lo recibe, tarea que nunca llegamos a completar del todo. Para Laplanche, nunca superamos del todo la extranjería de la lengua en la que habitamos y tal vez sea este el punto de contacto entre su obra y la de Derrida (y Theodor Adorno). Estos esfuerzos permanentes para descifrar y traducir una demanda impuesta mediante categorías y nombres no hacen más que abrir una zona de libertad provisional en la que reivindicamos o acuñamos una lengua propia en medio de una desposesión lingüística para la que no hay remedio ni salida. Porque lo que llamamos nuestra lengua es y no es nuestro: los términos con los que nos identificamos pueden ser traducibles o no, incluso para nosotros mismos. Lo intraducible puede ser otro nombre para el deseo que va más allá de los deseos de apropiación léxica y control normativo. Puede constituir esa pausa o ruptura en el lenguaje que nos pide que nos relacionemos éticamente unos con otros a través de las lenguas. También puede señalar, para quienes vivimos en inglés, el valor de vacilar en una lengua extranjera, cediendo el dominio del monolingüismo a cambio de un mundo en el que, por suerte, todas las personas están desposeídas y comprenden el género como pueden, a través de términos que a veces encuentran y a veces fabrican, para dar con una forma más habitable de vivir en el mundo multilingüe con todas sus prometedoras perturbaciones. Sin embargo, importa cómo concibamos este multilingüismo, ya que el ideal de la «inclusión» no permite vislumbrar el problema de conocimientos que plantea la traducción.[10]

Para la investigadora literaria y cultural Gayatri Chakravorty Spivak, el fracaso de la traducción abre un nuevo espacio de reflexión sobre la vida geopolítica, exponiendo los límites de cualquier ideal de una lengua globalizada impulsada por el mercado como uniformización en expansión:

> La tarea de la traducción en el contexto mundial debe concebirse dentro de este marco, en el que el aprendizaje de idiomas es el primer imperativo (y en este sentido, la producción de traducciones es un activismo) y no una mera concesión a la comodidad en un país en el que el multiculturalismo va de la mano del monolingüismo. Nuestra obligación de traducir debería ser objeto de reconocimiento en un nivel más profundo, determinado por «la idea de lo intraducible no como algo que no podemos traducir, sino como algo que nunca dejamos de traducir», una preparación epistemológica persistente, más que una mera respuesta a un mercado global entendido como una apelación al pluralismo equitativo.[11]

Lo que Spivak denomina «una persistente preparación epistemológica» podría entenderse como una forma de prepararse para un callejón sin salida, es decir, para descubrir que la traducción no es totalmente posible o, de hecho, es imposible. Aunque ese callejón sin salida es una decepción, también podemos encontrar en lo intraducible un atisbo de una forma específica de conocer que espera ser todopoderosa. El «pluralismo equitativo» puede parecer un ideal decente, pero Spivak nos pide que consideremos que las palabras que intercambiamos precisamente *no* son como monedas. Cuando la traducción se resiste o parece imposible, entonces podemos revelar el carácter provisional de la lengua de partida, su límite epistémico o su incapacidad para incluir todas las formas posibles de organizar el mundo. El sentido de humildad lingüística que se desprende va en contra del imperialismo cultural y lingüístico que impulsa el monolingüismo, es decir, la creencia de que todos y cada uno de los significados posibles pueden ser (o deberían ser) captados por la propia lengua, por el inglés, por el francés o por cualquier otra lengua que presuma de alcance universal.

La traducción abre el potencial productivo de la acuñación y el vagabundeo, enfrentándose al ideal de dominio lingüístico, ofreciendo una vía de humildad lingüística, sobre todo para quienes trabajan exclusivamente en inglés, así como una posibilidad de encuentro que subraya la dimensión intraducible de cualquier lengua. La dimensión intraducible del género abre la cuestión de cómo cohabitar en el mundo cuando la falta de equivalencias conceptuales es la condición de una conversación feminista y de género cada vez más global. Nadie puede pensar o hablar globalmente. Solo desde una perspectiva parcial entramos en la conversación transnacional.[12] Y, una vez que nos adentramos en ella, lo que encontramos nos descoloca, nos disloca en el seno de los mundos que pretendemos conocer, desde la perturbación productiva de no poder pensar de otro modo.

He intentado argumentar que el monolingüismo siempre está subvertido por lo «extranjero». Quienes valoran la pureza de una lengua la ven libre de extranjerismos, pero tendrían que rehacer todas sus historias para alcanzar esa «pureza» que imaginan. Eso importa cuando se trata de una lengua en vías de desaparición, conquistada y borrada por las lenguas coloniales. Sin embargo, la oposición al género tiende a surgir de formas de nacionalismo que pretenden mantener fuera todo lo extranjero, incluidas las personas colonizadas que quieren volver a la metrópolis europea, lo que el sociólogo Stuart Hall caracterizó acertadamente como un escándalo para los colonizadores.

Cuando el género se presenta como una invasión extranjera o como una invasión sin más, las personas que luchan contra el género revelan que su prioridad es la construcción nacional y las patrullas fronterizas. La nación por la que luchan se construye a menudo sobre la supremacía blanca o su legado furtivo, la familia heteronormativa y una resistencia a todo cuestionamiento crítico de las normas que han restringido claramente las libertades y puesto en peligro las vidas de tantas personas. Defender el uso del género en la educación y en la vida cotidiana, en la política y en las políticas, es afirmar el valor de la apertura y la alianza y cuestionar el imperativo monolingüe heredado del imperialismo.

Tan importante como comprender las ficciones eurocéntricas que han organizado el lenguaje de género en un binarismo fijo y normativo es preguntarse cómo sería un relato anticolonial del género. El género puede ser el punto de partida de una crítica del monolingüismo, el nacionalismo y los poderes coloniales, y además debería serlo. Cuando no se tienen en cuenta todas estas cuestiones, el género se convierte en cómplice.[13] Dado que ninguna lengua nacional puede proporcionar un marco adecuado para entender el género, la traducción se convierte en un escenario importante para una alianza anticolonial. El género es algo ajeno al inglés y algo ajeno allá por donde vaya. Cuando viaja, carga con todas las asociaciones con las que cargan los extranjeros. Su significado se ha reforzado y comprimido, por lo que siempre es una condensación de significados y también un desplazamiento. Clara amenaza para algunos, pero para otros signo de esperanza, incluso punto de encuentro, el «género» está en proceso de ser quebrado, reelaborado y revisado, retorcido y sustituido.[14] Como escribió Theodor Adorno contra el fascismo alemán, «el poder de un lenguaje desconocido y genuino que no está abierto a ningún cálculo, un lenguaje que ya nace en pedazos y de la desintegración del lenguaje existente; este poder negativo, peligroso y, sin embargo, seguramente prometido, es la auténtica justificación de las palabras extranjeras».[15] Para quienes temen al género, el peligro parece ir más allá de la promesa, por lo que nuestra tarea es hacer que el género vuelva a ser prometedor, pero eso es algo que solo puede ocurrir gracias a la alianza, la traducción y un imaginario alternativo.

La objeción a la traducción del inglés *gender* no solo procede de las fuerzas conservadoras y reaccionarias. Puede formar parte de la crítica del colonialismo, como hemos visto. Sin embargo, existe una diferencia entre el marco heteronormativo del género binario impuesto por las potencias coloniales y la crítica de ese marco binario impuesto. La versión del «género» binario impuesta por las autoridades coloniales no puede ser contrarrestada eficazmente por un marco de derechos humanos que se entienda a sí mismo como universal, porque entonces el género se identifica con esa forma de imperialismo cultural, pierde aliados en la izquierda y antagoniza a la derecha todavía más. El género tiene que seguir siendo relativamente bárbaro en relación con quienes pretenden conocer su definición correcta. Solo entonces podremos rastrear todos los poderes y temores que atrae el género y lo que ahora mismo representa.

Cuando el Vaticano manifiesta su preocupación por el género como fuerza colonizadora, se preocupa por todo lo que el género permite: aborto, anticoncepción, educación sexual, reasignación de sexo, derechos de gais y lesbianas, vida queer y trans. Quiere imponer el mismo binarismo que las autoridades coloniales, con la ayuda de las religiones, impusieron al Sur Global. Quiere prolongar las formas de colonización que el mismo Vaticano contribuyó a imponer en el pasado. Se opone a cualquier marco de derechos humanos o movimiento social que pretenda deshacer «la familia natural [heteronormativa]» como forma colonial, dejando claro que el Vaticano tiene el objetivo de preservar los planteamientos colonialistas de género. Del mismo modo que la traducción es la condición de posibilidad de la teoría de género en un marco global, la crítica de las imposiciones coloniales también es un requisito previo. Para que esta crítica tenga efecto, debemos diferenciar entre los efectos colonizadores producidos por autoridades religiosas, como el Vaticano, que llaman a su planteamiento «ley natural», y los que imponen la obstinación monolingüe y la presunción imperialista. Quienes tienen miedo del género saben que este también encierra una promesa de libertad, una libertad frente al miedo y la discriminación, la violencia homófoba y el asesinato, el feminicidio, la prisión, las restricciones de la vida pública, la falta de acceso a la atención sanitaria... que permiten o imponen los poderes del Estado. La visión de alianza y empoderamiento necesaria para derrotar estos delirios tóxicos, instalados en la política, las instituciones y la actuación policial, será la que los artistas nos ayuden a fabricar, una forma de imaginar que surja de reuniones en las que nadie lleva la voz cantante, que están vivas y cuya promesa provoca el miedo en los corazones de quienes pretenden imponer su política reaccionaria a través de los poderes del Estado, incluyendo el uso de la violencia. Aunque los movimientos a los que se oponen se presentan como destructivos, a veces como los poderes más destructivos del mundo, quizá podamos mostrarles qué es una afirmación radical de la vida compartida. Esa parece ser la tarea común que nos espera.

CONCLUSIÓN

Miedo a la destrucción, lucha por imaginar

> Si estás en una coalición y te sientes cómodo, sabes que es una coalición lo bastante amplia.
>
> BERNICE JOHNSON REAGON

Nadie es capaz de imaginar el futuro con demasiada precisión. Y cuando lo intentamos, parece una pesadilla. En la izquierda se invoca a menudo el espectro del fascismo, pero ya no estamos seguros de que esta sea una denominación correcta. Por un lado, el término se utiliza con demasiada facilidad. Por otro, nos equivocaríamos si pensáramos que son conocidos todos sus avatares y que solo podemos llamar «fascista» a algo si se ajusta a los modelos establecidos para ello. Imaginar el futuro no es precisamente una predicción. Imaginar es algo que tiene lugar exclusivamente en la mente. Requiere un objeto, un medio, una forma sensual de expresión. Imaginar el futuro es más bien la liberación de un potencial a través de un medio sensual, un medio que no es un mero vehículo para una idea ya formada, sino una idea que se afianza y toma forma, sonido y textura, liberando un potencial propio.

En realidad, nadie quiere imaginar el futuro, salvo quienes prevén la expansión de sus empresas y la acumulación de su capital, quienes ven el futuro como el horizonte de su propio poder creciente. Pensar así es no preocuparse de si esa forma de acumulación se produce a expensas de la Tierra, de otras vidas o de la vida en todas sus formas. Y, sin embargo, en nuestros actos y prácticas reproducimos implícitamente una idea del futuro, sepamos o no con precisión cuál es. Vivimos de una forma determinada, asumiendo que esa es la forma de vivir y, una vez que esa práctica repetida se convierte en una forma de vida, en algún momento llega a parecer que las cosas simplemente son así, o deberían ser así. Cuando el modo de vida que reproducimos destruye *todas* las formas de vida, incluida la nuestra propia, debemos preguntarnos cómo vamos buscando la destrucción mediante prácticas que simplemente son como son, o como tienen que ser. La destrucción del clima es el ejemplo más aterrador. Nos enseña, sin embargo, no solo que ahora muchas personas viven con miedo a la destrucción que su forma de vida ha contribuido a provocar, sino que enseña también que muchas personas no tienen ni idea de *cómo* vivir con ese miedo a la destrucción, que no es solo un miedo a un futuro en el que puede pasar cualquier cosa, sino también a lo que está ocurriendo ahora, y a lo que lleva ocurriendo hace algún tiempo. Miramos, apartamos la mirada, sabemos, no sabemos. Vivimos en la ansiedad que produce saber que no estamos sabiendo lo que secretamente deberíamos saber, y además sabemos.

Y qué decir de la guerra, como la que se libra actualmente contra Ucrania. ¿Las personas que no vivimos allí somos conscientes de la destrucción? ¿Qué significa *no* ser consciente, incluso saber que es insondable, que es algo que va más allá del conocimiento? ¿Somos conscientes de cómo los pueblos del Amazonas están muriendo, están siendo diezmados, se prevé que mueran, por obra del extractivismo de las empresas? ¿Y qué decir de la pandemia que se sigue agitando a un ritmo más lento, o de las que están por venir, que tienen a tanta gente viviendo con una sensación de muerte ambiental que no sabe ni reconocer ni llorar? Consideremos el neoliberalismo y la destrucción de los servicios sociales y públicos, el carácter cada vez más precario del trabajo, la desintegración de la asistencia sanitaria, la jubilación, el derecho a ser protegido contra los desahucios: todo ello subraya el carácter cada vez más prescindible de tantas vidas, la precariedad inducida. En el momento de escribir estas líneas, más de ochenta millones de personas en todo el mundo se han visto obligadas a abandonar sus hogares, aproximadamente una de cada ocho personas vive en asentamientos precarios. Para catalogar la devastación que produce el capitalismo harían falta muchos libros y, sin embargo, la sensación de destrucción, la destrucción de lo más valioso, nos acompaña constantemente, ya sea como una realidad consumada, como proceso en curso o como perspectiva aterradora. A veces vivimos con esta sensación de que nuestra vida también es prescindible, o podría llegar a serlo de un momento a otro, o, con el tiempo, podríamos encontrarnos con deudas impagables, o bien ya estamos en esa situación, en la esclavitud de por vida, sin poder permitirnos un techo. ¿Y qué pasa cuando no sabemos si el futuro nos deparará una asistencia sanitaria asequible o simplemente a nuestro alcance, sin perspectiva de trabajo estable que garantice unas condiciones de vida, para nosotros y para las personas que dependen de nosotros?

Puede que estas cosas parezcan muy alejadas del género. Cuando se presenta el género como si fuera una amenaza para la humanidad, la civilización, el «hombre» y la naturaleza, cuando el género se equipara a una catástrofe nuclear, al virus del Ébola o a un poder demoníaco en toda regla, los actores políticos están recurriendo a nuestro miedo creciente a la destrucción. Ven cómo el miedo avanza y saben que lo pueden aprovechar para sus propios fines, así que cargan las tintas todavía más. Existe un miedo constante a la destrucción; su fuente es difícil de identificar, pero se recurre a él y se multiplica para fortalecer tanto a las autoridades religiosas como a los poderes estatales, o para reforzar la alianza entre ambas instancias, como vemos en la Rusia de Putin, en el partido Republicano de Estados Unidos y en varios países de Europa del Este, Asia Oriental y África. El desplazamiento de este miedo a la destrucción de sus condiciones de producción identificables (desastre climático, racismo sistémico, capitalismo, poderes carcelarios, extractivismo, formas sociales y estatales patriarcales) tiene como resultado la producción de figuras (o fantasías) «culturales» que gozan de poder para destruir la Tierra y las estructuras fundamentales de las sociedades humanas. Precisamente porque esa destrucción se está produciendo sin que nadie la nombre ni compruebe sus fuentes, el miedo y la ansiedad se aglutinan sin un vocabulario ni un análisis adecuados, y el «género» y la «teoría crítica de la raza» se designan como causas de la destrucción. El género no es solo una cuestión de identidad individual, sino una categoría que describe la división del trabajo, la organización de los Estados, la distribución desigual del poder. El género nunca ha sido algo «meramente cultural», pero así lo han presentado quienes se oponen a él, los que quieren considerar el género como una preocupación secundaria o quienes creen que las patologías culturales son responsables del colapso de las palabras sociales. Una vez identificado como causa de destrucción, el género mismo debe ser destruido, y lo que viene a continuación es la censura; el cierre de departamentos de estudios de género y estudios de la mujer; el fin del derecho a la asistencia sanitaria; más patologización; restricción de los espacios de reunión; derogación o rechazo de las leyes que protegen contra la discriminación; aprobación de leyes que segregan, silencian y criminalizan a las personas que intentan vivir sus vidas sin miedo. Todas esas leyes dicen: viviréis vuestras vidas con miedo, o quizá ni siquiera contéis como vida que merezca ser vivida.

Recordemos que el asesinato de mujeres y personas trans, queer, bisexuales e intersexuales es una forma real de destrucción que está teniendo lugar en el mundo. El asesinato de mujeres negras, el asesinato de personas negras queer y trans, el asesinato de migrantes, incluidos migrantes queer y trans, son actos destructivos. A medida que las cifras crecen, se hace cada vez más evidente qué vidas se consideran prescindibles y qué vidas no. La desigualdad de las víctimas se hace notar. Una vez que el género, en su forma fantaseada y abreviada, llega a incluir el derecho al aborto, el acceso a la tecnología reproductiva, los servicios de salud sexual y de género, los derechos para personas trans de cualquier edad, la libertad y la igualdad de las mujeres, las luchas por la libertad de personas queer racializadas, la monoparentalidad, los derechos reproductivos gais, los nuevos parentescos al margen de los modelos heteronormativos, los derechos de adopción, la reasignación de sexo, la cirugía de confirmación de género, la educación sexual, los libros para jóvenes, los libros para adultos y las imágenes de desnudez, pasa a representar una amplia gama de luchas políticas que sus oponentes tratan de cerrar en su esfuerzo por restaurar un orden patriarcal para el Estado, la religión y la familia, un autoritarismo para el presente. La única manera de avanzar es que todos los destinatarios se unan con más eficacia de la que lo han hecho sus enemigos, reconozcan sus alianzas y combatan los delirios preparados para ellos con un imaginario poderoso y regenerador que pueda distinguir entre la destrucción de la vida y una afirmación colectiva de la vida definida por la lucha e incluso por la irresolución.

Parece claro que las pasiones o tendencias políticas fascistas son las que pretenden despojar a las personas de los derechos básicos que necesitan para vivir, y para hacerlo sin tener en cuenta su probable desaparición, o porque el fascismo es una forma eficaz de aniquilar esas vidas, o de establecer que son prescindibles. Por el contrario, el autoritarismo suele entenderse como una forma de poder estatal, pero surge de dentro de regímenes democráticos, elegidos precisamente porque avivan las pasiones fascistas, intensificando el miedo a la destrucción por parte de los movimientos sociales y convirtiéndolo en una coartada moral para destruir la vida de otras personas. El autoritarismo que pretende avivar las pasiones fascistas sabe demasiado bien que el miedo a la destrucción ya vive en quienes han visto la destrucción del clima, los sindicatos y las perspectivas de seguridad financiera. Cuando el miedo está intensificado y organizado por la sintaxis de delirios de destrucción, es fácil situarlo en el exterior, en personas o lenguas extranjeras, en poderes de élite, todo ello empaquetado con el nombre de «género»: una amenaza de invasión y destrucción. Los ataques contra el género se basan en lógicas conspirativas ancestrales para apuntalar regímenes antidemocráticos. Si lo que viene de fuera se caracteriza como judío, la eficacia es mayor, convirtiendo el miedo a la destrucción en pasión fascista.

Tal vez los argumentos no tengan el poder de hacer frente al miedo a la destrucción que motiva el movimiento contra la ideología de género. El movimiento aprovecha la sensación de un mundo en vías de inmolación e incita a ese miedo, recabando apoyos para su plan «moral» de destrucción. Apenas hay un ejemplo del movimiento antigénero que no afirme estar salvando a los niños del mal. El movimiento encuentra, reaviva y organiza ese miedo allá donde puede hacerlo. La táctica es inteligente y eficaz, pues pocas cosas pueden ser más personales y singulares que el temor por la propia seguridad corporal o la de los hijos, hijas o allegados. A medida que se disipa un temor, otro surge para quienes son su blanco: el temor al daño; el asesinato, la patologización o la cárcel que acechan a jóvenes trans y queer; adolescentes que requieren atención sanitaria y jóvenes, especialmente niñas, que necesitan servicios de salud reproductiva, que sufren por este movimiento que pretende «salvar a la infancia». Igualmente doloroso es el miedo que sienten las mujeres cuando tratan sencillamente de vivir su vida y moverse libremente sin temor. Darse cuenta de cuántas mujeres y personas LGBTQIA+ son presa del miedo en la calle, en sus lugares de trabajo o en sus casas es empezar a ser consciente de lo omnipresente y corrosivo que puede ser ese miedo. Importa cuántas personas de piel negra y oscura sufren ese miedo cuando tienen cerca a la policía o a un tendero que las mira con recelo, cuántas personas negras, en Estados Unidos, por ejemplo, mueren asfixiadas porque la policía sabe de antemano que no va a sufrir las consecuencias. Es un temor singular por la propia vida y, al mismo tiempo, es el temor de otra persona, el que otra persona sintió antes de morir, el que sintió un padre cuando mandó a su hijo a hacer la compra a la tienda de la esquina. ¿Y si se forjaran movimientos políticos a partir de todos aquellos que temen la discriminación y la violencia en los espacios públicos y privados, que exigen vivir y amar libremente sin miedo a la violencia? Quizá entonces el «miedo a la destrucción» podría identificarse de una manera que muestre cómo su uso por parte de los fascistas está tan terriblemente equivocado.

Pensemos en las fantasías obsesivas relacionadas con las personas migrantes, elaboradas en apoyo de una política migratoria xenófoba y racista, o con las mujeres como asesinas de niños en la retórica contra el aborto, o las que presentan a las mujeres trans como violadores cis infiltrados en los servicios de mujeres. En cada uno de estos casos, nos encontramos con fenómenos que son a un tiempo sociales y psicológicos. Cuando el miedo se apodera de una población determinada, cuando se aviva el odio contra un concepto o una idea como la de «género», alegando que posee un poder de destrucción total, las herramientas que necesitamos para comprender, desactivar y enfrentar este movimiento proceden de los medios de comunicación con poder para conquistar y desinflar esa fantasía al servicio de otra forma de imaginar, la necesaria para construir alianzas dinámicas y transnacionales. Necesitamos esta forma de imaginar la solidaridad en el futuro como necesitamos el aire para respirar, porque vivir, y vivir juntos, requiere solidaridad y aire respirable, y un sentido de la vida que vaya más allá de la vida humana, para incluir a otros seres y procesos vivos. Si algo o alguien intenta quitarnos lo que necesitamos para vivir, empezamos a luchar por la supervivencia, pero luchar en solitario no nos llevará demasiado lejos. El desamparo que podemos sentir recuerda el desamparo primario del bebé y la clara percepción de que, sin infraestructuras de apoyo, ninguna vida puede ser vivida.

Cuando el movimiento antigénero dice que el género nos despojará de la identidad sexuada, está intentando privar a un grupo de personas precisamente de su identidad sexuada. La inversión y la externalización deben entenderse como una confesión: lo que defienden es suprimir derechos. Advierten contra el adoctrinamiento de docentes, o libros de gais y lesbianas, pero están adoctrinando al público a través de una fantasía obsesiva en la que las leyes progresistas les arrancan su identidad sexuada. Ahora bien, cabría esperar que la identificación con una postura de este tipo aumentara el poder de empatía o de preocupación, pero, en este caso, la vulneración de los derechos de las personas trans queda totalmente absorbida y ocluida por la identificación que se está exigiendo del público. En otras palabras, solo estas personas corren el riesgo de perder su identidad sexuada. El único camino que tienen, al parecer, es negar los derechos de asignación de sexo a las personas trans; sin embargo, el derecho de las personas trans a la autodeterminación no priva a nadie de sus derechos. La autoasignación es una forma de libertad para una vida habitable, una libertad colectiva que se ha conseguido mediante la lucha; sin embargo, se tergiversa todo esto para justificar la privación de sus derechos a las personas trans. De la misma forma, las familias queer no niegan las familias heterosexuales; solo cuestionan el carácter inevitable y superior de la familia heteronormativa.

A quienes defienden «la familia» se les pide que acepten un mundo en el que existen familias de diversas formas y que comprendan que la suya solo es una de esas formas. Este mundo de parentescos complejos y asociaciones íntimas no es un mundo futuro, sino *este* mundo en el que vivimos actualmente. ¿Cómo denunciar públicamente todas las artimañas del movimiento antigénero? ¿Podemos dar a conocer la dimensión psicosocial de este nuevo fascismo en términos comprensibles para todos? Sin esa investigación psicosocial no podemos llegar a saber cómo se entretejen los miedos y deseos más íntimos en el tejido social en el que vivimos, incluidas las rupturas y los conflictos sociales, los desgarros de este tejido social que arrojan a tantas personas a la precariedad. Tal vez podamos encontrar en cualquiera de las tradiciones religiosas y formas éticas de vida el simple precepto que dice que solo podemos vivir en estos tiempos peligrosos y dañinos si contamos con alguien que no nos deje caer.

Como he tratado de argumentar, este mayor énfasis en el «género» por parte de la derecha desvía la atención de las diversas fuerzas sociales y políticas que de hecho están destruyendo el mundo tal y como lo conocemos: destrucción del medio ambiente, guerra, explotación capitalista y desigualdad social y económica, intensificación de la precariedad y abandono económico, barrios marginales en todo el mundo, carencia de vivienda, campos de detención, formas sistémicas de racismo, desregulación, neoliberalismo, autoritarismo y nuevas formas de fascismo. Aun así, no podemos concluir que el «género» sea solo una forma de desviar la atención de estas otras fuerzas más destructivas, ya que está relacionado con un sentido íntimo de la experiencia corporal vivida, un sentido de quiénes somos, los contornos encarnados del yo y, para algunos, el sentido de un ancla que mantiene unida la arquitectura del yo. Que nos digan que el sexo asignado al nacer no es necesariamente el mismo sexo que asumimos con el tiempo solo puede ser inquietante para quienes quieren pensar en su propia asignación de sexo no tanto como un acto legal realizado en relación con normas codificadas, sino como una verdad inmutable del ser. Puede que algunos vivan el género como algo inmutable, y eso es sin duda aceptable. Sin embargo, deducir de esa experiencia una generalización teórica o una regla universal es imponer una cruel falsedad a quienes viven el género de forma diferente. Y, sin embargo, la derecha presenta el género como algo aterrador, no solo porque expone como mutable lo que antes era inmutable, sino porque si otras personas pueden practicar el sexo gay o la reasignación de sexo o disfrutar de imágenes sexuales que la derecha se niega a sí misma, o considera impensables, entonces esas personas están viviendo una posibilidad humana que redefine lo que cuenta como humano. Esta negación de las posibilidades humanas se convierte, paradójicamente, en un requisito para que podamos ser normativos, y así hay quien considera que estas vidas que están viviendo son impensables. Hacerlas impensables significa algo que no se puede imaginar, de modo que, cuando se presentan, se presentan como fantasías obsesivas con poder para destruir un yo heteronormativo anclado a una asignación primaria de sexo basada en su negación. Por supuesto, las personas trans son imaginables para las personas que no son trans. Lo mismo ocurre con el aborto, o con la sexualidad de lesbianas y gais. Sin embargo, para las personas transfóbicas, una vez que las vidas trans se vuelven pensables, públicas e imaginables, no aparecen como posibilidades humanas que hay que afirmar, sino como amenazas contra lo humano, monstruos, delirios destinados a destruir el orden sexual que reproduce tácitamente la arquitectura del yo transfóbico. La forclusión del pensamiento mismo de lo trans lleva a su retorno en forma de fantasías paranoicas que, a su vez, producen la situación paradójica en la que la derecha y sus alianzas feministas transexcluyentes aparentemente están pensando en lo trans todo el tiempo. En determinadas condiciones políticas, la circulación de esas fantasías permite conseguir apoyos para los movimientos que se centren en el «género» y prometen restaurar el orden patriarcal que prospera en sus tautologías vibrantes y tóxicas: el sexo es el sexo, nada que debatir, nada que cambiar.

En mayo de 2022, justo antes de resultar elegida primera ministra por el partido italiano de derechas, Giorgia Meloni asistió a un mitin en Marbella (España) de Vox, el partido reaccionario español, para advertir contra la amenaza que suponen para España y para Europa en general la «ideología Greta Thunberg», el «Pacto Verde Europeo» y otras formas de «fundamentalismo climático». Pero la peor amenaza, proclamó, sigue siendo la «ideología de género», que suprime la diferencia entre lo masculino y lo femenino, que se dedica a la desaparición de la mujer y a la muerte de la madre. A continuación, hizo un llamamiento a las mujeres y a las madres para que se levanten y luchen por sus «identidades sexuadas». Luego, condujo su discurso hacia una cruel caricatura de los migrantes norteafricanos que abusan de niños. La ideología de género es como la «invasión» migratoria, ya que ambas amenazan a la familia tradicional y su tarea de reproducir la familia y la nación étnicamente puras. El paso de un tema a otro sin transición sugiere un vínculo metonímico entre ambos: el género es un migrante no deseado y abusivo, los norteafricanos traen abusos a Europa y ambos amenazan a la nación y a la propia Europa. Género y raza se entrecruzan como en un delirio que amenaza la identidad nacional. Solo hacia el final de su intervención añadió una referencia aparentemente obligatoria a «Goldman Sachs» que, según ella, no tiene cabida en Italia. Meloni entró en política a los quince años al unirse a un grupo de exfascistas, el Frente de Juventudes del Movimiento Social Italiano. En su discurso pasa de mencionar las finanzas judías a los intelectuales progresistas, el fundamentalismo islámico y la izquierda laica, en nombre del «pueblo», entendido como occidental, cristiano y europeo. Por el camino, gritó varias veces, como si cantara un himno nacional con su voz de pito: «¡No a la ideología de género, sí a la identidad sexuada!».

En 2020, Meloni intervino en la Conferencia Nacional del Conservadurismo en Roma con un discurso sobre «Dios, Patria, Familia», en defensa de la «familia natural», oponiéndose a los derechos reproductivos de gais y lesbianas, así como a la gestación subrogada, por considerarla inhumana. En su opinión:

Les gustaría que renunciáramos a defender la familia, por considerarla un concepto arcaico y atrasado que es necesario superar. Quieren convencernos de que una familia es cualquier vínculo afectivo entre seres sensibles, que es un signo de gran progreso civil y moral pagar a una pobre madre para que tenga un hijo en su vientre durante nueve meses y luego arrebatárselo de los brazos para regalárselo a quien lo haya comprado. Rechazamos todo esto, sin dudarlo un instante, aunque hoy se considere muy escandaloso, incluso revolucionario, decir que una familia está formada por un hombre, una mujer y la descendencia que puedan tener.

No es escandaloso, pero sin duda es falso. Se trata de una retórica fascista que emerge de una candidata elegida mediante procedimientos democráticos de votación, advirtiendo contra los poderes de esos «ideólogos del género» que destruirán los cimientos sociales del yo y sus relaciones más íntimas, los derechos de paternidad y el derecho a vivir en el sexo que nos asignaron al nacer. Y, sin embargo, estos son algunos de los derechos por los que luchan la mayoría de los defensores de la igualdad de género, que ella propone destruir.

El movimiento antigénero aviva el miedo a que las personas corrientes, conformes con su género y heterosexuales sean despojadas de su condición de madre, padre, hombre o mujer, a que estas palabras ya no se puedan pronunciar o a que alguien se apodere de ellas con fines nefastos. Este llamamiento a negar los derechos de las personas trans a su sexo autodesignado se invierte dentro de estas escenas delirantes, generando la idea de que permitir estos derechos implicará ser despojado de ellos. Aquí la derecha comparte ideas con el feminismo transexcluyente: el sexo es una propiedad sobre la que se tienen derechos exclusivos, cualquier esfuerzo por cuestionar ese marco de propiedad es una artimaña de quienes intentan apropiarse de lo que no les pertenece por derecho.

En todo movimiento de ideología antigénero, un sadismo moralmente justo ha triunfado sobre el poder de las alianzas, sobre cualquier compromiso con la cohabitación sobre la base de la igualdad. Esta forma de sadismo descansa en la convicción de que alimentar el odio es la única forma de salvar el mundo, que solo destruyendo se puede acabar con la destrucción. Esta formulación intensifica la capacidad de destrucción en el mundo con la excusa de salvar al mundo de la destrucción. Este ataque a los derechos sanitarios de adolescentes trans se lleva a cabo en nombre de la protección de la infancia. También en este caso, el ataque al derecho a la asistencia sanitaria es un daño en sí mismo; la pretensión de «salvar» a la juventud facilita el sadismo con una coartada moral.

Seamos claros: hay muchas razones para temer la destrucción, entre ellas la intensificación del neoliberalismo, el aumento de la brecha entre ricos y pobres, el creciente número de personas que son pobres y viven en barrios marginales en todo el mundo, los ataques contra el medio ambiente y la sensación de que la Tierra, tal y como la conocemos, no podrá sobrevivir a la destrucción climática. A veces, el miedo es más íntimo: la propia familia, el sentido de la familia, se ven radicalmente cuestionados por los razonamientos de otras personas, incluso los de las personas más jóvenes de la familia. El miedo a la pobreza y la experiencia de vivir en la pobreza son siempre viscerales, se experimentan a nivel corporal, como el hambre y el miedo, la rabia, la perspectiva o la realidad de vivir sin techo, la perspectiva o la realidad de no ganar nunca suficiente para el alquiler, de no poder pagar nunca unas deudas que a veces duran más que la propia vida.

Los grupos conservadores que se oponen al género como un grave peligro, algo monstruoso, ya se ven acosados por el delirio de vivir en un mundo cuyo futuro es radicalmente incierto. En este contexto surgen los temores apocalípticos de género, la sensación de destrucción inminente se localiza en un término, una forma de estudio, unas políticas públicas contra la discriminación y la violencia que recurren a esta palabra.

Hay una razón por la que el género, y no cualquier otro término, es un imán para ansiedades específicas. Aunque sus oponentes no hayan leído mucho, entienden que el género se relaciona con su cuerpo, sus formas de intimidad, su vida sexual, los límites dentro de los cuales viven e imaginan, las posibles formas de vivir o amar que las prohibiciones hacen más vívidas y aterradoras. Si se traspasa el tabú contra la homosexualidad, ¿quiere eso decir que también desaparecerán los tabúes sexuales, incluidos los que descartan el sexo con niños o con animales? Hay miedo a la avalancha de sexualidad descontrolada que seguirá al levantamiento de tabúes que no tienen razón de ser. Este deslizamiento de un tema a otro pertenece a la metonimia de una escena de fantasía obsesiva, que deja que prevalezcan asociaciones de ideas frente a lo que podríamos llamar «hechos». El miedo va saltando en cascada de un tabú a otro, liberando la imaginación sexual con espectros de terror, hasta que imaginamos una sexualidad totalmente fuera de la ley o un sentido desenfrenado del derecho que destruirá todos los vínculos sociales.

Considerar el movimiento antigénero únicamente como una «guerra cultural» sería un error. El movimiento responde claramente a formaciones económicas que han dejado a muchas personas en una situación radicalmente vulnerable respecto a su futuro, mientras perciben cómo se deterioran sus condiciones de vida. Las investigadoras polacas Agnieszka Graff y Elżbieta Korolczuk han argumentado que cometemos un error al imaginar que las corrientes críticas con el género están formadas simplemente por personas culturalmente conservadoras que albergan profundos sentimientos sobre la preservación de la familia tradicional. En su opinión, en realidad responden al desplazamiento y a la inseguridad derivados del neoliberalismo. Analizan el caso de Polonia y los países limítrofes de Europa del Este: «Los activistas antigénero se posicionan sistemáticamente como guerreros de la justicia y defensores de la gente corriente frente a la codicia corporativa del capital global. Así, enumeran entre sus enemigos no solo a instituciones transnacionales como la ONU y la Organización Mundial de la Salud, sino también figuras icónicas del capitalismo global como George Soros y Bill Gates, empresas farmacéuticas que pretenden vender anticonceptivos y el estamento médico que ofrece abortos y fecundación *in vitro*».[1] Se oponen a formas de individualismo, privatización y destrucción de los servicios públicos provocadas por una política de austeridad que parece impuesta por la Unión Europea y las grandes instituciones bancarias. No solo la izquierda se opone a los efectos devastadores del neoliberalismo, incluida la sobrerrepresentación de los valores del mercantilismo en la vida cotidiana. Graff y Korolczuk argumentan:

> En Europa Central y Oriental, la revolución neoliberal, es decir, el desmantelamiento del estado de bienestar socialista con su generoso sistema de asistencia sanitaria universal, la seguridad en el empleo y el apoyo estatal a las familias, se produjo como parte de la transformación sistémica de la década de 1990 y vino acompañada de una vuelta de tuerca a los roles de género tradicionales. La gran diferencia entre el contexto postsocialista y el estadounidense es que, mientras que en Estados Unidos la vuelta a los «valores familiares» se concibió sobre todo en términos de fortalecimiento de la responsabilidad individual y, por lo tanto, era totalmente compatible con el *ethos* neoliberal, en los países postsocialistas la revolución neoliberal fue vivida por muchos como una destrucción de la comunidad y la tradición.[2]

En el movimiento de ideología antigénero, sin embargo, las corrientes tradicionalistas conservadoras (diferentes de las neoconservadoras) surgen como fuerza política opuesta al neoliberalismo. En Europa del Este, esta oposición se centra en formas de individualismo (y su imperativo empresarial) que pueden destrozar las relaciones sociales y los lazos tradicionales. A medida que los servicios sociales se retiran y desmantelan bajo el neoliberalismo (y a medida que el ideal de bienestar social se disuelve en favor de los mercados privatizados), la familia adquiere mayor importancia, se sobredetermina y adquiere la carga de un Estado social de sustitución. El individualismo que se percibe como algo que mana desde Bruselas o Washington es contrarrestado no por el renacimiento de ideales socialistas ausentes de estructuras estatales totalitarias, sino por el tradicionalismo de género y la restauración de la familia patriarcal y el aparato estatal. Las mujeres conservadoras rechazaron el feminismo porque parecía representar un modelo de libertad individual que les arrebataría sus vínculos sociales más importantes, incluidos los vínculos con unas iglesias que pretenden defenderlas contra el feminismo y el «género». Y puesto que en estos lazos reside ahora mismo el apoyo social, el individualismo asociado con el feminismo liberal y con el género acaba pareciendo una fuerza de destrucción social. La oposición a la devastación económica, el endeudamiento y la saturación neoliberal de los valores del mercado en la vida cotidiana se ha vinculado así con la oposición al «género», entendido como una fuerza neoliberal con el poder de destruir las familias tradicionales.

Neville Hoad nos explica cómo se desarrolla esta oposición en África, donde la dependencia de las naciones e instituciones ricas crea escepticismo sobre la versión selectiva de los derechos básicos y los valores liberales impuestos a cambio de bienes de primera necesidad:

> En el marco de la globalización, los programas nacionales de redistribución de los excedentes sociales se ven obstaculizados. La prestación de servicios básicos, como alimentos, refugio, medicamentos, un suministro de agua abundante y limpia, dependen cada vez más de los países donantes (aunque es importante recordar que, a través del servicio de la deuda, África es un exportador neto de capital). Los países donantes son (o se imaginan que son) los custodios de los valores liberales, incluida la tolerancia hacia la homosexuali-

dad. Sin embargo, el foco sobre estos derechos y valores ostensiblemente universales se percibe como propaganda de aquellos que ignoran los auténticos derechos, como el derecho a comer, el derecho a la vivienda, el derecho al agua potable y el derecho a la atención sanitaria.[3]

Por tanto, es fundamental que la política de género se oponga al neoliberalismo y a otras formas de devastación capitalista y no se convierta en su instrumento, que se oponga a la colonización y a todas las formas de racismo, incluidas las que se oponen a las migraciones, y que se desarrolle dentro de alianzas en expansión. No hay razón para calificar de «identitaria» la política de género si su objetivo último es crear el mundo en el que todos queremos vivir. Gracias a nuestra interdependencia tenemos posibilidades de sobrevivir y prosperar. ¿Podemos establecer alianzas que reflejen esa interdependencia con la vida humana y no humana, que se opongan a la destrucción del clima y defiendan una democracia radical basada en ideales socialistas?

Cuando la política de género queda restringida a la esfera liberal de los derechos individuales, no puede abordar los derechos básicos a la vivienda, la alimentación, los entornos no tóxicos, la atención sanitaria y el problema de la deuda imposible de pagar, que deberían formar parte de cualquier lucha por la justicia social y económica. Cuando se coaccionan países y regiones para que acepten una versión de los derechos que deja sin atender sus necesidades básicas, no es de extrañar que surja el escepticismo sobre esos mismos derechos. Y cuando esos derechos se enmarcan en términos que no se traducen de forma acorde con las culturas locales, la crítica del imperialismo cultural puede estar justificada. Para que la crítica a la coerción financiera y al imperialismo cultural se convierta en parte integrante de una política transnacional de género, tendremos que recordar a la gente por qué y cómo desea vivir, reclamando la vida para la izquierda, encontrando la vida en las relaciones que nos sostienen, las alianzas formadas entre todos aquellos que buscan hacer realidad la igualdad y la libertad dentro de un mundo habitable, una tierra perdurable y regenerativa, lo cual significa vivir con nuestras profundas diferencias sin sucumbir a las formas destructivas a las que debemos oponernos.

La única forma de salir de este laberinto es unir la lucha por las libertades y los derechos de género a la crítica del capitalismo, formular las libertades por las que luchamos como colectivas, dejar que el género forme parte de una lucha más amplia por un mundo social y económico que acabe con la precariedad y proporcione atención sanitaria, vivienda y alimentos en todas las zonas del mundo. Un programa de este tipo desarrollaría una comprensión de la formación del individuo dentro de un mundo social, el cuerpo individual como portador de la huella de lo social en sus relaciones con los demás, tanto las reales como las implícitas, un cuerpo tan poroso como interdependiente. Todo esto significaría aceptar que, como criaturas humanas, solo perduramos en la medida en que existen vínculos que nos unen. Cuando decimos «*quiero ser libre*» o «*quiero que seas libre*», nos referimos a seres diferenciados, pero también a libertades sociales que deberían concederse a todo el mundo siempre que no se produzca ningún daño real, y para que ese deseo funcione, tenemos que desenmascarar el alarmismo que convertiría las libertades fundamentales en daños, y convertir la libertad en un nuevo y vital objeto de deseo. Vivir de acuerdo con esa máxima significa que debemos distinguir entre los daños reales y los imaginarios, considerados posibilidades inminentes, fabricados por quienes se dedican a incitar al odio. Y no podremos aprender a no causar daño si la propia libertad se considera un daño, o si nos convencemos de que las luchas por la igualdad, la libertad y la justicia son dañinas para el mundo. Mostremos, en cambio, que el mundo, la Tierra, depende de nuestras libertades y que la libertad no tiene sentido cuando no es colectiva, por difícil que sea permanecer en un entorno emancipador.

En estas páginas he tratado de ofrecer argumentos contra algunas de las afirmaciones clave del movimiento de la ideología antigénero, incluida la idea de que el género es una invención y que solo el sexo «natural» es real, que el género es propio de un régimen totalitario o lo trae de la mano, que ejemplifica el hipercapitalismo y ha robado poderes creativos a lo divino, que es una fuerza de destrucción comparable al ébola o a una guerra nuclear, que es una forma de colonización, que es nefasto para la infancia. Los argumentos que he proporcionado funcionan junto con una lectura de la sobredeterminación delirante del «género» como término, tratando de localizar algunos de los miedos y ansiedades, pero también los odios, que forman parte de la retórica política contra el género. El hecho de que el género se considere una ideología es un ejemplo del tipo de externalización, proyección e inversión de significados que tiene lugar en la zona de las fantasías. Al calificar el género de construcción o formación ideológica, los que se oponen a él han tratado de asociar el género con creencias falsas, que apoyan el totalitarismo o el comunismo de Estado, pero también con el imperialismo y la destrucción de las culturas locales. Esta crítica toma prestada y anula la historia del propio concepto de ideología para librar una batalla contra el género que es, en sus manos, la representación de un conjunto de movimientos sociales y políticos que todavía no han encontrado la forma de un contramovimiento duradero y poderoso. Si naciera esa alianza, abriría nuevas formas de afirmación de la vida tras la caída del patriarcado.

Para quienes piensan que el género es una opresión secundaria o que las feministas deben ponerse en fila detrás de una izquierda presuntamente masculina, es hora de replantearse las coordenadas del mapa político contemporáneo. El género no es solo una cuestión secundaria para Orbán, Putin o Meloni, sino un punto de encuentro clave en la defensa de los valores nacionales, e incluso de la seguridad nacional. Para los planteamientos feministas que consideran que las personas trans o las movilizaciones LGBTQIA+ son una distracción o una amenaza, es necesario tomar conciencia de que en este momento todas nuestras luchas están vinculadas, mientras tratamos de vencer a los poderes que tratan de privarnos de unas condiciones básicas de habitabilidad. No puede haber una lucha exitosa contra las fuerzas que niegan los derechos básicos a las mujeres sin reconocer a todas las mujeres, sin reconocer que estas mismas fuerzas están cerrando fronteras en nombre de ideales racistas y nacionalistas, todo ello dirigido contra la juventud lesbiana, gay, de género no conforme y trans, especialmente la juventud racializada.

Podemos pensar que el movimiento contra la ideología de género está equivocado, pero ¿por qué mantener que también es fascista? Como he recalcado al principio de este libro, el fascismo pone nombre a las pasiones, pero el autoritarismo pone nombre a la realidad política emergente, por no decir consumada. En el programa en línea *The Michael Knowles Show*, con cientos de miles de oyentes, Knowles, comentarista de derechas y ponente destacado en la Conferencia de Acción Política Conservadora de Estados Unidos, declaró lo siguiente:

> Si el transgenerismo [sic] es falso, que lo es, entonces no deberíamos aceptarlo, sobre todo porque esa tolerancia exige quitar derechos y costumbres a tanta gente. Si es falso, entonces por el bien de la sociedad, y especialmente por el bien de los pobres que han caído en las garras de esta confusión, *el transgenerismo debe ser erradicado por completo de la vida pública*. Toda esta absurda ideología, a todos los niveles.[4]

El lenguaje de la erradicación pertenece al fascismo y hoy no solo se dirige contra las personas trans, sino contra todos los que sitúa bajo el signo del «género», la «teoría crítica de la raza» y el *wokismo*. Las definiciones de fascismo tienden a basarse en la forma que tenía ese movimiento en el siglo XX, por lo que necesitamos un nuevo vocabulario para comprender sus nuevos avatares surgidos en las últimas décadas. Dado el carácter cambiante de las economías y las formas contemporáneas de extender las formas de poder militarizadas a la policía, la prisión y las guardias de fronteras, nos enfrentamos a una combinación de neoliberalismo y formas intensificadas de seguridad que racionalizan la destrucción de vidas y medios de subsistencia.[5] Los autoritarismos contemporáneos quizá no se consideren fascismos, pero confían en las técnicas fascistas y en avivar pasiones fascistas para mantenerse en el poder. Los nuevos autoritarismos arremeten contra los movimientos sociales, incluidos el feminismo, el multiculturalismo y los derechos y libertades LGBTQIA+, contra los derechos civiles y los derechos de migrantes, el derecho de asilo, todos ellos presentados como enemigos internos que amenazan a la nación, o bien como enemigos externos a punto de derribar la puerta y amenazar la pureza imaginaria de la nación.

Tal vez los posibles fascistas del presente sean los que se regodean en el sadismo desvergonzado. Todos los autoritarismos contemporáneos prometen «liberarnos» de un superyó izquierdista que afirma, al parecer, las vidas trans, la cultura *woke* y las luchas feministas y antirracistas. Este ataque despiadado a los movimientos sociales progresistas desencadenó una «liberación» de la responsabilidad moral y un derecho al privilegio y al poder que, a su vez, celebró su triunfo destruyendo los derechos básicos de migrantes, mujeres, personas no binarias, negras o de piel oscura e indígenas. Estos autoritarismos tratan de reforzar su apoyo público destruyendo cualquier sentimiento de pertenencia política común en favor de formas nacionalistas, racistas, patriarcales y religiosas de supremacía sociopolítica, subordinación y desposesión.

La postura y práctica de impunidad y desvergüenza que encontramos en las figuras de Trump, Bolsonaro, Orbán, Meloni y

Erdoğan, por ejemplo, son claramente diferentes de los llamados fascismos carismáticos del siglo XX. Las tendencias fascistas contemporáneas (que se dedican a repartir muerte y a despojar de derechos en nombre de la defensa de la familia, el Estado y otras instituciones patriarcales) apoyan formas de autoritarismo cada vez más fuertes. Por eso no tiene sentido que el feminismo «crítico con el género» se alíe con los poderes reaccionarios para atacar a las personas trans, no binarias o queer. A pesar de nuestras diferencias, tenemos que crear una lucha que las supere y que mantenga en el punto de mira el origen de la opresión, poniendo a prueba nuestras teorías sobre la alteridad mediante la escucha y la lectura, aceptando que se cuestionen nuestros puntos de vista tradicionales y encontrando formas de construir alianzas que permitan que nuestros antagonismos no reproduzcan los ciclos destructivos a los que nos oponemos. No podemos oponernos a la discriminación contra nuestras vidas solo para apoyarla cuando se trata de otras personas. No podemos oponernos a formas sistemáticas de odio contra un grupo aliándonos con quienes intensificarían ese odio en múltiples direcciones. No podemos censurar las posiciones de otras personas solo porque no las queremos oír. No es el momento para tener objetivos mezquinos y fuente de división, ya que defender los estudios de género y la importancia del género para cualquier concepto de justicia, libertad e igualdad es sumarse a la lucha contra la censura y el fascismo.

Es cierto que no estamos viendo Estados fascistas del tipo de la Alemania nazi, pero incluso esa historia nos aconseja no apartar la mirada del potencial fascista que se actualiza cada vez más en diversas regiones del mundo a través del movimiento de ideología antigénero. Dado que el fascismo surge con el tiempo, necesitamos conocer la forma en que se acerca e identificar los potenciales fascistas cuando aparecen. Nada de esto implica que el potencial fascista se vaya a materializar en regímenes fascistas, pero si la disposición a resistir es imperativa, que lo es, entonces tenemos que identificar esos potenciales y actuar contra sus impulsos crecientes. Podemos detener ese impulso, pero solo si intervenimos como una alianza que no destruye sus propios vínculos, porque eso sería reiterar la lógica a la que nos oponemos, o a la que deberíamos oponernos. Por el contrario, liberar los potenciales democráticos radicales de nuestras propias alianzas en expansión puede demostrar que estamos del lado de una vida vivible, del amor con todas sus complicaciones y de la libertad, haciendo que esos ideales sean tan convincentes que nadie pueda mirar hacia otro lado, haciendo que el deseo vuelva a ser deseable, de manera que la gente quiera vivir y quiera que otros vivan, en el mundo que imaginamos, donde el género y el deseo pertenecen a lo que entendemos por libertad e igualdad. ¿Y si convirtiéramos la libertad en el aire que respiramos juntos? Al fin y al cabo, es el aire que nos pertenece a todos, el que sustenta nuestras vidas, a menos, claro está, que la atmósfera esté cargada de toxinas. Y toxinas, hay muchas.

AGRADECIMIENTOS

Este trabajo se desarrolló a lo largo de varios años, empezando por los hechos que tuvieron lugar en Brasil en 2017, donde una efigie mía fue quemada ante la multitud agrupada en el exterior de una conferencia organizada en el SESC Pompéia en São Paulo y donde mi pareja, Wendy Brown, y yo nos enfrentamos en el aeropuerto a personas que amenazaban con causarnos daño físico. Quiero dar las gracias en primer lugar al joven de la mochila que interpuso su cuerpo entre un atacante y yo, recibiendo los golpes que iban dirigidos contra mí. Ojalá supiera su nombre, pero lo único que tengo es su imagen enzarzado en una lucha cuerpo a cuerpo en el suelo del aeropuerto. Este extraordinario desconocido y el valor manifiesto de Wendy reforzaron mi creencia tanto en la ética espontánea como en la solidaridad política. Al reflexionar sobre quiénes eran aquellos furibundos que nos acusaban de un cúmulo caótico y escabroso de delitos sexuales, decidí escribir sobre el movimiento contra la ideología de género.

Posteriormente, participé en largas conversaciones con un extraordinario grupo de personas procedentes de la investigación y el activismo que ya estaban analizando este movimiento antigénero en sus formas mundial y local y preparando la resistencia. Algunas de estas personas me dieron sus puntos de vista sobre versiones anteriores de esta obra, lo que permitió que fuera un libro mejor de lo que habría sido. Sus opiniones no son siempre las mías y no son responsables de los errores u omisiones que se puedan encontrar en este libro. Entre ellas se encuentran Sonia Corrêa, Zeynep Gambetti, Başak Ertür, Adriana Zaharijević, Sarah Bracke y Sabine Hark. Mantuve con Leticia Sabsay conversaciones inestimables sobre la estructura y el objetivo del libro y le agradezco su sabiduría. Agradezco también a la red creada en el Departamento de Estudios de Género de la London School of Economics, «Transnational antigender movements and resistance: Narratives and Interventions», dirigida por Clare Hemmings y Sumi Madhok, por preparar el camino para una amplia estrategia de resistencia. Doy las gracias también al Centro de Estudios de Género de la Universidad de Cambridge, especialmente a Jude Browne y Sarah Franklin, y al Programa Psicosocial del Birkbeck College de la Universidad de Londres, donde muchos colegas ayudaron a poner en claro la importancia de factores psicosociales a lo largo de varios años. Varios otros públicos (¡la mayoría digitales!) y colegas de Estados Unidos, Canadá, Brasil, Chile, Argentina, Italia, Francia, Uganda, Sudáfrica, Japón, China, Kirguistán, Turquía y Alemania participaron en este trabajo de forma productiva, y agradezco las preguntas críticas y las útiles sugerencias ofrecidas a lo largo del camino. Estoy en deuda con la Universidad de California en Berkeley por su apoyo constante, y con el Consorcio Internacional de Programas de Teoría Crítica, apoyado por la Mellon Foundation, cuyos participantes han mejorado mi comprensión del mundo mucho más de lo que podría expresar. También doy las gracias a Éric Fassin, Jacqueline Rose, Joan W. Scott, Wendy Brown, Michel Feher, Athena Athanasiou, Elena Tzelepis, Elena Loizidou, Eva von Redecker, Akiko Shimizu, Elsa Dorlin, Gayle Salamon, Angela McRobbie, Nacira Guénif-Souilimas, Natalia Brizuela, Ken Corbett, Sara Ahmed, Jay Bernstein, Lynne Segal, Mandy Merck y Denise Riley por hacer que mis pensamientos se desarrollaran a lo largo de un camino difícil y por empujarme a no bajar la guardia y a pensar de nuevas maneras. Doy las gracias a Bruno Perreau por la inspiración que supuso el título de su obra: *Qui a peur de la théorie queer?* (Presses de Sciences Po, 2018). Agradezco a Alexandra Chasin, Frances Bartkowski, Juana Rodríguez y A. B. Huber su amistad y apoyo constantes. Estoy especialmente agradecida a Sarah Chalfant y Claire Devine, de la Agencia Wylie, por su constante apoyo a mi trabajo, y tanto a Eric Chinski como a Jackson Howard, editores de Farrar, Straus and Giroux, cuya paciencia, atención y confianza me ayudaron a terminar.

Partes de esta obra se publicaron anteriormente en distintas versiones: «Gender in Translation: Beyond Monolingualism»,[1] «What Threat? The Campaign Against "Gender Ideology"»,[2] «Anti-Gender Ideology and Mahmood's Critique of the Secular Age»,[3] «Why Is the Idea of "Gender" Provoking Backlash the World Over?»[4] y «The Backlash Against "Gender Ideology" Must Stop».[5]

NOTAS

Introducción. Ideología de género y miedo a la destrucción

1. Candida Moss y Joel Baden, «Pope's Shocking Hitler Youth Comparison», *The Daily Beast*, 20 de febrero de 2015, <https://www.thedailybeast.com/popes-shocking-hitler-youth-comparison>.

2. La feminista turca Deniz Kandiyoti ha expuesto este argumento de forma convincente en una conferencia, «¿How Did Gender Move to the Center of Democratic Struggles?», impartida en Global Centers de la Universidad de Columbia el 15 de febrero de 2022, <https://kapuscinskilectures.eu/lecture/how-did-gender-move-to-the-center-of-democratic-struggles/>.

3. Véase Butler, «Moral Sadism and Doubting One's Own Love; Kleinian Reflections on Melancholia», en John Phillips y Lynsey Stonebridge (dirs.), *Reading Melanie Klein*, Londres, Routledge, 1998.

4. «Hay códigos que nos aporta la cultura y esos códigos ocupan el lugar de las fantasías primigenias». En Jean Laplanche, «The Other Within», *Radical Philosophy* 102, julio/agosto de 2000, p. 33.

5. Agnieszka Graff y Elżbieta Korolczuk, *Anti-Gender Politics in the Populist Moment*, Londres, Routledge, 2021.

6. Jack Halberstam, *The Queer Art of Failure*, Durham, Duke University Press, 2011.

7. Podemos mencionar, por ejemplo, los recortes en los planes de estudios y en la libertad académica en el New College de Sarasota

(Florida) en 2022-2023. El gobernador Ron DeSantis no solo llenó el consejo de administración de conservadores que siguen su línea, sino que cerró programas y aplicó nuevas formas de censura sobre lo que se puede enseñar y sobre quién lo puede enseñar. Con la ayuda de Christopher Rufo, activista republicano, esbozó un programa «anti-*wokismo*», despidió a todos los profesores de esta línea e incitó al acoso contra los gais en el campus. Véase David Theo Goldberg, *The War on Critical Race Theory*, Cambridge, Polity, 2023.

8. Joan W. Scott, *Knowledge, Power, and Academic Freedom*, Nueva York, Columbia University Press, 2019.

9. Incluso cuando las corrientes detractoras del género aceptan que estudiantes y personal investigador pongan en marcha formas de lectura crítica en los estudios de género, interpretan esa «crítica» como pura destrucción, poniendo en tela de juicio a las mismas autoridades que consideran incuestionables. Si este último punto resulta ser correcto, entonces, de acuerdo con su propia lógica, quienes se dedican a los estudios de género trabajan con formas de lectura crítica y, por lo tanto, *no* se trata de planteamientos ideológicos.

10. Candace Bond-Theriault, «The Right Targets Queer Theory», *The Nation*, abril de 2022.

11. Judith Butler, *El género en disputa*, Barcelona, Paidós, 2020.

12. Karl Marx y Friedrich Engels, *The German Ideology, Part One*, Nueva York, International Publishers, 1970, pág. 47 [trad. cast.: *La ideología alemana*, Universitat de València, Valencia, 1991].

13. Bernice Johnson Reagon, «Coalition Politics: Turning the Century», en Barbara Smith (dir.), *Home Girls: A Black Feminist Anthology*, Nueva York, Kitchen Table: Women of Color Press, 1983, págs. 356-360.

14. Leticia Sabsay, «Body Matters: From Autonomy to Relationality», en *The Political Imaginary of Sexual Freedom: Subjectivity and Power in the New Sexual Democratic Turn,* Londres, Palgrave MacMillan, 2016, págs. 165-212.

15. Podemos encontrar un importante argumento a favor de la dimensión colectiva de la autodeterminación, que lleva el concepto más allá del individualismo liberal, en Eric Stanley, «Gender Self-Determination», en *TSQ* 1, n.º 1-2, 2014, págs. 89-91.

16. Jacqueline Rose, «Who Do You Think You Are?», *London Review of Books* 38, n.º 9, mayo de 2016.

17. Hortense Spillers, «Mama's Baby, Papa's Maybe: An American Grammar Book», *Diacritics* 17, n.º 2, 1987, págs. 65-81.

18. C. Riley Snorton, «Anatomically Speaking: Ungendered Flesh and the Science of Sex», en *Black on Both Sides: A Racial History of Trans Identity*, Minneapolis, University of Minnesota Press, 2017, págs. 17-53.

1. La situación en el mundo

1. Sobre la declaración de la Congregación para la Doctrina de la Fe de 2004, véase «Carta a los obispos de la Iglesia católica sobre la colaboración del hombre y la mujer en la Iglesia y en el mundo», El Vaticano, <http://www.vatican.va/roman_curia/congregations/cfaith/documents/rc_con_cfaith_doc_20040731_collaboration_spág.html>. Véanse también los excelentes análisis de Mary Anne Case: «The Role of the Popes in the Invention of Sexual Complementarity and the Anathematization of Gender», «Habemus Gender! The Catholic Church and "Gender Ideology"», número especial de *Religion and Gender* 6, n.º 2, 2016, págs. 155-172, y «After Gender the Destruction of Man? The Vatican's Nightmare Vision of the Gender Agenda for Law», *Pace Law Review* 31, 2011, págs. 802-817.

2. Véase el libro de 2007 de Elizabeth A. Johnson, *Quest for the Living God: Mapping Frontiers in the Theology of God* (Londres, Bloomsbury, 2007), que ofrece una crítica feminista católica de la doctrina vaticana, mostrando cómo los conceptos clave de la Biblia, incluida la creación, pueden interpretarse a partir de su potencial feminista. El libro fue denunciado por el papa Benedicto XVI y fue objeto de una investigación llevada a cabo por el Comité de Doctrina de la Conferencia de Obispos Católicos de Estados Unidos en 2011. Véase también Yannik Thiem, «The Art of Queer Rejections: The Everyday Life of Biblical Discourse», *Neotestamentica* 48, n.º 1, 2014, págs. 33-56.

3. Sara Garbagnoli, «Against the Heresy of Immanence: Vatican's "Gender" as a New Rhetorical Devise Against the Denaturalization of the Sexual Order», *Religion and Gender* 6, n.º 2, 2016, págs. 187-204.

4. Sarah Bracke y David Paternotte (dirs.), «¡Habemus Gender!

The Catholic Church and "Gender Ideology"», *Religion and Gender* 6, n.º 2, 2016.

5. «Carta a los Obispos de la Iglesia Católica sobre la colaboración del hombre y la mujer en la Iglesia y en el mundo.» Véase también la política actual del Vaticano, donde se dice que masculino y femenino definen cada célula del cuerpo: <https://www.frc.org/sexuality>. También Garbagnoli, «Against the Heresy of Immanence».

6. Antes de la publicación de *Who Stole Feminism?* en 1995, Christina Hoff Sommers publicó un panfleto financiado por grupos de reflexión conservadores estadounidenses, en 1994, en el que apareció por primera vez la expresión «feministas de género». Se convirtió en parte de una crítica popular del género en 1995 en el contexto de la política antiabortista y los escritos de Dale O'Leary. Ese mismo año, O'Leary presentó su análisis al cardenal Joseph Ratzinger (Garbagnoli, «Against the Heresy of Inmanence», pág. 189). Para un análisis de la nueva legislación antitrans, véase S. J. Crasnow, «The Legacy of "Gender Ideology"», *Religion and Gender* 11, n.º 1, 2021, págs. 67-71.

7. Papa Francisco: «Aniquilar al hombre como imagen de Dios», discurso, Polonia, 20 de septiembre de 2017, <https://www.thecatholicthing.org/2017/09/20/annihilating-man-as-the-image-of-god/>.

8. Jason Horowitz, «In Shift for Church, Pope Francis Voices Support for Same-Sex Civil Unions», *The New York Times*, 21 de octubre de 2020, <https://www.nytimes.com/2020/10/21/world/europe/pope-francis-same-sex-civil-unions.html>.

9. Candida Moss y Joel Baden, «Pope's Shocking Hitler Youth Comparison», *The Daily Beast*, 20 de febrero de 2015, <https://www.thedailybeast.com/popes-shocking-hitler-youth-comparison>.

10. Sitio web de DignityUSA, <https://www.dignityusa.org/>.

11. Tony Anatrella, *Genre: La controverse*, ed. Conseil Pontifical pour la Famille, (París: Pierre Taqui, 2011).

12. Michael Stambolis-Ruhstorfer y Josselin Tricou, «France's "Anti-Gender" Pipeline to the Vatican», en *Anti-Gender Campaigns: Mobilizing against Equality*, ed. Roman Kuhar y David Paternotte, Londres, Rowman and Littlefield, 2017, págs. 82-85.

13. Mary Anne Case, «Trans Formations in the Vatican's War on "Gender Ideology"», *Signs: Journal of Women in Culture and Society* 44, n.º 3, 2019, págs. 639-654.

14. Jorge Scala, *La ideología del género*, Rosario, Argentina, Ediciones Logos, 2010.

15. Sobre Serbia y el género, véase Adriana Zaharijević y Zorana Antonijević, «Gender Equality for Show: Serbian Performative Europeanisation», en J. Garraio, A. Giorgi y T. Toldy (dirs.), *Gender, Religion and Populism*, Nueva York, Routledge, 2023.

16. Antes de las declaraciones de Erdoğan en el invierno de 2023, su ministro del Interior, Süleyman Soylu, calificó el mensaje del movimiento LGBTQIA+ de «propaganda de una organización terrorista». Véase «Erdoğan and Soylu Attack LGBTI+ Community during Election Campaigns», *Duvar English*, 22 de abril de 2023, <https://www.duvarenglish.com/erdogan-and-soylu-attack-lgbti-community-during-election-campaigns-news-62262>.

17. Sobre la ideología antigénero de Giorgia Meloni, véase Alessia Donà, «Rights for Women and Gender Equality under Giorgia Meloni», *The Loop*, 7 de marzo de 2023, <https://theloopág.ecpr.eu/womens-and-equality-rights-under-giorgia-meloni/>.

18. Leandra Bias, «Die Internationale der Antifeministen», *Republik*, 6 de junio de 2022, <https://www.republik.ch/2022/06/06/die-internationale-der-antifeministen>.

19. Emil Edenborg, «Putin's Anti-Gay War on Ukraine», *Boston Review*, 14 de marzo de 2022.

20. Eva von Redecker, «Anti-Genderismus and Right-wing Hegemony», *Radical Philosophy* 198, julio/agosto de 2016; Sabine Hark y Paula-Irene Villa, *Anti-Genderismus: Sexualität und Geschlecht als Schauplätze aktueller politischer Auseinandersetzungen Sexualitat*, Bielefeld, Transkript Verlag, 2015.

21. Véase el importante trabajo de Sonia Corrêa sobre este tema: «Interview: The Anti-Gender Offensive as State Policy», *Connectas*, 7 de marzo de 2020, <https://www.conectas.org/en/noticias/interview-the-anti-gender-offensive-as-state-policy/>.

22. Juan Marco Vaggione, «The Conservative Uses of Law: The Catholic Mobilization against Gender Ideology», *Social Compass* 67, n.º 2, 6 de abril de 2020. Entre otros puntos interesantes de la historia, Vaggione profundiza en la expansión de la ideología de género en América Latina. Señala una genealogía independiente en América Latina que comienza con una publicación en 1998 en la que el obispo Alzamora Revoredo hace referencia a la ideología de un individualis-

mo nihilista oculto en el concepto de género. La oposición al género fue asumida oficialmente por la Quinta Conferencia General del Episcopado de América Latina y el Caribe en 2007, donde se debatió sobre nuevas formas de derechos individuales. En 2018, la Conferencia Episcopal se unió al Comité Ecuménico y a la Alianza Evangélica para oponerse al matrimonio homosexual, argumentando que el matrimonio homosexual debía entenderse como un ataque contra la institución del matrimonio y la familia. La Iglesia Evangélica Unida, junto con los pentecostales, a pesar de que desafiaban la hegemonía de la Iglesia católica, encontraron un terreno común con las autoridades católicas al oponerse tanto al feminismo como a los derechos de las lesbianas y los gais bajo la denominación de «ideología de género». Según Vaggione, «el término "ideología de género" se ha desprendido de sus orígenes católicos y se ha convertido en un significante para aquellos políticos que se enfrentan a la influencia de los movimientos feminista y LGBTQI. Estas políticas antigénero han empezado a incluir la lucha contra la ideología de género como parte de sus campañas, iniciativas legales y decisiones públicas, recibiendo el apoyo electoral de diferentes sectores de la población».

23. Dom Phillips, «Bolsonaro Declares Brazil's "Liberation from Socialism" as He Is Sworn In», *The Guardian*, 1 de enero de 2019; véase también Andrea Dep, « "Gender Ideology" - A Fantastical and Flexible Narrative», *Heinrich-Böll-Stiftung*, 27 de septiembre de 2022.

24. Cristian González Cabrera, «"I Became Scared, This Was Their Goal": Efforts to Ban Gender and Sexuality Education in Brazil», Human Rights Watch, 12 de mayo de 2022, <https://www.hrw.org/report/2022/05/12/i-became-scared-was-their-goal/efforts-ban-gender-and-sexuality-education-brazil>.

25. William Mauricio Beltrán y Sian Creely, «Pentecostals, Gender Ideology and the Peace Plebiscite: Colombia 2016», *Religions* 9, n.º 12, 2018, pág. 418.

26. *Ibid.*, pág. 2.

27. «Stop Marie Stopes Abortion Activities in Nigeria», petición en línea, CitizenGo, <https://www.citizengo.org/en-af/lf/170400-stop-marie-stopes-abortion-activities-nigeria>.

28. Odanga Madung, «In Kenya, Influencers Are Hired to Spread Disinformation», *Wired*, 8 de septiembre de 2021, <https://www.wired.com/story/opinion-in-kenya-influencers-are-hired-to-spread-disin

formation/>. Véase también Ali Breland, «How a Hard- Right European Group Tried to Manipulate Kenyan Political Discourse on Twitter», *Mother Jones*, 24 de febrero de 2022, <https://www.motherjones.com/politics/2022/02/citizengo-kenya-twitter-abortion/>.

29. «The Intolerance Network», WikiLeaks, <https://wikileaks.org/intolerancenetwork/press-release>.

30. Hannah Levintova, «How US Evangelicals Helped to Create Russia's Anti-Gay Movement», *Mother Jones*, 14 de febrero de 2014, <https://www.motherjones.com/politics/2014/02/world-congress-families-russia-gay-rights/>.

31. Kristina Stoeckl, «The Rise of the Russian Christian Right: The Case of the World Congress of Families», *Religion, State and Society* 48, n.º 4, 2020, pág. 225.

32. Kapya Kaoma, «The Vatican Anti-Gender Theory and Sexual Politics: An African Response», *Religion and Gender* 6, n.º 2, 2016, págs. 282-283.

33. Hélène Barthélemy, «How the World Congress of Families Serves Russian Orthodox Political Interests», Southern Poverty Law Center, 16 de mayo de 2018, <https://www.splcenter.org/hatewatch/2018/05/16/how-world-congress-families-serves-russian-orthodox-political-interests>.

34. Perfil del Congreso Mundial de las Familias en CitizenGo, <https://www.citizengo.org/en/user-profile/fa003673-da2b-43be-940f-770da936ade8>.

35. Adam Ramsay y Claire Provost, «Revealed The Trump-Linked "Super PAC" Working Behind the Scenes to Drive Europe's Voters the Far Right», openDemocracy, 25 de abril de 2019, <https://www.opendemocracy.net/en/5050/revealed-the-trump-linked-super-pac-working-behind-the-scenes-to-drive-europes-voters-to-the-far-right/>.

36. Trudy Ring, «NOM's Brian Brown Exporting Anti-LGBT Hate to Mexico», *The Advocate*, 19 de septiembre de 2016, <https://www.advocate.com/marriage-equality/2016/9/19/noms-brian-brown-exporting-anti-lgbt-hate-mexico>.

37. «Discurso inaugural del primer ministro Viktor Orbán en el XI Congreso Mundial de Familias Cumbre de la Familia de Budapest, Hungría, <https://profam.org/prime-minister-viktor-orbans-opening-speech-at-the-budapest-world-congress-of-families-xi/>.

38. Zack Beauchamp, «The European Country Where "Replace Theory" Reigns Supreme», Vox, 19 de mayo de 2022, <https://www.vox.com/2022/5/19/23123050/hungary-cpac-2022-replacement-theory>.

39. «Congreso Mundial de Familias», Southern Poverty Law Center, <https://www.splcenter.org/fighting-hate/extremist-files/group/world-congress-families>. Véase también la siguiente denuncia de Human Rights Campaign en 2015: «Exposed: The World Congress of Families», Human Rights Campaign, <https://assets2.hrc.org/files/assets/resources/WorldCongressOfFamilies.pdf>.

40. Un debate sobre tartas y discriminación en Wendy Brown, *In the Ruins of Neoliberalism: The Rise of Anti-Democratic Politics in the West*, Nueva York, Columbia University Press, 2019. Véase también Jeremiah Ho, «Queer Sacrifice», en *Masterpiece Cakeshop*», *Yale Journal of Law and Feminism* 31, n.º 2, 2020, pág. 249, <https://openyls.law.yale.edu/bitstream/handle/20.500.13051/7129/31YaleJLFeminism249__1_.pdf?sequence=2>.

41. Kevin Abrams y Scott Lively, *The Pink Swastika: Homosexuality in the Nazi Party,* Founders Publishing Corporation, 1995.

42. Martin Palecek y Toma Tozlar, «The Limiting of the Impact of Proxy Culture Wars by Religious Sensitivity: The Fight of Neo-Pentecostal Churches against LGBTQ Rights Organizations over Uganda's Future», *Religions* 12, n.º 9, 2021, pág. 707.

43. «Uganda: "Abstinence-Only" Programs Hijack AIDS Success Story», Human Rights Watch, 30 de marzo de 2005, <https://www.hrw.org/news/2005/03/30/uganda-abstinence-only-programs-hijack-aids-success-story>.

44. «Sexual Minorities Uganda v. Scott Lively», sitio web del Centro de Derechos Constitucionales, <https://ccrjustice.org/home/what-we-do/our-cases/sexual-minorities-uganda-v-scott-lively>.

45. Fox Odoi-Oywelowo, «No, Uganda Is Not Making It Illegal to Be Gay (Again)», *Al Jazeera*, 6 de junio de 2021, <https://www.aljazeera.com/opinions/2021/6/6/no-uganda-is-not-making-it-illegal-to-be-gay-again>. Por desgracia, esta predicción resultó ser errónea, ya que Uganda parece dispuesta a perder la financiación empresarial; véase Sam Kisika, «Companies Pull Out of Uganda, NGOs Suspend Services After Anti-LGBTQ+ Law Signed», *Los Angeles Blade*, 13 de junio de 2023, <https://www.losangelesblade.com/2023/06/13/com

panies-pull-out-of-uganda-ngos-suspend-services-after-anti-lgbtq-law-signed/>.

46. Sam Kisika, «Uganda, Kenya, Tanzania Move to Further Curtail LGBTQ Rights», *Washington Blade*, 4 de marzo de 2023, <https://www.washingtonblade.com/2023/03/04/uganda-kenya-tanzania-move-to-further-curtail-lgbtq-rights/>.

47. Véase Palecek y Tozlar, «Limiting of the Impact of Proxy Culture Wars by Religious Sensitivity».

48. Luci Cavallero y Verónica Gago, *Una lectura feminista de la deuda*, Fundación Rosa Luxemburgo, Buenos Aires, 2019.

49. Kapya Kaoma, «Globalizing the Culture Wars: U.S. Conservatives, African Churches, and Homophobia», Political Research Associates, 2009.

50. Kapya Kaome y Petronella Chalwe, «The Good Samaritan and Sexual Minorities in Africa: Christianity, the US Christian Right and the Dialogical Ethics of Ubuntu», *Journal of Theology for Southern Africa*, número especial, «*Sexuality in Africa*» 155, 2016, págs. 176-195.

51. «Report: Scott Lively and the Export of Hate», Human Rights Campaign Foundation, <https://www.hrc.org/resources/report-scott-lively-and-the-exporation-of-hate>.

52. Aunque el «género» no es una categoría diabólica en la India, está claro que las oposiciones y jerarquías de género forman parte de lo que está despertando el nacionalismo hindú y sus violentos ataques contra los musulmanes. Véase Soumi Banerjee, «The New Age Politics of Gender in the Hindutva Movement and Faith-Based Identity Contestation», openDemocracy, 16 de diciembre de 2019, <https://www.opendemocracy.net/en/rethinking-populism/new-age-politics-gender-hindutva-movement-and-faith-based-identity-contestation/>.

53. So Yun Alysha Park, «A Move Forward for the Korean Women's Movement», Verso Books (blog), 4 de octubre de 2018, <https://www.versobooks.com/blogs/4064-a-move-forward-for-the-korean-women-s-movement>; Karen Yamanaka, «Women's Movement in South Korea: How to Break Structural Oppression», *Europe Solidaire Sans Frontières*, 16 de mayo de 2022, <http://www.europe-solidaire.org/spipág.php?article62499#nh5>.

54. Pei-Ru Liao, «"Only Filial Piety Can Produce Heirs, Not Homosexuals!": An Exploration of the Glocalised Rhetoric of the

Pro-Family Movement in Taiwan», *Culture and Religion* 21, n.º 4, 2020, págs. 139-156.

55. W. C. A. Wong, «The Politics of Sexual Morality and Evangelical Activism in Hong Kong», *Inter-Asian Cultural Studies* 14, n.º 3, 2013, págs. 340-360.

56. Pei-Ru Liao, «"Only Filial Piety Can Produce Heirs, Not Homosexuals!": An Exploration of the Glocalised Rhetoric of the Pro-Family Movement in Taiwan», *Culture and Religion* 21, n.º 4, 2020, págs. 151-152.

57. *Ibid.*, pág. 147.

58. Ludvig Goldschmidt Pedersen, «The Academic Culture War Comes to Denmark», *Jacobin*, 12 de junio de 2021, y David Mathews, «Danish Academics Fear for Freedom after MPs Condemn Activism», *Times Higher Education*, 11 de junio de 2021.

59. El Convenio de Estambul incluye medidas como la formación de profesionales, campañas de sensibilización y programas de tratamiento. Hace hincapié en herramientas para la protección de las mujeres, como otorgar a la policía poderes para expulsar a los agresores del domicilio familiar, garantizar el acceso a la información, refugios, líneas de asistencia telefónica y centros de referencia. También fomenta la tipificación de diversas formas de violencia para facilitar el procesamiento de los agresores. Finalmente, el convenio fomenta la integración de todas las políticas mediante la acción concertada de organismos gubernamentales, ONG, autoridades nacionales, regionales y locales.

60. Véase Claudia Ciobanu, «Ordo Iuris: The Ultra-Conservative Organization Transforming Poland», Reporting Democracy, 22 de junio de 2021, <https://balkaninsight.com/2021/06/22/ordo-iuris-the-ultra-conservative-organisation-transforming-poland/>. Ciobanu escribe: «Un informe publicado el 15 de mayo por el Foro Parlamentario Europeo por los Derechos Sexuales y Reproductivos, titulado "La punta del iceberg", documenta cómo la financiación de grupos ultraconservadores activos en Europa ha aumentado de forma constante en la última década. El autor del informe, Neil Datta, identifica más de setecientos millones de dólares que fueron a parar a grupos antigénero en Europa entre 2009 y 2018, el 11 por ciento de origen estadounidense, el 26 por ciento de origen ruso y el resto de diversos países europeos».

61. Adam Liptak, «In Narrow Decision, Supreme Court Sides with Baker Who Turned Away Gay Couple», *The New York Times*, 4 de junio de 2018, <https://www.nytimes.com/2018/06/04/us/politics/supreme-court-sides-with-baker-who-turned-away-gay-couple.html>. Cinco años más tarde, en junio de 2023, el Tribunal Supremo de Estados Unidos dictaminó que el estado de Colorado no puede aplicar una ley contra la discriminación a una diseñadora de páginas web que se negó a crear una página web para una boda gay alegando que violaba los derechos conferidos por la Primera Enmienda. En este último caso, la libertad religiosa de discriminar se integró en la libertad de expresión y se consideró que el conjunto prevalecía sobre la legislación antidiscriminatoria. Esta situación fue posible en parte porque la creadora del sitio web consideraba que no debía difundir un mensaje que vulneraba su derecho a la libertad de expresión, argumentando que el problema era el mensaje, no los clientes homosexuales. El juez Sotomayor se opuso, recordando al tribunal que ningún negocio abierto al público tiene derecho a discriminar a una categoría protegida. Véase Amy Howe, «Supreme Court Rules Website Designer Can Decline to Create Same-Sex Wedding Websites», *SCOTUSblog*, 30 de junio de 2023.

62. Agnieszka Graff y Elżbieta Korolczuk, *Anti-Gender Politics in the Populist Moment,* Londres, Routledge, 2021.

63. Véase Maryna Shevtsova, «Religion, Nation, State, and Anti-Gender Politics in Georgia and Ukraine», *Problems of Post-Communism* 70, n.º 2, 2022, págs. 163-174.

64. *Ibid.*, págs. 166-167, 172.

65. Nikita Sleptcov, «Political Homophobia as a State Strategy in Russia», *Journal of Global Initiatives: Policy, Pedagogy, Perspective* 12, n.º 1, 2017, págs. 140-161.

2. El punto de vista del Vaticano

1. Véase Mary Anne Case, «After Gender: the Destruction of Man? The Vatican's Nightmare Visiono of the "Gender Agenda" for Law», *Pace Law Review* 31, n.º 3, junio de 2021, pág. 808. Véase también la completa exposición de Sara Garbagnoli, «Against the Heresy of Immanence: Vatican's "Gender" as a New Rhetorical Device

against the Denaturalization of the Sexual Order», *Religion and Gender* 6, n.º 2, 2016, pág. 189.

2. Joseph Cardinal Ratzinger con Vittorio Messori, *The Ratzinger Report*, San Francisco, Ignatius Press, 1985, pág. 15, citado en Case.

3. Véase Mary Anne Case, «The Role of the Popes in the Invention of Complementarity and the Vatican's Anathematization of Gender», *Religion and Gender* 6, n.º 2, 2016, pág. 155. Case escribe: «Para el Vaticano, la complementariedad implica que el hombre y la mujer tienen la misma dignidad como personas, pero que esta igual dignidad se basa y se manifiesta en diferencias esenciales y complementarias de tipo físico, psicológico y ontológico (Ratzinger 2004). Las diferencias que el Vaticano tiene en mente como esenciales incluyen la mayor parte de lo que la ley secular caracterizaría como estereotipos sexuales, un término que muchos activistas defensores de la complementariedad abrazan en lugar de repudiar (Kuby 2008)». Según Case, «en el transcurso del último medio siglo el Vaticano se abocó, primero, a abrazar la complementariedad sexual como fundamento de su antropología teológica y, después, a movilizar esa antropología en un intento de influir en el derecho secular en escenarios tan diversos como la Cuarta Conferencia Mundial de las Naciones Unidas sobre la Mujer de 1995 en Pekin y *La manif pour tous*, el movimiento de protesta que sacó a miles de ciudadanos franceses a manifestarse contra la inclusión de las parejas del mismo sexo en una ley que ampliaba el *mariage pour tous* (matrimonio para todos) en la primavera de 2013».

4. «Discurso del santo padre Francisco a los participantes en el Coloquio Internacional sobre la Complementariedad entre el Hombre y la Mujer organizado por la Congregación para la Doctrina de la Fe», El Vaticano, <https://www.vatican.va/content/francesco/es/speeches/2014/november/documents/papa-francesco_20141117_congregazione-dottrina-fede.html>.

5. Congregación para la Educación Católica, «Varón y mujer los creó: para una vía de diálogo sobre la cuestión del género en la educación», Ciudad del Vaticano, 2019, <https://www.vatican.va/roman_curia/congregations/ccatheduc/documents/rc_con_ccatheduc_doc_20190202_maschio-e-femmina_spág.pdf>. Véase también en este mismo documento el párrafo en el que se argumenta que el verdadero problema es «la separación sexo y género: «De esta separación surge la distinción entre diferentes «orientaciones sexuales» que no están

definidas por la diferencia sexual entre hombre y mujer, sino que pueden tomar otras formas, determinadas únicamente por el individuo radicalmente autónomo. Asimismo, el mismo concepto de género va a depender de la actitud subjetiva de la persona, que puede elegir un género que no corresponde con su sexualidad biológica y, en consecuencia, con la forma en que lo consideran los demás (transgénero). En una creciente contraposición entre naturaleza y cultura, las propuestas de género convergen en el queer, es decir, en una dimensión fluida, flexible, nómada, al punto de defender la emancipación completa del individuo de cada definición sexual dada *a priori*, con la consiguiente desaparición de las clasificaciones consideradas rígidas. Se deja así el espacio a diversos matices, variables por grado e intensidad en el contexto tanto de la orientación sexual como de la identificación del propio género».

6. *Ibid.*, pág. 14.

7. *Ibid.*, pág. 5.

8. *Ibid.*

9. Véase el trabajo de Juliet Mitchell, Jacqueline Rose, Elizabeth Weed, Rosi Braidotti, entre otros, para nociones alternativas de la diferencia sexual. Véase también Mary C. Rawlinson y James Sares (dirs.), *What Is Sexual Difference? Thinking with Irigaray*, Rawlinson, Nueva York, Columbia University Press, 2023.

10. Daniel P. Horan, «The Truth about So-called "Gender Ideology"», *National Catholic Reporter*, 24 de junio de 2020, <https://www.ncronline.org/news/opinion/faith-seeking-understanding/truth-about-so-called-gender-ideology>.

11. Congregación para la Educación Católica, «"Varón y mujer los creó», pág. 11.

12. *Ibid.*

13. Mary Ann Glendon, *Abortion and Divorce in Western Law*, Harvard University Press, 1989.

14. Mary Anne Case, «Trans Formations in the Vatican's War on "Gender Ideology"», *Signs: Journal of Women in Culture and Society* 44, n.° 3, 2019, págs. 643-644.

15. En el sitio web de SNAP Network [Supervivientes de abusos cometidos por sacerdotes] se pueden encontrar estadísticas e historias actualizadas: <https://www.snapnetwork.org/>.

16. Rhuaridh Marr, «Anti-gay Catholic Priest Accused of Having

Sex with Men to "Heal" Their Homosexuality», *Metro Weekly*, 8 de julio de 2021, <https://www.metroweekly.com/2021/07/anti-gay-catholic-priest-accused-of-having-sex-with-men-to-heal-their-homosexuality/>.

17. Elisabeth Auvillain, «French Priest, Former Vatican Adviser, to Face Church Trial on Abuse Claims», *National Catholic Reporter*, 1 de julio de 2021, <https://www.ncronline.org/news/accountability/french-priest-former-vatican-adviser-face-church-trial-abuse-claims>.

18. Alison Mutler, «First Russia, Then Hungary, Now Romania Is Considering a "Gay Propaganda" Law», Radio Free Europe, 26 de junio de 2022, <https://www.rferl.org/a/romania-lgbtq-rights-bill-gay-propaganda-law/31915661.html>.

19. Madelin Necsutu, «Romanian Hungarians Advocate Laws to Stop "Gender Ideology Assault"», *Balkan Insight*, 16 de febrero de 2022, <https://balkaninsight.com/2022/02/16/romanian-hungarians-advocate-laws-to-stop-gender-ideology-assault/>.

20. Edward Graham, «Who Is behind the Attacks on Educators and Public Schools?», *NEA Today*, 14 de diciembre de 2021, <https://www.nea.org/advocating-for-change/new-from-nea/who-behind-attacks-educators-and-public-schools>.

21. Véase Paul B. Preciado, *Yo soy el monstruo que os habla*, Barcelona, Anagrama, 2020.

22. Como dice Jacques Lacan: «Después de lo que se ha borrado, lo que resta si hay un texto, o sea si este significante se inscribe entre otros significantes, es lo que resta, es el lugar en que se ha borrado, y es ese lugar también el que sostiene la transmisión, que es algo esencial, gracias a lo cual lo que sucede en el pasaje toma consistencia de fe» (*Seminario V*, 23.04.58, págs. 8-10).

3. Ataques actuales contra el género en Estados Unidos

1. Mary Anne Case cita la página web del Colegio Estadounidense de Pediatras, que advierte de que «la ideología de género es perjudicial para la infancia». También observa que «ideología de género» se convirtió en una expresión popular en la Values Voter Summit, cumbre anual de activistas conservadores de Estados Unidos, cuyo orador principal aquel año fue Mike Pence. También señala acertada-

mente que el papado de Francisco es en parte responsable de ello: «Su popularidad ha llamado la atención y su aparente apertura hacia las personas homosexuales y transexuales ha hecho más aceptable la condena de sus derechos». Mary Anne Case, «Trans Formations in the Vatican's War on "Gender Ideology"», *Journal of Women in Culture and Society* 44, n.º 3, 2019, pág. 657.

2. «Human Rights Campaign Working to Defeat 340 Anti-LGBTQ+ Bills at State Level Already, 150 of Which Target Transgender People-Highest Number on Record», Human Rights Campaign, comunicado de prensa, 15 de febrero de 2023, <https://www.hrc.org/press-releases/human-rights-campaign-working-to-defeat-340-anti-lgbtq-bills-at-state-level-already-150-of-which-target-transgender-people-highest-number-on-record>.

3. «"Gender theory" / "Gender ideology"-Select Teaching Resources», Conferencia Episcopal de Estados Unidos, actualizado el 7 de agosto de 2019, <https://www.usccb.org/resources/Gender-Ideology-Select-Teaching-Resources_0.pdf>.

4. «New USCCB Document Seeks to Stop Transgender Healthcare at Catholic Institutions», New Ways Ministry (sitio web), <https://www.newwaysministry.org/2023/03/22/new-usccb-document-seeks-to-stop-transgender-healthcare-at-catholic-institutions/>.

5. Bella DuBalle, «I'm a Drag Queen in Tennessee. The State's Anti-drag Law Is Silly, Nasty and Wrong», *The Guardian*, 15 de mayo de 2023, <https://www.theguardian.com/commentisfree/2023/may/15/im-a-drag-queen-in-tennessee-the-states-anti-drag-law-is-silly-nasty-and-wrong?CMP=Share_iOSApp_Other>.

6. El Instituto Williams de la UCLA informa de que, en marzo de 2023, treinta estados de Estados Unidos han restringido el acceso a la atención sanitaria de afirmación de género, lo que conlleva sanciones para los proveedores de atención sanitaria que contravengan la ley. Véase su documento «Prohibiting Gender-Affirming Medical Care for Youth» en <https://williamsinstitute.law.ucla.edu/publications/bans-trans-youth-health-care/>. Cinco estados consideran delito grave proporcionar algunas formas de atención afirmativa a menores, y diecinueve estados en la primera mitad de 2023 han aprobado prohibiciones de atención sanitaria; véase Annette Choi y Will Mullery, «19 States Have Laws Restricting Gender-Affirming Care, Some with the Possibility of a Felony Charge», CNN, 6 de junio de 2023, <www.

cnn.com/2023/06/06/politics/states-banned-medical-transitioning-for-transgender-youth-dg/index.html>.

7. Human Rights Campaign informa de una avalancha de acusaciones en Internet tras la aprobación de la ley «No digas gay» en Florida; véase Henry Berg-Brousseau, «NEW REPORT: Anti-LGBTQ+ Grooming Narrative Surged More than 400% on Social Media Following Florida's "Don't Say Gay" or Trans' Law, as Social Platforms Enabled Extremist Politicians and their Allies to Peddle Inflammatory, Discriminatory Rhetoric», Human Rights Campaign, 10 de agosto de 2022, <https://www.hrc.org/press-releases/new-report-anti-lgbtq-grooming-narrative-surged-more-than-400-on-social-media-following-floridas-dont-say-gay-or-trans-law-as-social-platforms-enabled-extremist-politicians-and-their-allies-to-peddle-inflamatory-discriminatory-rhetoric>. Véase también Hannah Nathanson y Moriah Balingit, «Teachers Who Mention Sexuality Are Grooming Kids», *The Washington Post*, 5 de abril de 2022, <https://www.washingtonpost.com/education/2022/04/05/teachers-groomers-pedophiles-dont-say-gay/>.

8. Kinzi Sparks, «Higher Education Institutions (HEIs) and Crisis Services», The Trevor Project y Active Minds (sitio web), <www.thetrevorproject.org/wp-content/uploads/2021/12/Higher-Education-Institution1.pdf>.

9. «Amicus Briefs», Asociación de Psiquiatría Estadounidense, <https://www.psychiatry.org/psychiatrists/search-directories-databases/library-and-archive/amicus-briefs>.

10. Sarah Schulman, *Conflict Is Not Abuse: Overstating Harm, Community Responsibility and the Duty of Repair*, Vancouver, BC: Arsenal Pulp Press, 2016.

11. Khalil Gibran Muhammad, *The Condemnation of Blackness: Race, Crime, and the Making of Modern Urban America*, Cambridge, Harvard University Press, 2019.

12. Maureen R. Benjamins, Abigail Silva, Nazia S. Saiyed y Fernando G. De Maio, «Comparison of All-Cause Mortality Rates and Inequities Between Black and White Populations Across the 30 Most Populous US Cities», *JAMA Network* 4, n.º 1, 2021, <https://jamanetwork.com/journals/jamanetworkopen/fullarticle/2775299>.

13. Sarah Schwartz, «Map: Where Critical Race Theory Is under Attack», *Education Week*, 11 de junio de 2021, <https://www.ed

week.org/policy-politics/map-where-critical-race-theory-is-under-attack/2021/06>.

14. Sitio web de Do No Harm's en <https://donoharmmedicine.org/>.

15. Rufo fue nombrado miembro del consejo de administración del New College de Florida por el gobernador Ron DeSantis para revertir la «ideología *woke*» que aparentemente se está apoderando de la escuela. En 2023, algunos profesores fueron despedidos de sus puestos por impartir asignaturas *woke* y se desmanteló el plan de estudios.

16. Joan W. Scott, *Knowledge, Power, and Academic Freedom*, Nueva York, Columbia University Press, 2019.

17. Susan Ellingwood, «What Is Critical Race Theory, and Why Is Everyone Talking about It?», Columbia University News, 1 de julio de 2021, <https://news.columbia.edu/news/what-critical-race-theory-and-why-everyone-talking-about-it-0>.

18. Wendy Brown, «Wounded Attachments», en *States of Injury: Power and Freedom in Late Modernity*, Princeton, Princeton University Press, 1995, págs. 52-76.

19. Candace Bond-Theriault, «The Right Targets Queer Theory», *The Nation*, 19 de abril de 2022.

4. Trump, el sexo y el Tribunal Supremo

1. El memorando fue citado por Kerensa Cadenas, «The Trump Administration Wants to Define Gender as Biological Sex at Birth», *Vanity Fair*, 21 de octubre de 2018, <https://www.vanityfair.com/news/2018/10/the-trump-administration-wants-to-define-gender-at-birth>. «El sexo se basa en rasgos biológicos inmutables identificables en el momento del nacimiento o antes», afirma el memorando. «El sexo que figure en el certificado de nacimiento de una persona, tal y como se expidió originalmente, constituirá la prueba definitiva del sexo de una persona, a menos que sea refutado por pruebas genéticas fiables».

2. Una revisión exhaustiva e incisiva de esta decisión y su lugar en la jurisprudencia relacionada, en Ido Katri, «Transitions in Sex Reclassification Law», *UCLA Law Review* 70, n.º 1, marzo de 2021.

3. Sobre el caso *Oncale contra Sundowner Offshore*, del Tribunal Supremo, de 1987, véase Katherine M. Franke, «What's Wrong with Sexual Harassment», *Stanford Law Review* 49, n.º 4, abril de 1997, disponible en <https://scholarship.law.columbia.edu/faculty_scholarship/716>.

4. *Bostock contra Clayton County*, 590, U.S. ___, 2020.

5. *Ibid.*, 10.

6. Véase Butler, *Excitable Speech*, Nueva York, Routledge, 1997 (trad. cast.: *Lenguaje, poder e identidad*, Madrid, Síntesis, 2004).

7. Véanse las amplias investigaciones y formulaciones políticas del Palm Center sobre esta cuestión: <https://palmcenterlegacy.org/>.

8. *Bostock contra Clayton County*, 10.

9. *Ibid.,* 19.

10. Rachel Slepoi, «Bostock's Inclusive Queer Frame», *Virginia Law Review Online* 107, enero de 2021.

11. La discriminación por razones de sexo puede incluir la referencia al sexo que se presume por la apariencia o situación jurídica o también al sexo que se afirma tener por un cambio de situación. En ninguno de estos dos casos se limita el sexo a la referencia biológica, aunque las presuposiciones basadas en prejuicios sobre la capacidad de las mujeres sobre la base de supuestos biológicos erróneos seguramente cuentan como discriminación sexual.

12. *Bostock contra Clayton County*, 19.

13. «Anatomy Does Not Define Gender», *Nature* 563, noviembre de 2018, pág. 5.

14. Este debate sobre *Dobbs contra Jackson Women's Health* apareció modificado en el blog de Verso Books, junio de 2022.

15. Véase Orlando Patterson, «Freedom, Slavery, and the Modern Construction of Rights», en Hans Joas y Klaus Wiegant (dirs.), *The Cultural Values of Europe*, Liverpool University Press, 2008, págs. 115-151.

16. Wendy Brown, *In the Ruins of Neoliberalism: The Rise of Anti-Democratic Politics in the West*, New York, Columbia University Press, 2019 [trad. cast.: *En las ruinas del neoliberalismo: el ascenso de las políticas antidemocráticas en Occidente*, Madrid, Traficantes de Sueños, 2021].

5. Feminismo transexcluyente y cuestiones de sexo en el Reino Unido

1. Luci Cavallero y Verónica Gago, *A Feminist Reading of Debt*, Londres, Pluto Press, 2021.

2. Alyosxa Tudor, «The Anti-Feminism of Anti-Trans Feminism», *European Journal of Women's Studies* 30, n.º 2, 2023, págs. 290-302.

3. Joan W. Scott, *Gender and the Politics of History*, Nueva York, Columbia University Press, 1988, pág. 49 [trad. cast.: *Género e historia*, Ciudad de México, Fondo de Cultura Económica, 2008].

4. Holly Lawford-Smith, «What Is Gender Critical Feminism (And Why Is Everyone So Mad about It?)», sitio web personal de Holly Lawford-Smith, especialista en filosofía política, <https://Hollylawford-smith.org, https://hollylawford-smith.org/what-is-gender-critical-feminism-and-why-is-everyone-so-mad-about-it/>.

5. John Stoltenberg, «Andrea Dworking Was a Trans Ally», *Boston Review*, 8 de abril de 2020, <https://www.bostonreview.net/articles/john-stoltenberg-andrew-dworkin-was-trans-ally/>.

6. «Los sentimientos que [Janice] Raymond manifiesta en *The Transsexual Empire* son representativos de un grupo de mujeres bastante reducido, aunque muy ruidoso y poderoso, en la década de 1970, entre las que se encontraban también Sheila Jeffreys y Mary Daly. Es trágico que esta antipatía entre algunas feministas de la segunda ola y las mujeres*trans haya marcado de forma significativa el terreno del activismo *trans contemporáneo, lo que supone un escollo para la formación de coaliciones en Estados Unidos. Se ha hecho a expensas de las numerosas feministas radicales de los años setenta y ochenta que, como Andrea Dworkin, no veían a las mujeres*trans como enemigas y que entendían que la categoría de «mujer» incluía a las mujeres*trans y que, en algunos casos, abogaban por hormonas y cirugía gratuitas». Jack Halberstam, «Toward a Trans* Feminism», *Boston Review*, 18 de enero de 2018, y «Trans* -Gender Transitivity and New Configurations of Body, History, Memory and Kinship», *Parallax* 22, n.º 3, 2016.

7. Catharine A. MacKinnon, «Amici Brief for Petitioner», reimpreso en *UCLA Journal of Gender and Law* 8, n.º 9, 1997, pág. 15.

8. *Ibid.*, pág. 32.

9. Catharine A. MacKinnon, «Feminism, Marxism, Method, and the State: An Agenda for Theory», *Signs* 7, n.º 3, primavera 1982, pág. 533.

10. Janet Halley, «Sexuality Harassment», en Janet Halley y Wendy Brown (dirs.), *Left Legalism/Left Critique*, Durham, Duke University Press, 2002. También Katherine M. Franke, «What's Wrong with Sexual Harassment», *Stanford Law Review* 49, abril de 1997, págs. 735-736, <https://scholarshi.law.columbia.edu/faculty scholarship /716>.

11. Sophie Lewis, «How British Feminism Became Anti-Trans», *The New York Times*, 7 de febrero de 2019. Lewis hace referencia a *British Colonialism and the Criminalization of Homosexuality*, de Enze Han y Joseph O'Mahoney, Londres, Routledge, 2018.

12. Esto ocurre no solo en el Reino Unido, sino también en Japón.

13. Nan Hunter y Lisa Duggan, *Sex Wars: Sexual Dissent and Political Cultures*, Nueva York, Routledge, 2006.

14. Sandrine Morel, «Spain Approves Gender Self-Determination with "Trans Equality Law"», *Le Monde*, 17 de febrero de 2023, <https://www.lemonde.fr/en/international/article/2023/02/17/spain-approves-gender-self-determination-with-trans-equality-law_6016193_4.html>.

15. Ley de reconocimiento de género de 2004, Leyes generales públicas del Reino Unido, Parlamento del Reino Unido, <https://www.legislation.gov.uk/ukpga/2004/7/contents>.

16. Principios de Yogyakarta: <https://yogyakartaprinciples.org/>.

17. Shon Faye, «A Brief History of the Gender Recognition Act», *Vice*, 16 de octubre de 2018, <https://www.vice.com/en/article/negm4k/a-brief-history-of-the-gender-recognition-act>; cf. Stephen Whittle, «The Gender Recognition Act 2004», en James Barrett (dir.), *Transsexual and Other Disorders of Gender Identity*, Oxford, CRC Press, 2007.

18. Cuando iba rezagado en las encuestas, Rishi Sunak decidió recabar el apoyo del público exclamando que la nueva cultura *woke* hace imposible utilizar palabras sencillas como «mujer», «hombre» o «madre» sin ofender a alguien. La propia Truss se negó a prohibir la terapia de conversión trans, ampliamente entendida como un proto-

colo cruel y dañino, si no como un caso paradigmático de sadismo moral.

19. Kathleen Stock, «I Came out Late-Only to Find That Lesbians Had Slipped to the Back of the Queue», *The Guardian*, 12 de marzo de 2023, <https://www.theguardian.com/commentisfree/2023/mar/12/i-came-out-late-only-to-findlesbians-slipped-back-of-queue>.

20. Tras el anuncio de la Gender Critical Network en la Open University, muchos se preguntaron si esa universidad podía seguir llamándose razonablemente «abierta» [*open*]. En «Is This What "Open" Means?», publicado el 18 de junio de 2021 en *Medium,* S. J. Ashworth, antigua alumna, escribió: «Creo, como mucha otra gente, que quien venga por alguno de nosotros viene por todos. Esto tampoco se aplica solo a la comunidad LGBTQ+, aunque, por supuesto, es donde más profundamente se manifiesta. Las creencias críticas con el género, es decir, lo que se conoce como transfobia, se basan en la misoginia. Se están utilizando como herramienta no solo para dividir y destruir a la comunidad LGBTQ+, sino también para acabar con el feminismo. Se aprovechan de miedos y fantasías antiguos, resucitando un pánico moral que pertenecía al pasado y sembrando semillas de desconfianza allá por donde pasan. *¡Las mujeres trans son hombres depredadores! ¡Los hombres trans son lesbianas confundidas! Estos menores confusos y las nuevas modas de género fluido, semihombres, no binarios, lo que sea, muestran lo tóxicos que se han vuelto los estereotipos de género. ¿Por qué tienen que ser iguales...?*».

21. La investigación crítica en materia de género pretende desacreditar las formas de estudios de género que se basan en teorías de la construcción social o que cuestionan cómo llega a significar la materialidad de los cuerpos en contextos históricos. Aunque pretende librar a las instituciones de enseñanza superior de una «ideología» que, según afirma, ha dañado el campo de los estudios de género, también ha sido acusada de incurrir en conductas discriminatorias contra las personas trans y no binarias, al rechazar los trabajos que teorizan sus vidas o que cuestionan el modo en que las lógicas binarias han enmarcado la investigación sobre el sexo. La expresión «crítico con el género» viene a ser un sinónimo de transexcluyente, por lo que se ha argumentado que sus principales objetivos son políticos y discriminatorios. Véase el argumento contra la discriminación en «Gender Critical Re-

search Network: Letter to the Open University», Gender GP, 29 de junio de 2021, <https://www.gendergpág.com/open-university-letter-condemns-gender-critical-research-network/>. Para un análisis del feminismo transexcluyente y su alianza con la derecha global, véase Sophie Lewis y Asa Seresin, «Fascist Feminism: A Dialogue», y también Hidenobu Yamada, «GID as an Acceptable Minority: or, The Alliance between Moral Conservatives and "Gender Critical" Feminists in Japan», en el número especial «Trans-Exclusionary Feminisms and the Global New Right» de *TSQ* 9, n.º 3, 2022.

22. Aleardo Zanghellini, «Philosophical Problems with the Gender-Critical Feminist Argument against Trans Inclusion», *SAGE Open* 10, n.º 2, abril-junio de 2020, págs. 1-14.

23. Stoltenberg, «Andrea Dworking Was a Trans Ally».

24. Valeria Bustos y otros, «Regret after Gender-Affirmation Surgery: A Systematic Review and Meta-analysis of Prevalence», *Plastic and Reconstructive Surgery* 9, n.º 3, marzo de 2021, <https://journals.lww.com/prsgo/fulltext/2021/03000/regret_after_gender_affirmation_surgery__a.22.aspx>. Véase también «Regret Rates and Long-Term Mental Health», Gender Health Query, <https://www.genderhq.org/trans-youth-regret-rates-long-term-mental-health>.

25. «AMA to States: Stop Interfering in Health Care of Transgender Children», American Medical Association, comunicado de prensa, 26 de abril de 2021, <https://www.ama-assn.org/press-center/press-releases/ama-states-stop-interfering-health-care-transgender-children>.

26. Michelle Johns y otros, «Transgender Identity and Experiences of Violence Victimization, Substance Use, Suicide Risk, and Sexual Risk Behaviors Among High School Students-19 States and Large Urban School Districts, 2017», *Morbidity and Mortality Weekly Report* 68, 2019, págs. 67-71, <https://www.cdc.gov/mmwr/volumes/68/wr/mm6803a3.htm>. Véase también «Facts about LGBTQ Youth Suicide», The Trevor Project (sitio web), 15 de diciembre de 2021, <https://www.thetrevorproject.org/resources/article/facts-about-lgbtq-youth-suicide/>.

27. Azeen Ghorayshi, «England Overhauls Medical Care for Transgender Youth», *The New York Times*, 8 de julio de 2021, <https://www.nytimes.com/2022/07/28/health/transgender-youth-uk-tavistock.html>.

28. Paisley Currah, *Sex Is as Sex Does: Governing Transgender Identity*, Nueva York, New York University Press, 2022.

29. Andrea Long Chu, *Females*, Nueva York, Verso, 2019.

30. Nazia Parveen, «Karen White: How "Manipulative" Transgender Inmate Attacked Again», *The Guardian*, 11 de octubre de 2018, <https://www.theguardian.com/society/2018/oct/11/karen-white-how-manipulative-and-controlling-offender-attacked-again-transgender-prison>.

31. Vic Parsons, «Ministry of Justice Dispels Bigoted Myths Around Trans Prisoners and Sexual Assault with Cold, Hard and Indisputable Facts», *Pink News*, 21 de mayo de 2020, <https://www.pinknews.co.uk/2020/05/21/trans-prisoners-victims-sexual-assault-more-than-perpetrators-ministry-of-justice-liz-truss/>.

32. El relato feminista de la violación como acto de dominación se basaba en ideas del poder masculino en gran medida indiferentes al modo en que la violación funciona en la intersección de la raza y el poder colonial. Véase, por ejemplo, el ensayo pionero de Angela Davis, «Rape, Racism, and the Capitalist Setting», *The Black Scholar* 12, n.º 6, diciembre de 1981, págs. 39-45 (reimpresión del vol. 9, n.º 7, 1978). Véase también Elizabeth Thornberry, *Colonizing Consent: Rape and Governance in South Africa's Eastern Cape*, Cambridge, Cambridge University Press, 2018.

33. Véase, por ejemplo, Karin Stögner, «Von 'Geldjuden' und 'Huren'-Kritik der antisemitisch-sexistischen Ideologie», *Institut für Demokratie und Zivilgesellschaft*, Jena, Alemania, Institut für Demokratie und Zivilgesellschaft, 2020, págs. 86-93.

34. Véanse Marquis Bey, *Black Trans Feminism*, Durham, Duke University Press, 2022; Emi Koyama, «The Transfeminist Manifesto», en Rory Dicker y Alison Piepmeier (dirs.), *Catching a Wave: Reclaiming Feminism for the 21st Century,* Evanston, Il., Northwestern University Press, 2003; Talia Mae Bettcher, «Trans Feminism: Recent Philosophical Developments», en *Philosophy Compass* 12, n.º 11, noviembre de 2017; Susan Stryker y V. Varun Chaudhry, «Ask a Feminist: Susan Stryker Discusses Trans Studies, Trans Feminism, and a More Trans Future», *Signs: Journal of Women in Culture and Society* 47, n.º 3, 2022, págs. 789-800.

35. Véase «Open Letter to JK Rowling» de Mermaids, un grupo que apoya a los menores con diversidad de género y a sus familias,

<https://mermaidsuk.org.uk/news/dear-jk-rowling>: «Sí, puede darse el caso de Karen White, una mujer transgénero que agredió sexualmente a dos mujeres mientras estaba en prisión preventiva en la cárcel de New Hall, en Wakefield, pero no se puede ignorar que este hecho es un fallo inexcusable en los procesos de seguridad y protección de las prisiones, y no una razón para clasificar a las mujeres transgénero como una amenaza. Las mujeres maltratadoras suelen ser internadas en prisiones masculinas debido a las mayores medidas de seguridad existentes. Estamos de acuerdo en que hay que hacer más esfuerzos para mantener a las reclusas a salvo de las agresiones de todos los reclusos, ya sean cis o trans... Utilizar estos casos limitados para acusar de delitos a todas las personas trans y presentarlas como una amenaza sexual para las mujeres cis es una generalización inexacta y, en última instancia, destructiva».

36. Cressida Hayes, «Feminist Solidarity After Queer Theory: The Case of Transgender», *Signs: Journal of Women in Culture and Society* 28, n.º 4, 2003, pág. 1100: «Las feministas que escriben sobre transgénero están, como diría Ludwig Wittgenstein, cautivas de una imagen en la que las personas trans se convierten históricamente en fetiche, lo que se combina con una falta de atención crítica al privilegio de tener un género estable para borrar la posibilidad de una política transfeminista y, por lo tanto, la posibilidad de una alianza entre feministas trans y no trans. Esta imagen debe hacerse visible como imagen antes de que pueda disiparse».

37. Nora Neus, «Trans Women Are Still Incarcerated with Men and It's Putting Their Lives at Risk», CNN, 23 de junio de 2021, <https://www.cnn.com/2021/06/23/us/trans-women-incarceration/index.html>. Véase también Valerie Jenness, Cheryl L. Maxson, Kristy N. Matsuda y Jennifer Macy Sumner, «Violence in California Correctional Facilities: An Empirical Examination of Sexual Assault», UC Irvine Center for Evidence-Based Corrections, <https://cpb-us-e2.wpmucdn.com/sites.uci.edu/dist/0/1149/files/2013/06/BulletinVol2Issue2.pdf>.

38. S. Kara, «Depathologizing Gender Identity through Law», GATE, 2020, <https://gate.ngo/wp-content/uploads/2021/11/GATE_Legal-Depath_1_Depath-GI-Through-Law.pdf>.

39. Gail Lewis y Clare Hemmings, «"Where Might We Go If We Dare": Moving Beyond the "Thick, Suffocating Fog of Whiteness" in

Feminism», *Feminist Theory* 20, n.º 4, 2019, págs. 405-421. Véase también Clare Hemmings, «"But I Thought We'd Already Won That Argument!": "Anti-Gender" Mobilizations, Affect, and Temporality», *Feminist Studies* 48, n.º 3, 2022, págs. 594-615.

6. ¿Qué pasa con el sexo?

1. Sonia Sodha, «Women Must Be Allowed to Defend Abortion as a Sex-Based Right», *The Guardian*, 26 de junio de 2022, <https://www.theguardian.com/commentisfree/2022/jun/26/women-must-be-allowed-to-defend-abortion-as-a-sex-based-right>.

2. Donna J. Haraway «A Cyborg Manifesto: Science, Technology, and Socialist-Feminism in the Late Twentieth Century», en *Simians, Cyborgs, and Women: The Reinvention of Nature*, Nueva York, Routledge, 1991, págs. 149-182, sobre los dualismos improductivos [trad. cast.: *Ciencia, cyborgs y mujeres: la reinvención de la naturaleza*, Madrid, Cátedra, 1995], y Donna J. Haraway, «The Promise of Monsters: A Regenerated Politics for Inappropriate/d Others», en Lawrence Grossberg, Cary Nelson y Paula A. Treicher (dirs.), *Cultural Studies*, Nueva York, Routledge, 1991, págs. 295-337, donde escribe que la «naturaleza» no existe como un material o forma esencial, eterna o explotable, sino que es un «artefacto», algo hecho, pero «no enteramente por humanos; es una construcción conjunta entre humanos y no humanos». Véanse también Esther Thelen, «Dynamic Systems Theory and the Complexity of Change», *Psychoanalytic Dialogues* 15, n.º 2, 2005, págs. 255-283; Karen Barad, «Agential Realism-A Relation Ontology Interpretation of Quantum Physics», en Olival Freire (dir.) *The Oxford Handbook of the History of Quantum Interpretations*, edición en línea, Oxford Academic Publishing, 2022.

3. Shon Faye, *The Transgender Issue: Trans Justice Is Justice for All*, Londres, Verso, 2022, pág. 239.

4. Anne Fausto-Sterling, *Sexing the Body: Gender Politics and the Construction of Sexuality,* Nueva York, Basic Books, 2000 [trad. cast.: *Cuerpos sexuados: la política de género y la construcción de la sexualidad*, Santa Cruz de Tenerife, Melusina, 2020].

5. Charis Thompson, *Making Parents: The Ontological Choreography of Reproductive Technology*, Cambridge, MIT Press, 2005;

Rayna Rapp, «Reproductive Entanglements: Body, State, and Culture in the Dys/Regulation of Child-Bearing», *Social Research* 78, n.º 3, otoño de 2011, págs. 693-718.

6. Elsa Dorlin, «What a Body Can Do», *Radical Philosophy* 2, n.º 5, otoño de 2019, págs. 3-9.

7. Sally Haslanger ofrece una explicación persuasiva e influyente en *Resisting Reality: Social Construction and Social Critique*, Oxford, Oxford University Press, 2012, págs. 83-138.

8. Paisley Currah, *Sex Is as Sex Does: Governing Transgender Identity*, Nueva York, New York University Press, 2022.

9. *Ibid.*, pág. XVI.

10. *Ibid.*

11. J. L. Austin, en *Cómo hacer cosas con palabras* (Barcelona, Paidós, 1982), distinguió entre el performativo ilocutivo, que provoca la situación que nombra, y el performativo perlocutivo, en el que una serie de consecuencias pueden derivarse de la emisión de un acto de habla, como gritar «fuego» en una sala de cine y ver a la gente dirigirse rápidamente hacia la salida. Se supone que las clasificaciones legales instituyen lo que nombran, lo que implica que la clasificación por sexo es un performativo ilocutivo. Sin embargo, si diferentes partes de un ordenamiento jurídico insisten en diferentes tipos de esquemas de clasificación, es posible que una parte de la ley te considere de un sexo y otra parte, de otro sexo. El poder de la ley deja de estar unificado y se pone de manifiesto el carácter contingente de la clasificación por sexos.

12. Ido Katri, «Transitions in Sex Reclassification Law», *UCLA Law Review* 70, n.º 1, 2022, págs. 1-79.

13. Joan W. Scott, «Gender as a Useful Category of Analysis», en *Gender and the Politics of History*, Nueva York, Columbia University Press, 1989 (publicado por primera vez en *The American Historical Review* 91, n.º 5, 1986, págs. 1053-1175).

14. Joan W. Scott, «Gender: Still a Useful Category of Analysis?», *Diogenes* 57, n.º 1, 2010, p 10.

7. ¿De qué género eres?

1. Anne Fausto-Sterling, «A Dynamic Systems Framework for Gender/Sex Development: From Sensory Input in Infancy to Subjec-

tive Certainty in Toddlerhood», *Frontiers in Human Neuroscience* 9, n.º 15, abril de 2021.

2. El planteamiento de Fausto-Sterling se inspira en la obra de L. B. Smith y E. Thelen (dirs.) *A Dynamic Systems Approach to Development: Applications* (Cambridge, MIT Press, 1996) sobre la forma de superar la oposición naturaleza/cultura en psicología y biología. Véase también Esther Thelen, Karen E. Adolph y Arnold L. Gesell, «The Paradox of Nature and Nurture», *Developmental Psychology* 28 n.º 3, 1992, págs. 368-80.

3. Karen Barad, «Posthumanist Performativity: Toward an Understanding of How Matter Comes to Matter», *Signs; Journal of Women in Culture and Society* 28, n.º 3, 2003, págs. 801-831.

4. Sari M. van Anders y Emily J. Dunn, «Are Gonadal Steroids Linked with Orgasm Perceptions and Sexual Assertiveness in Women and Men?», *Hormones and Behavior* 56, n.º 2, agosto de 2009, págs. 206-213.

5. M. L. Healy, J. Gibney, C. Pentecost, M. J. Wheeler, P. H. Sonksen, «Endocrine Profiles in 693 Elite Athletes in the Postcompetition Setting», *Clinical Endocrinology* 81, n.º 2, agosto de 2014, págs. 294-305, <https://pubmed.ncbi.nlm.nih.gov/24593684/>. Véase también Azeen Ghorayshi, «Trans Swimmer Revives an Old Debate in Elite Sports: What Defines a Woman?», *The New York Times*, actualizado el 18 de febrero de 2022, <https://www.nytimes.com/2022/02/16/science/lia-thomas-testosterone-wom ens-sports.html>.

6. Daphna Joel y Luba Vikhanski, *Gender Mosaic: Beyond the Myth of the Male and Female Brain*, Nueva York, Little, Brown, 2019.

7. Claire Ainsworth, «Sex Redefined: The Idea of 2 Sexes is Overly Simplistic», *Nature Magazine*, febrero de 2015, págs. 288-291.

8. Comité Olímpico Internacional, «IOC Releases Framework on Fairness, Inclusion and Non-discrimination on the Basis of Gender Identity and Sex Variations», comunicado de prensa, 16 de noviembre de 2021, <https://olympics.com/ioc/news/ioc-releases-framework-on-fairness-inclusion-and-non-discrimination-on-the-basis-of-gender-identity-and-sex-variations>.

9. Associated Press, «Track Officials Called Caster Semenya "Biologically Male", Newly Released Documents Show», *The New York Times*, 18 de junio de 2019, <https://www.nytimes.com/2019/06/18/sports/track-officials-called-caster-semenya-biologically-male-newly-released-documents-show.html>.

10. Véase también el caso de Dutee Chand de la India: Smriti Sinha, «A Sprinter's Fight to Prove She's a Woman», *Vice*, 26 de febrero de 2015, <https://www.vice.com/en/article/qkq9wp/a-sprinters-fight-to-prove-shes-a-woman>.

11. Gerald Imray, «IAAF Argued in Court that Cester Semenya is "Biologically Male"», CBC, 18 de junio de 2019, <https://www.cbc.ca/sports/olympics/summer/trackandfield/caster-semenya-iaaf-1.5179748>.

12. Quispe López, «"Sex Tests" on Athletes Rely on Faulty Beliefs About Testosterone as a Magical Strength Hormone», *Business Insider,* 1 de agosto de 2021, <https://www.businessinsider.com/the-olympics-uses-testosterone-to-treat-trans-athletes-like-cheaters-2021-7>. En los Juegos Olímpicos de Tokio compitieron por primera vez atletas abiertamente trans o de género no binario, como Laurel Hubbard, Quinn y Alana Smith.

13. Una importante declaración académica que se opone a la exclusión de jóvenes trans de la participación en los deportes en Estados Unidos: Elana Redfield, Christy Mallory y Will Tentindo, «Title IX Sports Participation: Public Comment», Williams Institute, mayo de 2023, <https://williamsinstitute.law.ucla.edu/publications/title-ix-sports-comment/>.

14. Véase, por ejemplo, Katherine Bryant, Giordana Grossi y Anelis Kaiser, «Feminist Interventions on the Sex/Gender Question in Neuroimaging Research», en el número «Neurogenderings» de *The Scholar and the Feminist Online* 15, n.° 2, 2019. En su introducción muestra cómo «los supuestos preteóricos relativos al sexo/género» suponen una falta de rigor científico que amenaza la investigación: «La ciencia feminista ya ha empezado a abordar esta y otras cuestiones relativas a la neurociencia del sexo/género. Sus enfoques están inspirados en los estudios feministas sobre ciencia y tecnología, cuyo objetivo es identificar y cuestionar los supuestos preteóricos relativos al sexo/género (por ejemplo, la equiparación de la feminidad con la pasividad, la asunción de los rasgos y comportamientos típicos masculinos como normativos o superiores, la noción de que el sexo biológico determina las expresiones sociales y los acuerdos institucionales de género, la asunción de que el sexo/género normalmente clasifica los cuerpos y el comportamiento en solo dos grupos dimórficos). La neurociencia feminista trabaja movida por un compromiso con el rigor

científico, no por un compromiso con una ideología concreta. Su crítica se ha centrado en cuestiones de estadística, medición, metodología y replicación; ha ofrecido explicaciones alternativas y ha contribuido a nuevas interpretaciones de los datos neurocientíficos empíricos. En pocas palabras, al analizar críticamente los supuestos, teorías y prácticas dominantes en este campo, la ciencia feminista exige criterios más rigurosos. Nosotras, como científicas feministas, situamos nuestro trabajo dentro de esta tradición».

15. Jennifer Germon, *Gender: A Genealogy of an Idea,* Londres, Palgrave MacMillan, 2009.

16. John Money y Anke Ehrhardt, *Man and Woman, Boy and Girl*, Baltimore, Johns Hopkins University Press, 1972 [trad. cast.: *Desarrollo de la sexualidad humana. Diferenciación y dimorfismo de la identidad de género*, Madrid, Ediciones Morata, 1982]; Robert Stoller, *Sex and Gender: On the Development of Masculinity and Femininity*, Nueva York, Science House, 1968. Véase también Terry Goldie, *The Man Who Invented Gender: Engaging the Ideas of John Money,* Vancouver, University of British Columbia Press, 2014, que data el primer uso de la palabra «género» en Money en 1955, incluso cuando el género funcionaba en la gramática como una forma de vincular a las personas a las normas sociales en las lenguas romances, regulando la referencia correcta, lo que hace pensar que el género siempre fue un problema de regulación y normas.

17. Katrina Karkazis, *Fixing Sex: Intersex, Medical Authority, and Lived Experience,* Durham, Duke University Press, 2008, pág. 48.

18. *Ibid.,* pág. 49.

19. La expectativa de la vida normal implica la imaginación de la vida futura del bebé; la intersexualidad se consideraba un bloqueo contra esa imaginación de la vida normal; de hecho, como término surge más o menos al mismo tiempo que la obra de Douglas Sirk, que en películas como *Escrito sobre el viento* (1956) documentó las diversas variaciones sexuales que complican la normalidad imaginada del comportamiento de género en los años de posguerra.

20. Lee Edelman, *No Future: Queer Theory and the Death Drive*, Durham, Duke University Press, 2004 [trad. cast.: *No al futuro. La teoría queer y la pulsión de muerte*, Editorial Egales, 2015].

21. Véase el sitio web del Proyecto de Justicia Intersexual (Intersex Justice Project), que presenta argumentos contra la cirugía desde

la perspectiva de los activistas intersexuales racializados: <https://www.intersexjusticeproject.org/about.html>. Organización Intersex International Network en <http://oiiinternational.com>. Véanse también David A. Rubin, *Intersex Matters: Biomedical Embodiment, Gender Regulation, and Transnational Activism*, Albany, SUNY Press, 2017; Catherine Clune-Taylor, «Securing Cisgendered Futures: Managing Gender in the Twenty-First Century», *Hypatia* 34, n.º 4, 2019, págs. 690-712; Angelika von Wahl, «From Object to Subject: Intersex Activism and the Rise and Fall of the Gender Binary in Germany», *Social Politics* 28, n.º 3, 2019, págs. 1-23. Sobre por qué la «I» debería incluirse en «LGBTQIA+», véase David Andrew Griffiths, «Georgina Somerset, British Intersex History, and the "I" in LGBTQI», *Journal of Homosexuality* online, 23 de enero de 2023; véase también *TSQ* 1, n.º 1-2, 2014, especialmente Iain Morland, «Intersex», págs. 111-120.

22. Valerie Hartouni, *Cultural Conceptions: On Reproductive Technologies and the Reproduction of Life*, Minneapolis, University of Minnesota Press, 1997.

23. Joan W. Scott, «Gender: Still a Useful Category of Analysis?», *Diogenes* 57, n.º 1, 2010, pág. 10.

24. Se puede encontrar un directorio de grupos de defensa de los intersexuales en varios continentes en: «Intersex Support and Advocacy Groups», InterACT, <https://interactadvocates.org/resources/intersex-organizations/>.

25. Anticipando una postura adoptada posteriormente por algunas feministas críticas con el género, Hausman sostiene en *Changing Sex: Transsexualism, Technology and the Idea of Gender* (Durham, Duke University Press, 1995) que las personas transexuales son un producto de las propias tecnologías que facilitan su transición, concluyendo que sus identidades son «ficticias» y ajenas a una materialidad desde el nacimiento. Clare Hemmings señala en una reseña publicada por *Feminist Review* (58 [1998]: págs. 107-110) que «Hausman no puede concebir la subjetividad transexual fuera de la producción de la identidad de género a través de la tecnología». Aunque basa su análisis en un relato foucaltiano de la producción disciplinaria de sujetos, Hausman ignora o refuta la idea clave de Foucault sobre el poder: el origen de un régimen de poder no es el mismo que su fin, el poder no es unitario, sino múltiple en sus orígenes y direcciones. En

otras palabras, las tecnologías pueden admitir múltiples trayectorias vitales y entrar en la formación del sujeto de formas complejas, como ha demostrado Paul Preciado en *Testo yonqui* (Barcelona, Anagrama 2020). La negativa de Hausman a imaginar que las personas trans pueden surgir (o hacerse, o llegar a ser) a través de influencias y factores variables indica que para ella el poder solo tiene una fuente que produce un resultado y que esos resultados son meramente ficticios.

26. Eva von Redecker, «*Anti-Genderismus* and Right-Wing Hegemony», *Radical Philosophy* 198 julio/agosto de 2016, <https://www.radicalphilosophyarchive.com/commentary/anti-genderismus-and-righte28091wing-hegemony/>.

27. Lisa Downing, Iain Morland y Nikki Sullivan (dirs.), *Fuckology: Critical Essays on John Money's Diagnostic Concepts*, Chicago, University of Chicago Press, 2014.

28. Sara Ahmed, *The Promise of Happiness* (Durham, Duke University Press, 2010), ofrece una aguda reflexión sobre cómo la «felicidad» surge como un imperativo cultural y discursivo que apoya las jerarquías existentes que suprimen tanto a las mujeres como a las personas queer.

8. Naturaleza y cultura: hacia la construcción conjunta

1. Sherry Ortner, *Making Gender: The Politics and Erotics of Culture*, Boston, Beacon Press, 1997. Ortner deja claro que la agencia de las mujeres, especialmente las *sherpas* del Tíbet, se basa más en entrar en organizaciones sociales de prácticas que en trascender la naturaleza.

2. En la perspectiva de Ortner, la naturaleza es un sustrato material sobre el que se espera que los humanos actúen para liberarse. Esta idea de la liberación como superación de la naturaleza fue duramente criticada por Donna Haraway, que se opuso a la naturaleza concebida como recurso para el control social. En su opinión, esta perspectiva negaba las posibilidades liberadoras de la ciencia y la técnica, al basarse en un dualismo entre naturaleza y cultura que solo podía socavar las posiciones éticas y liberadoras.

3. Donna J. Haraway, *Simians, Cyborgs, and Women: The Reinvention of Nature*, Nueva York, Routledge, 1991, pág. 208 [trad. cast.:

Ciencia, cyborgs y mujeres, la reinvención de la naturaleza, Madrid, Cátedra, 1995].

4. Nikki Sullivan, «Reorienting Transsexualism», en Lisa Downing, Iain Morland y Nikki Sullivan *(dirs.), Fuckology: Critical Essays on John Money's Diagnostic Concepts*, Chicago, University of Chicago Press, 2015, págs. 129-130. Sullivan cita a Ruth Doell, «Sexuality in the Brain», *Journal of Homosexuality* 28, n.º 3-4, 1995, págs. 345-354.

5. Thomas Pradeu, «The Organism in Developmental Systems Theory», *Biological Theory* 5, 2010, pág. 218.

6. Véase también Richard Lewontin, «The Organism as the Subject and Object of Evolution», *Scientia* 118, 1983, págs. 63-82.

7. Helen Longino y Ruth Doell, «Body, Bias, and Behavior: A Comparative Analysis of Reasoning in Two Areas of Biological Science», *Signs: Journal of Women in Culture and Society* 9, n.º 2, 1983. Véanse también Cynthia Kraus, «Naked Sex in Exile: On the Paradox of the "Sex Question" in Feminism in Science», *NWSA Journal* 12, n.º 3, 2000, págs. 151-176, y «What is the Feminist Critique of Neuroscience?» en Jan De Vos y Ed Pluth (dirs.), *Neuroscience and Critique; Exploring the Limits of the Neurological Turn,* Nueva York, Routledge, 2015.

9. Legados raciales y coloniales del dimorfismo de género

1. Lisa Lowe, *The Intimacies of Four Continents*, Durham, Duke University Press, 2015.

2. Greg Thomas, *The Sexual Demon of Colonial Power: Pan-African Embodiment and Erotic Schemes of Empire*, Bloomington, Indiana University Press, 2007; Camilla de Magalhães Gomes, «Gênero como categoria de análise decolonial», *Civitas, Porto Alegre* 18, n.º1, 2018, págs. 65-82; Oyèrónké Oyewùmí, «Conceptualizing Gender: The Eurocentric Foundations of Feminist Concepts and the Challenge of African Epistemologies», *JENdA: A Journal of Culture and African Women Studies* 2, n.º 1, 2002, págs. 1-9.

3. Joan Roughgarden, *Evolution's Rainbow: Diversity, Gender, and Sexuality in Nature and People*, Berkeley, University of California Press, 2004, pág. 24, citado en Catherine Clune-Taylor, «Is Sex Socially Constructed?», en Sharon Crasnow y Kristen Intemann (dirs.),

The Routledge Handbook of Feminist Philosophy of Science, Londres, Routledge, 2021, págs. 187-200.

4. Roughgarden, *Evolution's Rainbow*, págs. 23.24.

5. Catherine Clune-Taylor, «Is Sex Socially Constructed?», págs. 187-200.

6. *Ibid.*, pág. 193.

7. Anne Fausto-Sterling, «Race and Bones (The Bare Bones of Sex Part 2)», *Women's Studies Quarterly* 30-32, 1985, págs. 657-694.

8. Anne Fausto-Sterling, «The Bare Bones of Race», *Race, Genomics, and Biomedicine* 38, n.º 5, octubre de 2008, pág. 658.

9. Donna J. Haraway, *Simians, Cyborgs, and Women: The Reinvention of Nature*, Nueva York, Routledge, 1991, pág. 13: «Estas ciencias tendrán funciones liberadoras en la medida en que las construyamos sobre relaciones sociales no basadas en la dominación».

10. Sally Markowitz, «Pelvic Politics: Sexual Dimorphism and Racial Difference», *Signs: Journal of Women in Culture and Society* 26, n.º 2, 2001, pág. 391.

11. Clune-Taylor, «Is Sex Socially Constructed?», págs. 187-200.

12. C. Riley Snorton, *Black on Both Sides: A Racial History of Trans Identity*, Minneapolis, Universidad de Minnesota, 2017. Véase también Deirdre Cooper Owens, *Medical Bondage: Race, Gender and the Origins of American Gynecology*, Atlanta, University of Georgia Press, 2018.

13. Hortense Spillers, «Mama's Baby, Papa's Maybe: An American Grammar Book», *Diacritics* 17, n.º 2, Culture and Countermemory: The «American» Connection, verano de 1987, págs. 64-81.

14. *Ibid.* pág. 67.

15. *Ibid.*, pág. 68.

16. *Ibid.*, pág. 80.

17. Snorton, *Black on Both Sides*, pág. 12.

18. *Ibid.*, pág. 11.

19. *Ibid.*, pág. 58.

20. Ronald Judy, *Sentient Flesh: Thinking in Disorder, Poiesis in Black*, Durham, Duke University Press, 2020; Alexander G. Weheliye, *Habeas Viscus: Racializing Assemblages, Biopolitics, and Black Feminist Theories of the Human*, Durham, Duke University Press, 2014.

21. Françoise Vergès, sobre la interrupción forzada del embarazo

en La Reunión con un argumento similar: *The Wombs of Women: Race, Capital, Feminism,* Durham, Duke University Press, 2020.

22. Aníbal Quijano y Michael Ennis, «Coloniality of Power, Eurocentrism and Latin America», *Nepantla: Views from South* 1, n.º 3, 2000; Aníbal Quijano, «Colonialty and Modernity/Rationality», *Cultural Studies* 21, n.º 2, 2007, págs. 168-178.

23. María Lugones, «The Coloniality of Gender», *Words & Knowledges Otherwise,* primavera de 2008, <https://globalstudies.trinity.duke.edu/sites/globalstudies.trinity.duke.edu/files/file-attachments/v2d2_Lugones.pdf>.

24. Lugones, «The Coloniality of Gender», pág. 7.

25. *Ibid.*, pág. 2.

26. Quijano y Ennis, «Coloniality of Power, Eurocentrism, and Latin America», pág. 556.

27. Mahmood Mamdani, «The African University», *London Review of Books* 40, n.º 14, 18 de julio de 2019.

28. Zethu Matebeni «*Nongayindoda*: Moving Beyond Gender in a South African Context», *Journal of Contemporary African Studies* 39, n.º 4, 2021, págs. 565-575. Zethu Matebeni y Thabo Msibi, «Vocabularies of the Non-normative», *Agenda* 29, n.º 1, 2015, págs. 3-9.

29. Leticia Sabsay expone un argumento similar en «Bodies as Territories: Revisiting the Coloniality of Gender» (en los archivos de la autora).

30. Matebeni, «*Nongayindoda*», pág. 566.

31. Mohammed Elnaiem, «The "Deviant" African Genders That Colonialism Condemned», *JSTOR Daily*, 29 de abril de 2021, <https://daily.jstor.org/the-deviant-african-genders-that-colonialism-condemned>; Boris Certolt, «Thinking Otherwise: Theorizing the Colonial/modern Gender System in Africa», *African Sociological Review* 22, n.º 1, 2018.

32. Matebeni, «*Nongayindoda*», pág. 571.

33. Matebeni muestra cómo la instalación de Nicholas Hlobo de 2006 *Unongayindoda* apoya la generatividad impredecible del término.

34. Neville Hoad, *African Intimacies: Race, Homosexuality, and Globalization*, Minneapolis, University of Minnesota, 2007.

35. Stella Nyanzi, «Queering Queer Africa», en Zethu Matebeni

(dir.), *Reclaiming Afrikan: Queer Perspectives on Sexual and Gender Identities*, Ciudad del Cabo, Modjaji Books, 2014, págs. 65-68.

36. Zethu Matebeni, «Gogo: On the Limits of Gender on African Spirituality and Language», presentación, conferencia: «Traffic in Gender: Political Uses of Translation Within and Outside Academia», Université Paris 8, París, Francia, 14 de abril de 2022.

37. Sarah Hunt, «An Introduction to the Health of Two-Spirit People: Historical, Contemporary, and Emergent Issues», National Collaborating Centre for Aboriginal Health, 2016, <https://www.nccih.ca/docs/emerging/RPT-HealthTwoSpirit-Hunt-EN.pdf>. Véase también Manuela L. Picq y Josi Tikuna, «Indigenous Sexualities: Resisting Conquest and Translation», en Caroline Cottet y Manuela Lavinas Picq (dirs.), *Sexuality and Translation in World Politics*, E-International Relations, 2019, págs. 57-71, <https://www.e-ir.info/wp-content/uploads/2019/08/Sexuality-and-Translation-in-World-Politics-%E2%80%93-E-IR.pdf>.

10. Otros idiomas, o los desajustes de la traducción

1. Véase Gayatri Reddy, *With Respect to Sex: Negotiating Hijra Identity in South India*, Chicago, Universidad de Chicago, 2005. Véase también Max Bearak, «Why Terms Like "Transgender" Don't Work for India's "Third-Gender" Communities», *The Washington Post*, 23 de abril de 2016, <https://www.washingtonpost.com/news/worldviews/wp/2016/04/23/why-terms-like-transgender-dont-work-for-indias-third-gender-communities/>.

2. Jasbir Puar, «Rethinking Homonationalism», *International Journal of Middle East Studies* 45, n.º 2, 2013, págs. 336-339. Véase también, en relación con la migración, la paternidad-maternidad de gais y lesbianas y la ciudadanía, Bruno Perreau, *The Politics of Adoption: Gender and the Making of French Citizenship*, Cambridge, MIT Press, 2014.

3. Li Xiao-Jian, «Xingbie or Gender», en *Keywords Gender*, Boston, The Other Press, 2004, págs. 87-102.

4. B. Aultman, «Cisgender», y Erica Lennon y Brian J. Mistler, «Cisgenderism», *TSQ* 1, n.º 1-2, mayo de 2014, págs. 61-64.

5. Para un análisis reflexivo y oportuno de esta alienación del

nombre en las condiciones políticas contemporáneas, véase Naomi Klein, *Doppelganger*, Nueva York, Farrar, Strauss y Giroux, 2023 [trad. cast.: *Doppelganger*, Barcelona, Paidós, 2024].

6. Joan W. Scott y Luise von Flotow, «Gender Studies and Translation Studies: "Entre braguette"-Connecting the Transdisciplines», en Yves Gambier y Luc van Doorslaer (dirs.), *Border Crossings: Translations Studies and Other Disciplines*, Ámsterdam, John Benjamins Publishing Co., 2016, pág. 358.

7. Derrida reproduce la postura defensiva del monolingüista cuando escribe lo siguiente [traducido a partir de la traducción inglesa]: «No solo me siento perdido, derrocado, condenado fuera del francés, sino que tengo la sensación de honrar o servir a todas las *lenguas*, es decir, de escribir "más" y "mejor" cuando agudizo la resistencia de *mi* francés, la secreta "pureza" de mi francés [...] de ahí su resistencia, su *implacable* resistencia a la traducción; traducción a todas las lenguas, incluid el francés, como cualquier otra lengua», en *Monolingualism of the Other or The Prosthesis of Origin*, Stanford, Stanford University Press, 1998, pág. 56 [trad. cast.: *El monolingüismo del otro o la prótesis de origen*, Buenos Aires, Manantial, 1997].

8. La paradoja que encierra todo acto de reivindicación pública es lo que llamamos performativo. Esto no quiere decir que el género siempre se pueda elegir, ni que sea una expresión voluntarista de la individualidad. El acto performativo por el que se reivindica el género transmite unas condiciones de habitabilidad para la persona que lo reivindica. Este es quizá el sentido más importante de la performatividad de género, que debe preservarse para construir el presente.

9. John Fletcher y Nicholas Ray (dirs.), *Seductions and Enigmas: Cultural Readings with Laplanche*, Londres, Lawrence and Wishart, 2014.

10. David Gramling, *The Invention of Multilingualism*, Cambridge, Cambridge University Press, 2021; Emily Apter, *The Translation Zone: A New Comparative Literature*, Princeton, Princeton University Press, 2006.

11. Gayatri Chakravorty Spivak, «Translating in a World of Languages», *Profession*, 2010, págs. 35-43. Spivak cita su propia formulación en la entrada «Planetarity» de *Dictionary of Unstranslatables: A Philosophical Lexicon*, Princeton, Princeton University Press, 2014, pág. 1223, citando a Alexandra Russo [Existe una adaptación al español de la obra francesa de Cassin, publicada con el título *Vocabulario*

de las filosofías occidentales, coordinada por Jaime Labastida, Ciudad de México, Siglo XXI, 2018]. Véase también Gayatri Chakravorty Spivak, *Living Translation,* Calcuta, India, Seagull Books, 2022.

12. Gayatri Chakravorty Spivak, *An Aesthetic Education in the Era of Globalization,* Cambridge, Harvard University Press, 2013.

13. Lila Abu-Lughod y Rema Hammami, *The Cunning of Gender Violence*, Durham, Duke University Press, 2023.

14. Kathryn Bond Stockton, *Gender(s)*, Cambridge, MA, MIT Press, 2022.

15. Theodor Adorno, «On the Use of Foreign Words in Writing», en Rolf Tiedemann (dir.), *Notes on Literature*, Nueva York, Columbia University Press, 1992, 2, págs. 290-291, donde señala la importancia de la ruptura de la idea orgánica y pura del lenguaje con palabras extranjeras. Lo más probable es que pensara en la perdición del nacionalismo alemán, no en el problema de la incursión imperial.

Conclusión. Miedo a la destrucción, lucha por imaginar

1. Agnieszka Graff y Elżbieta Korolczuk, *Anti-Gender Politics in the Populist Moment*, Nueva York, Routledge, 2021, pág. 7.

2. *Ibid.*, pág. 31.

3. Neville Hoad, *African Intimacies: Race, Homosexuality, and Globalization*, Minneapolis, University of Minnesota, 2007.

4. Emile Torres, «Are Conservatives at the Daily Wire Really Calling for Trans "Genocide"?», *Truthdig.com*, 22 de mayo de 2023, <https://www.truthdig.com/articles/is-the-conservative-daily-wire-really-calling-for-trans-genocide/>.

5. Zeynep Gambetti y Marcial Godoy-Anativia (dirs.), *Rhetorics of Insecurity: Belonging and Violence in the Neoliberal Era*, Nueva York, New York University Press, 2013.

Agradecimientos

1. En *philoSOPHIA: A Journal of Continental Feminism* 9, n.º 1, 2019, págs. 1-25, y revisado en *Why Gender?*, Cambridge University Press, 2021, págs. 15-37.

2. En *Glocalism*, n.º 3, 2019, págs. 1-12.

3. En *Journal of the American Academy of Religion* 87, n.º 4, 2019, págs. 955-967.

4. En *The Guardian*, 23 de octubre de 2021.

5. En *The New Statesman*, 21 de enero de 2019.

ÍNDICE ONOMÁSTICO Y DE MATERIAS